VENDEDOR

DE SUEÑOS

VENDEDOR
DE SUEÑOS

La vida y obra de Roberto Medina,
el creador de Rock in Rio: el mayor festival de
música y ocio de todo el mundo

MARCOS EDUARDO NEVES

nowtilus

Colección: A Debate
www.adebate.com

Título: Vendedor de sueños
Subtítulo: La vida y obra de Roberto Medina, el creador de Rock in Rio:
el mayor festival de música y ocio de todo el mundo.
Autor: © Marcos Eduardo Neves
Traducción: © Mario Merlino

Copyright de la presente edición: © 2008 Ediciones Nowtilus, S.L.
Doña Juana I de Castilla 44, 3º C, 28027 Madrid
www.nowtilus.com

Editor: Santos Rodríguez
Coordinador editorial: José Luis Torres Vitolas

Diseño y realización de cubiertas: Carlos Peydró
Diseño del interior de la colección: JLTV

ISBN-13: 978-84-9763-544-8
Fecha de edición: Abril 2008

Printed in Spain
Imprime:
Depósito legal:

A Rodolfo, Roberta, Raíssa y Junior,
que me enseñaron a sonreír y a llorar
de felicidad y me incitan a soñar siempre,
y cada vez más, con un mundo mejor.
ROBERTO MEDINA

ÍNDICE

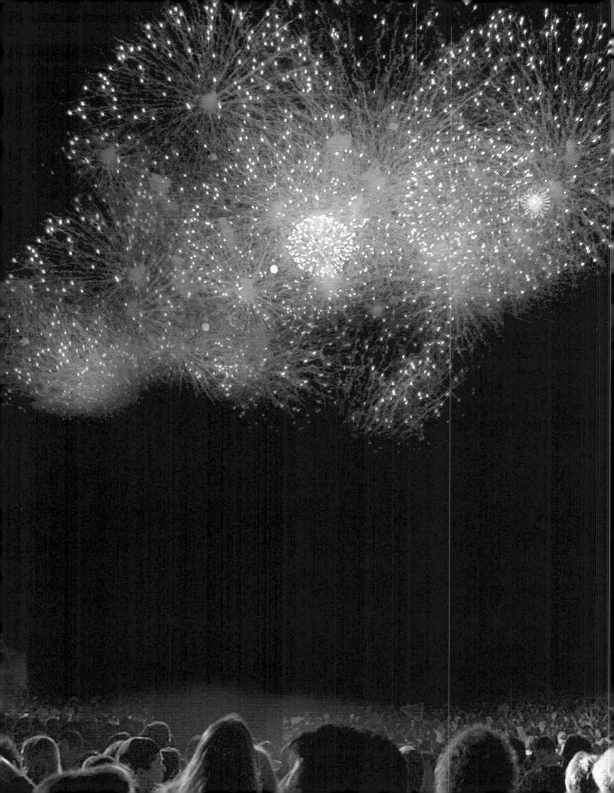

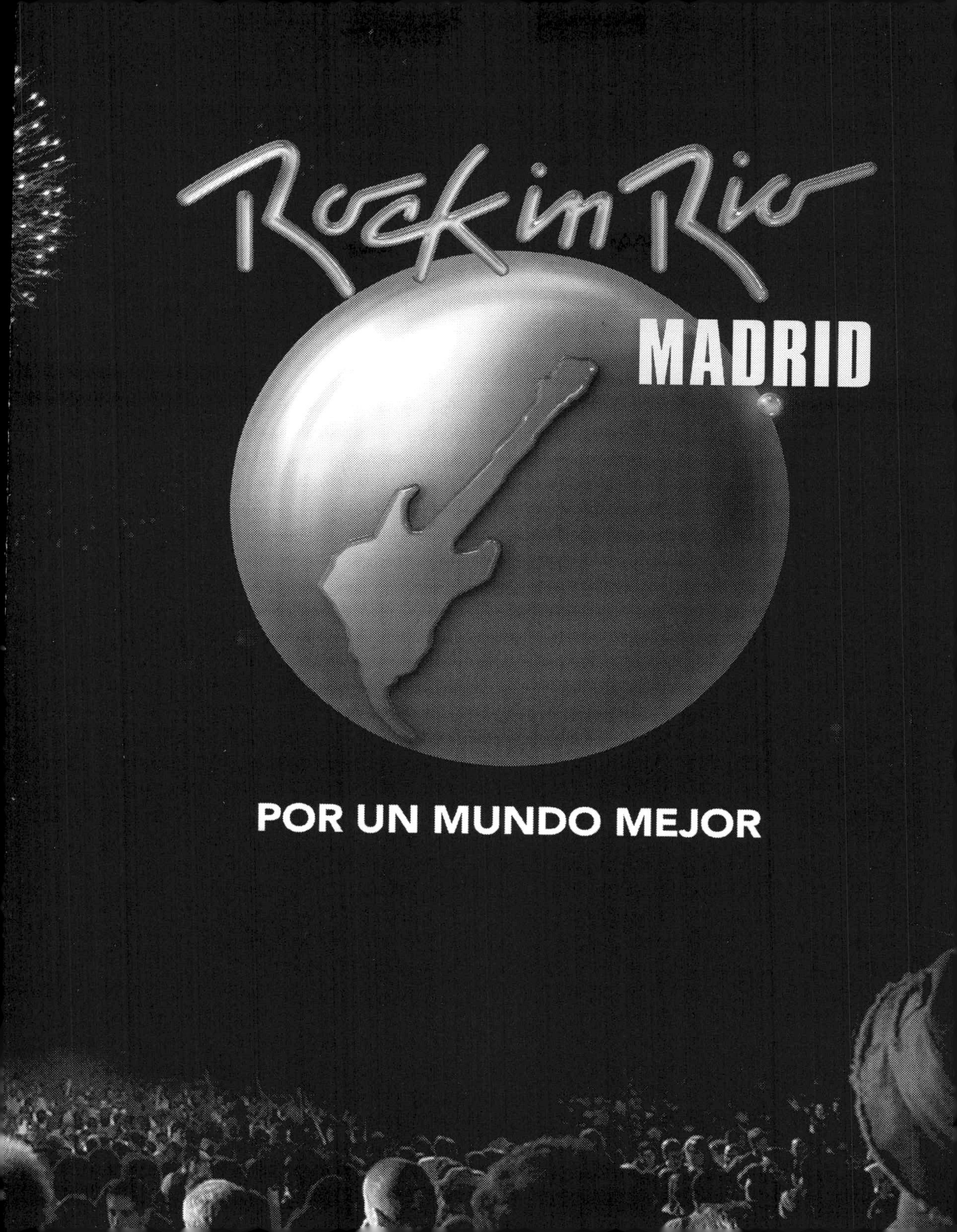
Rock in Rio
MADRID
POR UN MUNDO MEJOR

EL SUEÑO EN MADRID

Después de seducir a millones de brasileños en tres ediciones y enamorar a un sinfín de portugueses en los dos festivales realizados en Lisboa, ha llegado el momento de que los españoles acojan, entre junio y julio de 2008, el mayor espectáculo de música y entretenimiento del planeta.

Rock in Rio-Madrid más que un festival, puede ser sintetizado como cinco días de pura fiesta. Días y noches ciertamente mágicos, que servirán para dar secuencia a la nueva etapa de un sueño que existe desde hace 23 años y que va transformando la vida de innumerables personas, ya sea con la música o con el proyecto social que lo mueve.

Esta es la primera vez que Rock in Rio traspasa la frontera de la lengua portuguesa y Madrid ha sido la ciudad elegida para dar continuidad a la nueva etapa del proyecto de internacionalización de una de las marcas más valoradas del mundo. El sueño de Roberto Medina, una especie de don Quijote de Sudamérica, es hacer que el festival pueda darse, algún día y al mismo tiempo, en varias partes del mundo.

La experiencia española es un desafío enorme, porque aunque Madrid conoce muy bien el poderío de los *cracks* brasileños del balón de fútbol, todavía no ha conocido a los de la Cultura.

—Un proyecto de esa envergadura llega para romper paradigmas en un mercado de una economía fortísima, como es la española, que es el ejemplo de un país que ha tenido éxito —explica Medina.

Piedra fundamental de una ambición incontrolable, que crece con cada edición que termina, Rock in Rio-Madrid podrá extender el proyecto de hacerse marca mundial en poco tiempo.

Certezas, ya hay muchas. La primera es que el pueblo español será alegrado con algunos días de sueño cada dos años.

En las calles, el público ya ha empezado a manifestarse. Alegría, ansiedad y esperanza son sentimientos que de inmediato dominan a las personas; a todo tipo de personas y a diversos sectores de la economía.

Rock in Rio agrega al proyecto cultural otros factores importantes para cualquier país. ¿Un ejemplo? La increíble capacidad hostelera de la ciudad. Con 60 millones de turistas por año, Madrid da un gigantesco paso para ser considerada una especie de capital europea del Rock.

—Creo que, de alguna forma, estaremos ayudando aún más a la ciudad, puesto que es un mercado que el consumidor del mundo entero ya quiere comprar.

Roberto Medina acompañado de dos reconocidos *cracks* brasileños Robinho y Marcelo, jugadores del Real Madrid.

En Arganda del Rey, municipio vecino, fue construida la más bella de todas las Ciudades del Rock existentes. Un regalo al público exigente y también a los que creyeron que la capital española era merecedora de una fiesta tan florida y tan rica de alegría.

Es exactamente ese espíritu que los españoles ya sienten, pero que aún no consiguen verbalizar lo que sintetiza Rock in Rio. ¿Es un proyecto de comunicación? Sí. Pero que quiere alcanzar un ideal y alcanzarlo con calidad y en proporciones jamás vistas. Más que las bandas, el espíritu de fiesta germina en todo el evento. Y mueve a Roberto Medina a continuar soñando en distribuir esa magia por todo el planeta.

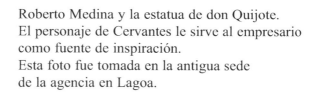

Roberto Medina y la estatua de don Quijote.
El personaje de Cervantes le sirve al empresario
como fuente de inspiración.
Esta foto fue tomada en la antigua sede
de la agencia en Lagoa.

PASAPORTE AL ÉXITO

El deslumbramiento se dio allí. Uno de sus clientes, la Seagram, acababa de ofrecerle a Artplan la promoción del whisky *Mansion House*. Cuando le encargaron un cartel de propaganda —de esos que aparecen expuestos en los bares—, Roberto Medina no solo diseñó un atractivo anuncio, sino que creó un proyecto que aspiraba a incrementar la venta del producto de manera notable. En aquel momento, su plan parecía no tener pies ni cabeza, pues el presupuesto era mínimo: solo alcanzaba para hacer el cartel y punto. Pero Medina creía en su idea de que era posible darle un *endorsement* (respaldo) internacional a la bebida y asegurarle un valor agregado. Esta propuesta era importante porque, al fin y al cabo, los whiskies embotellados en Brasil llevan el rótulo "industria brasileña" cuando no tiene por qué hacerlo, pues solo se embotellan en el país. Así se pierde la credibilidad, indudablemente. Por eso, Roberto Medina pensó que sería mejor romper esa imagen: el certificado de calidad volvería al producto aún más verosímil. El publicista, entonces, llevó al gerente de Seagram un proyecto audaz: quería hacer un anuncio, mejor dicho toda una campaña, protagonizada nada menos que por David Niven.

Nacido en Londres en marzo de 1910, James David Graham Niven, a los 66 años, era una figura destacada del cine internacional, uno de los principales astros de Hollywood. Después de algunos trabajos como figurante, su carrera despegó a los 25 años, cuando lo descubrió Samuel Goldwyn y le propuso inmediatamente trabajar en su compañía. Con *Mesas separadas* (1958), Niven ganó su primer Oscar, superando a aspirantes de peso como Paul Newman, Tony Curtis y Spencer Tracy. En 1976 se preparaba para el rodaje de *Muerte en el Nilo*. No había duda de que su firma, en cualquier producto, vendería. El problema era conseguirla.

Roberto Medina le transmitió su idea al gerente de la Seagram, quien, en lugar de rechazarla de inmediato, le pidió unos minutos al publicista. Dejó a Medina solo en una sala y, después de un cuarto de hora, volvió con una expresión de euforia:

—Venga conmigo, le voy a presentar al presidente de la compañía.

Aparte del gerente, Medina no conocía a nadie en la Seagram. Se ocupaba del producto menos rentable. Pero, sentado frente al presidente, José Gonçalves, seguro de sí, firme, expuso su idea de hacer un *spot* comercial con David Niven. Explicó la importancia del *endorsement*, el porqué de su propuesta. Después de su exposición, directa, clara y sucinta, el ejecutivo se volvió hacia el joven y preguntó:

—¿Y eso cuánto me va a costar?

—Trescientos mil dólares —respondió sin pestañear.

A decir verdad, Medina no sabía a ciencia cierta cuánto costaría el proyecto. Ni siquiera conocía al actor ni lo había sondeado previamente. Sin embargo, en aquel momento, tenía que recurrir a una salida rápida, a un juego de cintura, para no perder credibilidad. Necesitaba decir una cantidad para poder seguir conversando, un valor aproximado; en caso contrario, el asunto se agotaría en ese preciso instante. Después de unos segundos de introspección, el ejecutivo le dijo lo que pensaba:

—Bien, si eso es posible, estoy de acuerdo —Medina sonrió para sí—, pero no con el *Mansion House*. Tengo que lanzar otro producto para una campaña como esa.

Al final, Medina consiguió otra promoción: el whisky *Passport*.

Como buen profesional, cumplió con el encargo prometido y el cartel de propaganda del *Mansion House* quedó estupendo.

Pocos días después Roberto viajó a Los Ángeles para hacer contactos y acceder al actor. Lo cierto es que logró encontrarlo sin mayores dificultades. Sin embargo, su idea de llevarlo a Brasil no se concretó porque Kristina, la hija adoptiva de Niven, de 16 años, sufrió un terrible accidente de coche en Suiza. La solución fue filmar el *spot* en un castillo de Inglaterra, donde el actor se encontraba en pleno rodaje. En el comercial, el actor decía que en Gran Bretaña se bebía whisky de manera diferente —puro, al estilo *cowboy*—, mientras que en Brasil se tomaba con hielo. Al final, brindaba por los brasileños y les deseaba salud, todo en portugués, lo que confería un resultado técnico fantástico, enfatizado por la hermosa banda sonora de fondo que se había elegido. Está de más decir que la campaña protagonizada por Niven obtuvo un éxito clamoroso.

—Aumentamos la venta hasta en un 900 % —recuerda Medina—. No vendimos más porque no quedaban botellas. Cisper, la compañía que producía las botellas de la Seagram, no conseguía entregarlas a la velocidad con que se vendía el whisky.

El *spot* se convirtió en el *hit* de Brasil. Solo se hablaba de eso y, además, el whisky desaparecía de las estanterías a una velocidad impresionante. Pasó un año y José Gonçalves, el presidente de la Seagram —con quien, para entonces, ya Medina había trabado una buena relación— lo citó para un nuevo encuentro.

—Ahora tenemos un problema, Roberto.

—¿Cuál?

—¿Cómo vamos a dar continuidad a la campaña? Nadie supera a David Niven.

De pronto, Medina replicó:

—No, señor. Hay alguien aún mejor que él.

—¿Quién?

—Frank Sinatra.

—Ah, claro... claro... Pero estamos de acuerdo en que Frank Sinatra es absolutamente imposible, ¿no?

—¿Imposible? ¿Por qué?

—¡Imposible! ¡Él nunca ha hecho un *spot* en su vida! —el tono de Gonçalves reflejó cierto desdén.

—No, señor, discúlpeme, pero no es imposible. Y por esa razón creo que es el hombre ideal.

Gonçalves reflexionó un momento.

—Bien, Roberto, pero recuerda que tenemos un plazo. Esta es una campaña que no puede parar. ¿Y si lo que intentas después no resulta? Me parece mejor que creemos un plan B, una alternativa en caso de que el primer intento fracase.

Confiado, Medina dio la palabra final.

—¡No! No voy a crear ninguna alternativa. Voy a hacer el *spot* con Frank Sinatra y no se hable más.

La suerte estaba echada.

Al sentir que estaba en el momento justo para volar más alto después del afortunado anuncio con David Niven, Roberto Medina empezó a reunir fuerzas para transformar en realidad el sueño de contratar a Frank Sinatra, el mejor cantante del mundo.

El publicista tenía plena conciencia de la magnitud del cantante. *The Voice* había grabado hasta entonces cerca de dos mil canciones en casi 700 discos. Hombre imprevisible, de humor variable, que reaccionaba por instinto, Sinatra se había enfrentado a varios procesos por implicación con la mafia y, con el mismo talento con el que encantaba a multitudes a lo largo del planeta, sorteaba con gallardía las críticas por sus contradicciones políticas en los últimos años. Medina sabía que no sería fácil convencerlo pero, confiando en sí mismo y en su habilidad, se empeñó en hacer posible lo inimaginable.

Su idea era grabar el *spot* en el Caesar's Palace, una especie de cuartel general de Sinatra en Las Vegas. En el anuncio, de 30 segundos, el cantante llegaría al lugar en un *Rolls-Royce*, saldría del coche, entraría paseando por el casino frente a las miradas y *flashes* del público y haría una declaración sobre el *Passport* en el escenario. Medina vislumbraba una actuación impecable de Sinatra, como en *De aquí a la eternidad*, película con la que consiguió el Oscar al mejor actor de reparto en 1953.

Como primer paso en su largo recorrido para llegar a Sinatra, Medina buscó la ayuda de Sergio Mendes.

A los 37 años, Sergio Mendes, nacido en Nitéroi —y que recibiría el premio Grammy en 1993—, era uno de los músicos brasileños más célebres en el exterior. En 1962, se presentó en el Carnegie Hall, en Nueva York, antes incluso de formar *Brazil 66*, que realizó giras de éxito y logró que una canción, *Más que nada*, se situase entre las más difundidas en los Estados Unidos.

A Sergio Mendes le hizo mucha gracia enterarse de la idea del *spot* comercial con Frank Sinatra. Sin embargo, como Medina se mostró muy decidido, le dio el teléfono de Robert Fielkenstine, abogado del cantante.

Medina no tardó en hacer el primer contacto con él. Planteada la idea del *spot*, Fielkenstine le dijo que analizaría el proyecto. Una semana después, como no hubo respuesta, Medina le envió un télex. Como siguió sin recibir respuesta, mandó otro a la semana siguiente. El tercero, poco después. Un mes y nada. Cuando ya estaba a punto de perder las esperanzas, llegó al despacho del brasileño un télex en el que el abogado estadounidense reconocía que la idea era interesante, pero que necesitaba más detalles.

Medina dio saltos en el aire, al mejor estilo Pelé cuando metía un gol. En cuanto recibió el mensaje, no lo pensó dos veces y se fue a los Estados Unidos.

En dos días, estaba ya a la puerta del despacho del abogado tocando el timbre.

—¿Quién es usted? —preguntó Bob Fielkenstine.

—¡Encantado, soy Roberto Medina!

—Pero, ¿qué está haciendo usted aquí?

—Mire, usted me dijo que quería conocer el proyecto más detalladamente y he venido a darle precisamente esos detalles en persona.

—¿Se ha vuelto loco? ¿Ha venido hasta aquí, desde Brasil?

Después de un momento de desconcierto, seguido de minutos de charla, Medina poco pudo sacar en claro. A pesar de su decepción, convenció al abogado de que fuese a almorzar con él.

En el restaurante, con el ánimo más distendido, entre charla y charla, Fielkenstine al notar la buena disposición de su acompañante, se animó a decir la verdad:

—Mira, Roberto —empezó con el tono bajo, más amistoso que confidencial—, yo soy un filtro, amigo, no decido nada. Cuando llega alguna solicitud internacional importante, la evalúo y luego la remito al despacho de Mickey Rudin. Él es su apoderado y quien realmente manda.

—Pero no es posible... ¿Entonces mi viaje hasta aquí ha sido inútil?

—No te desanimes, Roberto. Te voy a echar una mano. Mañana te acompaño a verlo, ¿de acuerdo?

Menos de 24 horas después, Medina se encontraba ya en una reunión con otro abogado, Eddie Perlstein, socio de Mickey Rudin.

—No fue nada fácil —dice ahora Medina—. Me entrevisté con Perlstein y me citó para otro día. Volví en la fecha fijada y tuve que contarle todo de nuevo, esa vez con otros dos abogados. En definitiva, expliqué el proyecto una, dos, tres, tantas veces que ya he perdido la cuenta, y, cuando creía que estaba a punto de lograr mi objetivo, fijaban otra entrevista y aparecían otros abogados más... En fin, ¡una cadena que no se acababa nunca!

Después de una semana de reuniones exhaustivas, Medina, estresado, dio un puñetazo en la mesa, harto, furioso incluso, y soltó su frustración e ira.

—¿Queréis que os diga una cosa? ¡Ya no tengo ningún interés en hacer nada con vosotros! ¡Sois incapaces de entender la proyección de mi idea! En realidad, lo que yo quiero es solo el comienzo —lanzaba todo lo que sentía, incluso hablando de más—, es solo el principio de un proyecto mucho mayor: llevar a Frank Sinatra a Brasil.

Habló de un tirón, se retiró en el acto, sin haber pensado antes lo que había dicho. Ese proyecto surgió así, en el calor de la discusión, hasta entonces no había articulado nada. Fue más por reacción que por cualquier otra cosa. Sobre todo porque nadie lo había comprendido durante todos esos días.

Por suerte, en ese preciso instante de exasperación, frustración y lucidez, pasó por el pasillo, cruzando el recinto, un individuo gordo, de más de sesenta años, con aspecto de mafioso y que llevaba una pistola de 45 mm enfundada en la cintura. Al oír los gritos de Medina, se detuvo de improviso, volteó y se acercó despacio.

Después, con gran tranquilidad se dirigió a Medina:

—Por favor, repite lo que has dicho, muchacho.

—¡Estoy harto! ¡Ya no quiero hacer ningún negocio con estos señores! Mi idea era grabar un *spot* con Sinatra, pero eso no sería más que el comienzo de la historia, que para mí terminaría con una viaje de él a Brasil, para una presentación en el mayor estadio del mundo, el

Maracaná, lleno hasta los topes. Al fin y al cabo, ese es un proyecto del que se habla desde hace treinta años en mi país y nunca se concreta. Sería el principio de un proceso mucho mayor, pero ¡se acabó! ¡Renuncio! ¡Basta, no aguanto más!

En ese instante, el sombrío individuo se acercó aún más, dio una palmada cariñosa en la mano de Medina, caminó con pasmosa calma hasta un mueble, sacó de allí una botella de *Royal Salute* y se la obsequió.

—Muy bien... Muy bien... Puedes hacer el contrato que quieras —sonrió y se marchó.

Sorprendido, Medina miró a cada uno de los abogados sin saber qué hacer. Ya había desistido del 90% de las cosas que quería.

—¿Y ahora qué hago?

—Él te ha dicho que hagas el contrato.

—Sí, pero ¿en qué me baso para hacerlo?

—¡Vaya! ¡Como quieras! Exactamente como quieras. ¿No es eso lo que él te acaba de decir?

"Él", en realidad, era nada menos que Mickey Rudin.

Con 52 años de actividad en el *show business*, Rudin tenía en su currículum representaciones de Marilyn Monroe, Elizabeth Taylor, The Jackson 5 y la Warner Bros., entre otros. Para proteger a sus clientes actuaba como un bulldog si hacía falta. Así, si alguno pretendía llegar hasta alguno de sus representados, los empresarios tenían que conquistar la confianza de Mickey Rudin primero. Por eso, muchos desistían al saberlo.

Pero Medina había logrado convencerlo, aunque con rodeos.

Junto a los abogados subalternos, se sentó en otra sala, redactó al calor del momento un contrato, atravesó el pasillo y solicitó la firma de Rudin, que se despidió con una amplia sonrisa:

—Entonces... hasta el Caesar´s. ¡Nos encontramos allí!

Hasta hoy Roberto Medina conserva guardada en su casa la botella de *Royal Salute* que le regaló Mickey Rudin. Vale más que cualquier trofeo.

En cuanto pisó suelo brasileño, Medina convocó una rueda de prensa.

—Nuestros argumentos, además de nuestra sinceridad, permitieron un final feliz y, por primera vez, Sinatra ha aceptado hacer un *spot* para la televisión.

Nadie le creyó. ¡Nada menos que un *spot* comercial con Frank Sinatra! Todos se rieron. A pesar de las insinuaciones malintencionadas de que lo dicho era una patraña, un cuento para incautos, un desatino, Medina hizo caso omiso de todo eso y trató de preparar un equipo para rodar el anuncio. Fijada la fecha de grabación, optó por la experimentada productora PPP, cuyo director, Perrin, fue con él a Las Vegas.

El 6 de enero de 1977, Medina llegó a la cita a última hora, tenso y nervioso. En Brasil circulaban varias notas en la prensa sobre el asunto. Sin duda, la responsabilidad era grande. La idea era cenar con Frank Sinatra para romper el hielo y grabar enseguida el *spot*, antes del tradicional show del cantante en el casino. Sin embargo, en cuanto Medina entró en el Caesar´s, elegantísimo, se encontró con su equipo totalmente irreconocible: pálidos, temblorosos, con rostros sombríos. Le correspondió al grupo de Sinatra dar la noticia:

—Lo siento mucho, Roberto, pero no va a haber anuncio.

—¿Qué ha ocurrido, Dios mío? –Medina los miró asustado.

—Ha muerto la madre de Frank.

Natalie Della Dolly Sinatra volaba de Palm Springs a Las Vegas precisamente para asistir al show de su único hijo, pero murió como consecuencia de la caída del avión. El accidente se produjo al sur de California y Dolly no se salvó. Totalmente abatido, Frank Sinatra suspendió no solo el *spot* sino también el show.

De todos modos, para no perder el viaje, Medina se dirigió a un salón privado, en el mismo casino, y cenó con Mickey Rudin. En determinado momento, le confesó:

—Mickey, todo Brasil está ansioso por este *spot*. Ya sé que el momento es inoportuno, entiendo el dolor de Sinatra, pero te pido, te ruego encarecidamente que, si es posible aunque sea una simple declaración, solo eso, elimino toda la secuencia de la entrada de él en el Caesar´s.

El brasileño estaba convencido de que, en aquellas condiciones, poco importaba la calidad artística del comercial; el testimonio era más importante.

—Una breve declaración suya me bastaría.

Durante la cena, no se habló prácticamente de ningún otro tema. En cierto momento, Mickey Rudin se levantó de la mesa. Fue una espera pesada para Medina y su equipo, un clima de velatorio, hasta que un rato después el hombre volvió. Se acomodó en la silla y dijo:

—Escucha. Se hablan muchas tonterías acerca de él, pero Sinatra es muy profesional. Va a grabar el *spot* para vosotros, pero una sola vez, sin que se le exija repetirlo.

Aliviado, Medina entró en el camerino del artista. Era la primera vez que lo veía de cerca. Sinatra estaba llorando, casi inconsolable. Una ocasión peor para conocerse, imposible. El publicista brasileño, con toda calma, esperó el tiempo que fue necesario para que se repusiese del golpe. En unos minutos, el cantante se lavó la cara, su equipo comenzó a maquillarlo y, finalmente, le dirigió las primeras palabras a Roberto Medina:

—Solo voy a grabar una única vez, ¿le parece bien?

—Sí, de acuerdo.

Fue un primer contacto algo frío.

Medina le entregó entonces el birimbao de plata que había comprado para regalarle. Sinatra le dio amablemente las gracias. Enseguida preguntó:

—¿Cómo está Tom (Jobim)? ¿Está bien?

—¡Sí, estupendo!

—Mándele un abrazo fuerte de mi parte. Dígale que lo recuerdo mucho.

—No se preocupe, se lo diré.

Sin perder más tiempo, el cantante se sentó y grabó el *spot*, prácticamente con el mismo guión que tuvo David Niven. Al acabar, se volvió hacia Medina:

—¿Le gusta cómo ha quedado, jefe?

—No —dijo el brasileño secamente.

—Sí, lo sé. Entonces vamos a hacerlo otra vez.

Al fin, atento, Sinatra preguntó de nuevo:

—¿Y ahora?

—Ahora sí.

En la primera toma, Frank Sinatra había estado visiblemente emocionado. Sin embargo, por ser temperamental, en el caso de que se hubiese negado a grabar por segunda vez —confiesa Medina—, aquella primera declaración podría haberse aprovechado de todos modos. Era cuestión de preciosismo, de perfeccionismo por parte de él.

Roberto Medina no escatima en elogios al hablar del comportamiento del ídolo:

—Mientras muchos artistas actuales no hacen más que poner pegas, Frank me llamaba jefe (boss). ¡El más grande del mundo llamándome jefe! Un profesional muy serio.

Como una manera de olvidar la pérdida de su madre por unos minutos, Sinatra sorprendió al volverse atrás también en la decisión de no cantar. Caminó lentamente hacia el escenario y ofreció su show al público que, a esas alturas, colmaba las dependencias del Caesar's. En el espectáculo, citó incluso el whisky *Passport*, apoyando una botella sobre el piano, lo que nadie de la producción le había pedido. Aprovechó la ocasión para dedicar la presentación a su madre, pero en ningún momento se expresó públicamente sobre la tragedia. Solo envió un mensaje a Dolly, que poca gente del público entendió:

—Le dedico este show a una persona muy querida que está allá arriba, ahora, en este momento...

Al día siguiente, el equipo brasileño editó el *spot* en Las Vegas. Al volver al país, el único trabajo fue hacerlo circular. Antes, claro está, la Seagram se aseguró de que la Cisper tuviese reserva suficiente de botellas para atender la demanda que, sin duda alguna, habría del *Passport*.

Como era de esperar, el anuncio tuvo un éxito impresionante. Fue la mejor campaña de televisión. Roberto Medina ganó el premio de publicista del año y superó con creces a todos sus demás competidores de aquel entonces. Tanto por la calidad como por la osadía de todo el proyecto y su repercusión. Desde que ideó la campaña con Sinatra hasta la difusión del *spot*, el proceso duró entre tres y cuatro meses: un tiempo récord. Una victoria de vital importancia para la carrera de Medina.

En cuanto terminó de editar el comercial, aún en Las Vegas, antes de regresar a su país, Medina cenó una vez más con Mickey Rudin, que lo provocó:

—¿Y ahora, muchacho? ¿Qué más le pides a la vida?

Realmente, grabar un anuncio comercial con Frank Sinatra resultaba, para muchos publicistas, la cumbre de su carrera. Para Medina, en cambio, era solo el comienzo.

—¿Qué más le pido? ¡Vaya! Llevar a Frank Sinatra a Brasil. ¿Acaso usted se ha olvidado de eso?

A pesar de haber hecho un buen papel en el primeros contactos, aun mostrando tener palabra desde el principio hasta el final del desenlace de la grabación del anuncio, llevar a Brasil a Frank Sinatra no sería un proceso fácil.

Más de dos años de conversaciones, catorce viajes a Los Ángeles, algunos de ellos de varias semanas, y aún así, en los momentos en que Medina se veía a punto de concretar el proyecto, cuando comenzaba a creer que el sueño era realmente posible, las negociaciones se estancaban, volvía a comenzar de cero. Mickey Rudin siempre se escaqueaba. Decía que Brasil quedaba demasiado lejos para Sinatra, que presentarse en Sudamérica no tenía sentido para él. Otras veces declaraba que el negocio sería inviable para un empresario brasileño desde el punto de vista económico. Sin hablar del rumor de que una gitana le habría dicho al cantante que moriría si llegaba a presentarse en Brasil. Medina, por otra parte, nunca se tomó en serio esa historia. Creía que era un recurso que había inventado Rudin para ahuyentar a los aventureros: los hombres de Sinatra, probablemente, se lo soltaban a todo empresario que desease contratarlo en lugares en donde el cantante no tenía la menor intención de presentarse.

En la primera charla que Medina tuvo con Rudin en su despacho, el abogado buscó, en uno de sus cajones, una carpeta rotulada "Brasil". Cuando se hicieron amigos, Rudin se la mostró. En ella había solicitudes de muchos empresarios brasileños, del gobierno federal de Rio, incluso cartas de su padre. Al lograr el éxito con Nat King Cole, Connie Francis y otras estrellas internacionales, en la década de 1950 Abraham Medina lanzó la hipótesis de buscar a Sinatra para presentaciones en el programa *Noite de gala*, de la TV Rio, y en el Maracanãzinho. Le ofreció al cantante 300 mil dólares. Desistió, temiendo que hubiese pérdidas, sobre todo porque los apoderados del artista le pidieron el doble en extras.

Roberto Medina, no obstante, no temía un perjuicio económico ni tampoco pretendía obtener beneficios. Se daría por satisfecho con recuperar los gastos pero, en el supuesto caso de que tuviese un pequeño déficit, ganaría en imagen. Durante la interminable negociación con Rudin, el publicista lo intentó todo. Hasta llevó a los Estados Unidos una vistosa maqueta, de tres metros de largo. Bien acabada, se veía en ella la figura de Sinatra, solitario, en medio del campo de un Maracaná repleto, todo en su debida proporción. Excelente manera de sensibilizar al cantante.

No obstante, la aduana estadounidense retuvo la maqueta, a pesar de su buena factura. Medina entró con ella en los Estados Unidos sin autorización, dispuesto a todo. Al día siguiente de la requisa, junto al fiel escudero Carlos Alberto Scorzelli —el director de la Artplan encargado de trabajar con él en la "Operación Sinatra"—, Roberto Medina salió por la mañana del hotel derecho al aeropuerto, llamó a un guardia aparte y le explicó el proyecto con riqueza de detalles. Sensato, el guardia cedió a las súplicas de los brasileños y liberó la maqueta, incluso sin la documentación. Medina acudió a la oficina de los agentes de Sinatra y la colocó encima de la mesa de un Mickey Rudin estupefacto. Rudin se quedó durante casi un año con el trasto a pesar de que estorbaba sus movimientos por el recinto. Sin embargo, lo utilizaba para estudiar cada detalle de lo que parecía que iba a ser el más grande espectáculo del mejor cantante del mundo en el estadio más gigante del planeta. Sin duda, era una tentación irresistible para el hombre conocido como *La Voz*.

Cierto día, con el negocio a punto de ser cerrado, un empresario brasileño entró en acción y ofreció 20 millones de dólares por un único show del cantante mientras que Medina intentaba cerrar toda la temporada de él en Brasil por 800 mil dólares.

En una de las reuniones, cuando el publicista carioca creía firmemente que estaba a dos pasos del paraíso, Mickey Rudin abrió el juego, con pesar:

—Lo siento mucho, Roberto, por todo el trabajo que te has tomado, pero acabamos de recibir una propuesta de 20 millones de dólares. He tomado la precaución de pedir que averiguasen si no era un chiflado cualquiera, si la cosa iba en serio. Y era, efectivamente, de fiar. Por eso lo siento mucho, realmente lo siento mucho...

Medina reconoció su tristeza, pero declaró que lo entendía perfectamente, que tenían toda la razón. Ahogó las lágrimas en el hotel durante la noche pero, a la mañana siguiente, Mickey Rudin lo despertó temprano con una llamada telefónica. Quería fijar una nueva cita.

—Vamos a retomar el asunto, amigo.

Sinatra había rechazado la oferta de los 20 millones de dólares. No quería hacer el show para el empresario, que deseaba verlo en vivo y en directo en un club paulista.

—Él no es cantante de club. ¡En un club, ni por 20, ni por 50, ni por 100 millones de dólares! Sinatra no quiso saber nada. Él quiere, sueña con el Maracaná. Está completamente obsesionado con esa idea —reconoció Rudin.

Bastó para que Medina se diese cuenta de que sus esfuerzos no estaban siendo en vano. La historia ya estaba en ese punto —o sea con él, con Frank Sinatra— y solo faltaban unos detalles para concretar el proyecto. El cantante estaba de acuerdo, lo que era una magnífica señal. Sin embargo, para variar, surgieron nuevos problemas: cuestiones de logística, como el hecho de que el cantante no quería viajar tantas horas para llegar a Brasil. Medina sudó para conseguir, a través de Air France, un Concorde que despegaría solo con el artista y sus invitados a bordo. Sinatra solo tendría que hacer el esfuerzo de coger el avión en Washington. El viaje duraría la mitad del tiempo habitual.

En esa oportunidad, el Concorde reavivó una discusión que estaba casi superada. En cada momento, Medina tenía que pensar en una nueva solución para que el acuerdo perdurase. Hasta que comenzaron discusiones más encendidas entre él y Rudin sobre la técnica del show, la divulgación, la prensa. Mickey Rudin era extremadamente autoritario y por eso los dos se enfrentaban bastante.

Cierta noche, en una cena en casa del estadounidense, las esposas se hablaban y ellos no. Habían chocado por cuestiones como la iluminación y la retransmisión televisiva.

Las riña continuas, el esfuerzo y el desgaste extenuaban sobremanera a Roberto Medina, que insistía en imponer las ideas que elaboraba. Un buen día, el brasileño salió de la oficina seguro de que desistiría de manera definitiva. Exhausto, no quería seguir gastando carretadas de dólares en viajes a los Estados Unidos que parecían en vano, debido a los problemas que sucesivamente postergaban la firma del contrato. En un paseo con Rudin por Beverly Hills, en el nuevo *Rolls Silver Shadow* del abogado (la *Rolls-Royce* le cambiaba el coche cada seis meses), Medina le espetó:

—Mire, Mickey, pienso que he sido un petulante: usted está junto al mejor cantante del mundo, tiene los mejores proyectos del planeta para analizar, y vengo yo, una persona insignificante, desde Brasil, y pretendo imponerle a usted cómo se hacen las cosas, enseñarle *show business* al hombre que echa las cartas del *show business* internacional. Así que paro aquí, desisto, creo que tiene usted toda la razón, le pido disculpas por la impertinencia y ya...

Inmediatamente, Rudin frenó el coche, puso la mano en el hombro del brasileño y le habló pausadamente:

—Amigo, mañana vamos a firmar el contrato.

Por lo visto, Rudin no pretendía mucho más del brasileño, solo que se pusiese en su lugar, que supiera que estaba a punto de contratar, no a un cantante, sino "al" cantante. Al día siguiente, sin discutir siquiera todo lo que se había venido negociando en aquel año de trabajo, el apoderado de Sinatra firmó el contrato según las pautas deseadas por el brasileño.

Muchas historias ligaban a Frank Sinatra con la mafia y el mundo del juego en los casinos de Las Vegas. Se rumoreaba sobre supuestos intercambios de favores y negocios en común entre el cantante y los mafiosos Willie Moretti y Carlo Gambino. Roberto Medina dejó de lado todo eso.

—Cuando busqué un abogado en los Estados Unidos para trabajar conmigo junto a Sinatra, él me dijo que no debería tener abogado, que ningún abogado estadounidense aceptaría discutir con él. Bastaba con que tuviese palabra. Dijo que con esas personas (las que rodeaban al artista) se hacen acuerdos verbales, basta con la palabra. Me pareció extrañísimo, siempre creí que ese asunto de la mafia era puro folclore. Sin embargo, en una de las ocasiones en que fui a la oficina de Mickey Rudin, me di cuenta de que el FBI había precintado el local. Me contaban que él, Rudin, había sido el abogado de Sinatra en la película *El padrino*[1], pero conmigo siempre fue un tipo fuerte, firme, buena gente, serio, que cumplió con todas las obligaciones contractuales que acordamos. Solo era un poco duro en las negociaciones. Pero si era o no de la mafia, eso sí que no lo sé. Es verdad que el ambiente daba para eso. Conmigo, sin embargo, la relación fue siempre bastante profesional. Nunca conversamos sobre ese tema. Llegaban, sí, ciertos rumores durante el curso de nuestras negociaciones. Yo estaba preocupado, aunque tranquilo, porque lo que estaba haciendo era intentar contratar a un profesional, a un cantante, para una temporada de shows en Brasil. Solo eso.

Y tuvo éxito. En realidad, era una verdadera gloria que un empresario brasileño llevase a Frank Sinatra para una serie de cinco espectáculos en Brasil. Al fin y al cabo, se trataba de un artista que solo trabajaba dieciséis semanas por año. Sin sombra de dudas, Roberto Medina fijaba su nombre como el autor de la mayor hazaña de la historia del *show business* en Brasil.

En la recta final de 1979, el papa Juan Pablo II visitó a los estadounidenses para consolidar su liderazgo espiritual. Fidel Castro, después de diecinueve temporadas, regresaba a los Estados Unidos para pronunciar un discurso en la ONU; suavizando el tono, intentaba ser menos guerrillero y más estadista. En Brasil, la amnistía permitía que Fernando Gabeira volviese al país; el militante de la izquierda olvidaría los nueve años de exilio vestido con una tanga indiscreta en las arenas de Ipanema. Rio de Janeiro, por su parte, vivía la expectativa del juicio de Doca Street (Raúl Fernandes do Amaral), acusado de haber matado a tiros a su ex novia Ángela Diniz. Después de siete años y medio en

---

1 Se decía que Mickey Rudin había sido abogado del cantante en la época en que el Columbia Studio se había negado a contratar a Sinatra para *De aquí a la eternidad*. Rudin habría escuchado la negativa del presidente del Columbia, Harry Cohn. El resto de la historia puede verse en la película: esa misma noche, la cabeza del principal caballo del ejecutivo, que valía una fortuna, apareció cortada en su cama. Rumor o no, una cosa es cierta: en el momento en que se anunció que el libro *The Godfather*, de Mario Puzzo, sería llevado al cine, Rudin defendió con uñas y dientes a Frank Sinatra y logró eliminar el 80 % de las escenas de Johnny Fontane, personaje basado en la figura del cantante, ya que Sinatra estuvo presente en el cumpleaños de la hija del mafioso Willie Moretti, en 1948.

prisión, Nelson Rodrigues Filho, a los 33 años, era puesto en libertad condicional por el régimen militar.

Este era el clima que precedió a la noticia del año. El 14 de octubre, frente a las cámaras de *Fantástico*, Roberto Medina aparecía al lado de Frank Sinatra en el Waldorf Astoria, en Nueva York, firmando el contrato de la actuación del cantante en Brasil. A los 32 años, el empresario pensó en la importancia de tener el aval de la TV Globo para que el público creyese finalmente en la historia e invitó al reportero Hélio Costa para cubrir el acontecimiento. Sinatra hizo una rápida declaración al periodista antes de firmar, mientras Medina, nervioso, temblaba.

—He contratado a lo largo de mi historia más de trescientas bandas y nunca había pasado por lo que sentí frente a Sinatra. Cuando entras en contacto con alguien al que admiras, y Frank Sinatra era mi pasión, no logras siquiera hablar bien delante de él.

Pero Sinatra fue bastante cariñoso, hasta el punto de que Medina se arriesgó a hacerle dos preguntas.

—Le pregunté si, después de todo lo que había conquistado, aún tenía algún deseo. Me dijo que soñaba con el día en que pudiese salir a la calle libremente, entrar en un bar y beberse en calma una cerveza. Aproveché la ocasión y le pregunté si aún se ponía nervioso

Frank Sinatra y Roberto Medina
brindan por la firma del contrato
que llevaría al famoso cantante a Brasil.

cuando estaba en el escenario, después de tantos años. Dijo que siempre se ponía nervioso, que incluso llegaban a temblarle las piernas.

Al contrario de muchas —o hasta de todas— las grandes estrellas del *show business*, Frank Sinatra no pidió extravagancias en el contrato. Quería en Brasil solo los cigarrillos que fumaba y botellas del whisky *Jack Daniels*.

Feliz de la vida, cuando Roberto Medina divulgó la firma del contrato afirmó que realizaba un viejo sueño.

—Hace mucho leo noticias en la prensa con informaciones de que algún que otro empresario traería a Sinatra a Brasil. Lamentablemente, las noticias nunca se confirmaban y eso causaba gran frustración en la inmensa legión de fans que el cantante tiene en nuestro país.

Dijo que la contratación tenía un significado mucho mayor que la simple promoción de la empresa.

—El objetivo de la Artplan no es el lucro económico. La venida de Sinatra a Brasil es importante porque abre grandes perspectivas para nuestro turismo. No es casual que nuestra ciudad esté ocupando cabeceras en los principales periódicos del mundo.

Al día siguiente, muchos argentinos, por teléfono, hicieron reservas en hoteles de Rio.

Desde que obtuvo la firma del cantante para el anuncio de *Passport*, Roberto Medina se empeñó en llevar a cabo la idea de ver a Frank Sinatra en el Maracaná. A partir del momento en que la negociación adquirió visos de estabilidad, vislumbró la posibilidad concreta del viaje del mito a Brasil. El asunto, entonces, se convirtió en una cuestión de honor. Durante más de dos años, el publicista vivió el problema las 24 horas del día. Ahora tocaba relajarse. O ni siquiera eso. Tenía que preparar el show o, mejor dicho, los shows. Montó minuciosamente un plan para dar al hotel Rio Palace (hoy Sofitel, en el Puesto 6, en Copacabana) proyección internacional.

La elección del hotel donde se hospedaría el grupo de Sinatra no fue aleatoria. El Rio Palace corría por cuenta de la Artplan, y, como estaban dispuestos a contribuir a ayudarlo, Medina aprovechó la oportunidad para promocionar el establecimiento. Desde que se había iniciado el proyecto, era el momento ideal de retribuir a su cliente, haciendo que se convirtiese en el gran hotel de Rio de Janeiro. En el Rio Palace, casi dos mil seiscientas personas verían las presentaciones de Sinatra, entre los días 22 y 25 de enero de 1980. El sábado, día 26, el escenario para el artista sería el gigantesco estadio Mário Filho, el Maracaná.

El 18 de octubre de 1979, en la rueda de prensa, Medina repitió que, con su iniciativa, Artplan estaba contribuyendo a crear una buena imagen del país en el exterior y, de paso, a incentivar el turismo en el territorio nacional. Según él, los 20 mil cruzeiros (435 dólares), desembolsados por los fans que quisiesen ver al cantante en cada una de las cuatro presentaciones en el Rio Palace, no eran un precio tan alto como parecía. En Egipto, por ejemplo, el show de Sinatra había costado el equivalente a 75 mil cruzeiros por cada privilegiado espectador. En el Maracaná, por tanto, los brasileños pagarían menos de la cuarta parte del valor que el estadounidense solía gastar para escuchar a Sinatra en vivo. Aún así, Medina insistía en resaltar, cuantas veces fuera necesario, que la llegada del cantante al país no era importante solo desde el punto de vista artístico-promocional.

—Con la crisis energética por la que estamos pasando, en realidad estamos dando un despegue sensacional a nuestro turismo.

Por aquel entonces, si aún quedaba alguien que dudase de la iniciativa, ese era Abraham Medina. Su padre temía que los aires del país no le hiciesen bien a Sinatra.

—No se lo dije a Roberto, pero tenía un poco de miedo, esa es la verdad. Paul Anka, recuerdo, se negó a cantar aquí. Vino con un contrato firmado y todo, pero en cuanto llegó cambió de idea.

En diciembre de 1979, en el Caesar's Palace, Frank Sinatra conmemoró 40 años de carrera y 64 de edad con un show al que asistieron Tom Bennett y Sammy Davis Jr. Lo ovacionaron durante veinte minutos al final de la última canción. El 19 de enero de 1980 cantó en Beverly Hills, en un espectáculo en homenaje a Simon Wiensenthal, su amigo personal, conocido por su intervención en la caza de los nazis. Al final del espectáculo, un descanso irrisorio y con las maletas ya preparadas, la leyenda viva de la música volaba al día siguiente camino de Brasil.

APOTEOSIS EN EL MARACANÁ

El 21 de enero de 1980, a Brasil parecía importarle más la noticia de la llegada de Frank Sinatra, que cualquier otro hecho de repercusión mundial o nacional. Todo pasaba a segundo plano. Incluso el hecho de que el presidente de los Estados Unidos, Jimmy Carter, hubiese oficializado la petición al Comité Olímpico norteamericano para organizar un boicot a los Juegos Olímpicos de Moscú —qué ironía— si las tropas soviéticas no se retiraban de Afganistán...

Fueron tres ansiosos meses de espera para el pueblo y de mucho trabajo para Roberto Medina y su equipo. A unos días de la llegada del cantante, el pelo del publicista encaneció como por arte de magia. Tampoco pudo escapar de una gastritis. Pero eso era lo de menos: él no veía la hora de que el icono de la música llegase a Brasil. Estaba todo preparado. Sinatra inauguraría la *suite* presidencial de los pisos séptimo y octavo del Rio Palace, la más grande de Brasil. Era un enorme dúplex de 500 metros cuadrados. Con cristales a prueba de balas, el lugar era una invitación al lujo y al confort. Muebles del siglo XVIII, cuarto de baño revestido en mármol, cuadros de Pancetti, Da Costa y Zaluar. Si el hotel no hubiese sido cliente de la Artplan y Medina hubiese tenido que correr con los gastos diarios, los ocho días del cantante en el país habrían salido carísimos.

Una mañana de bochorno, el lunes día 21, a las 8.38, aterrizó el DC-8 fletado desde la Braniff, con el ídolo y sus principales invitados a bordo. Una llegada rápida y fría. Cansado después de diez horas de un vuelo que había comenzado con dos de retraso, Sinatra mascaba chicle y caminaba despacio. Con gafas oscuras, pantalones grises, chaqueta blanca y camisa *sport* a cuadros, al bajar del avión, el mito esbozó pocas sonrisas y gestos ante unos pocos brasileños que pasaron la noche en el aeropuerto de Galeão con el afán de recibirlo, aunque solo fuera desde lejos. En menos de dos minutos, dejó el avión, firmó el *Libro de Oro* del aeropuerto y subió al helicóptero que lo llevó hasta el aeropuerto Santos Dumont acompañado por Barbara Jane Blakely, ex mujer del comediante Zeppo Marx, ex bailarina de un casino de Las Vegas con la que se había casado hacía tres años. Barbara era su cuarta y última esposa: las otras, Nancy Barbato, Ava Gardner y Mia Farrow. Además de su mujer, una comitiva de veinte invitados, uno de ellos especial: Spiro Agnew. Ex vicepresidente de los Estados Unidos durante la administración Nixon, Agnew había renunciado por problemas con el fisco. El siciliano Don Costa, arreglador y director de varios discos de Sinatra, también llegó a Brasil con el cantante, solo para asistir a sus espectáculos, no para trabajar.

Si los primeros pasos de Sinatra en el país fueron tranquilos en el Galeão, hubo bastante tumulto cuando entró en el Rio Palace. Para resumir, con menos de cincuenta minutos en Brasil el artista ya tenía una opinión formada sobre el viaje:

—Me marcho, no quiero quedarme aquí.

Parecía a punto de cumplirse la profecía de Abraham Medina, que había recordado el mal humor de Paul Anka. Todo porque a las nueve y media el Galaxy negro que encabezaba la comitiva de Sinatra desde el Santos Dumont hasta Copacabana llegó al Rio Palace, con cerca de doscientas personas en trance en la puerta del hotel, ansiosas por recibirlo, saludarlo, ensalzarlo y tocarlo. En la rambla, gran cantidad de teleobjetivos apuntaban a la *suite* presidencial.

Esperándolo en la recepción con un ramo de flores en la mano, nervioso y feliz, Roberto Medina creía que el cordón de aislamiento cumpliría su cometido. En definitiva, eran decenas de policías y vigilantes de la Artplan conteniendo a los fanáticos que se amontonaban frente al hotel. En aquel momento de gran expectativa, tenían dificultades para entrar incluso los huéspedes. Cuando el cantante salió del coche, sin embargo, no hubo cómo controlar a la multitud. El servicio de seguridad, meticulosamente preparado, no sirvió de nada para frenar la sobredosis de pasión. Recibido con aplausos y gritos, el pueblo se echó literalmente encima de Frank Sinatra. En diez minutos de caos, el cantante recibió empujones y codazos en la entrada, oyó preguntas necias de periodistas y se vio obligado incluso a usar el brazo para apartar a una fotógrafa que tropezó con Barbara. Alucinada, la prensa, en cierto momento, empujó al propio Roberto Medina, que cayó al suelo y las flores quedaron aplastadas.

—No pude imaginar que iba a pasar todo eso —dice Medina—. Había organizado un cordón de aislamiento pero, si hubiese pensado que se armaría tal descontrol, seguramente habría previsto un plan alternativo. Creía que la cantidad de vigilantes iba a ser suficiente. Imaginaba que algunos fans y la prensa se apostarían en la puerta del hotel; pero no preví semejante alboroto, con las personas comportándose de esa manera. Me derribaron, Sinatra también casi se cae, nos empujaron hacia el interior del ascensor. Él se puso furioso. Dijo que volvería inmediatamente a los Estados Unidos y advirtió que no daría ni una sola entrevista.

Solo Abraham Medina se mantuvo tranquilo.

—Esperaba una agitación mayor. Cuando vino Neil Sedaka, todavía fue peor.

Por si acaso, seis guardaespaldas comenzaron a vigilar cada uno de los pisos de la *suite* del cantante, mientras que Barbara recurría a todos los artificios posibles para que Sinatra repensase la idea de abandonar el proyecto y se tomara un descanso, se calmase. Su cariño surtió efecto: el mito durmió hasta las cinco de la tarde. Por la noche, el malhumorado, retaco y cincuentón Lee Solters, asesor de prensa del cantante, protestando por todo, culpó a los periodistas brasileños:

—Para que lo traten como a un animal, Sinatra puede ir a cualquier zoológico de California, no venir a Brasil.

Enseguida, ofreció una rueda en la que volvió a hablar mal de la prensa:

—Ustedes pueden publicar lo que quieran sobre Frank Sinatra, que él no le dará la menor importancia. No va a dejar de cantar como canta, ni tampoco dejará de cobrar lo que cobra.

En ese instante, Roberto Medina lo interrumpió. Al pedir la colaboración de los reporteros, el publicista contemporizó:

—Para nosotros la prensa tiene importancia, claro que sí. La llegada del cantante es una iniciativa muy importante para Brasil, y los periodistas, como brasileños, necesitan tener madurez para desempeñar su función.

Experto en lidiar con artistas y menos diplomático que su hijo, Abraham Medina abrió el fuego de la provocación:

—Sinatra está rodeado de rufianes, verdaderos explotadores, y no estoy obligado a tolerarlo. ¿En qué mente cabe que no nos hace falta la prensa para vender entradas?

Pronto el clima, que ya estaba caldeado, estalló. Roberto Medina habló mal de Solers delante de los reporteros y los dos se enemistaron.

—Estuve un buen tiempo sin dirigirle la palabra. Cuando se fue de Brasil, aún seguía enfadado. Solo más adelante retomamos la amistad.

Contrariado, Lee Solters transmitió a los reporteros las condiciones de Sinatra, en la segunda oportunidad que el artista les dio a los periodistas. Los profesionales tendrían que quedarse en la sala de prensa. Quien circulase por el hotel perdería la credencial; no podría dispararse ningún *flash* el día del estreno del show; y los reporteros y fotógrafos no se quedarían más de quince minutos en el salón del show, debiendo entrar por turnos y en pequeños grupos.

Medina admitió que, para traer a Brasil al cantante, pasó por unos cuantos malos ratos. Le pidió a la prensa que comprendiese la situación.

El martes, día 22, más confusión. Por la tarde, hubo bronca entre Lee Solters y Abraham Medina. Los desencuentros empezaron cuando el asesor de prensa comprobó la presencia de huéspedes del hotel, empleados de la Artplan y dos periodistas disfrazados en el salón donde Frank Sinatra probaba la voz y el sonido para el show del estreno, que se daría esa noche.

—¡Por favor, saquen a todos los extraños de aquí! —les gritó Solters a sus vigilantes.

Enseguida, le dijo a la intérprete que estaba junto a Abraham:

—Dígale que despida a la mitad de su equipo, que no está funcionando bien. Hará un buen ahorro.

Abraham estalló:

—Dígale a él que haga lo mismo con ese hatajo de sinvergüenzas de la comitiva de Sinatra.

Mientras tanto el cantante, tenso y con expresión preocupada, tecleaba al piano fumando un *Lucky Strike*, esperando aplacar sus nervios. En medio del caos, expulsaron del lugar a una empleada de la Artplan encargada de dar asistencia a la comitiva del artista. Salió llorando, humillada.

—Fue la peor relación profesional que he tenido en toda mi vida. Nos estaban tratando como animales. Solo intenté explicar que los huéspedes del hotel tienen todo el derecho a circular por aquí y Mickey Rudin me respondió: "No me interesa una palabra de lo que usted me dice". Solo estábamos soportando todo eso por respeto a Roberto Medina, que es un tipo sensacional.

Frank Sinatra no era un individuo cualquiera; era uno de los pocos productos de la posguerra que resistieron la prueba del tiempo. Conscientes de ello, sus hombres actuaban como querían, hacían lo que deseaban —tal vez por tener mucho dinero— y sin ningún asomo de culpa. Pero todo en la vida tiene un límite. Roberto Medina se indignó por la grosería del trato a la prensa y a parte de su equipo y, hastiado, en determinado momento pensó en renunciar a todo.

—Reflexioné y me di cuenta de que estaba en mi país, que les estaba pagando a Sinatra y a los suyos y que, por tanto, era yo quien debía dar las órdenes.

Las horas pasaron y empezó a cambiar la atmósfera en el hotel. Dentro de poco tiempo, Frank Sinatra se iba a presentar por primera vez en tierra brasileña. Lo acompañaría en el escenario una orquesta neoyorquina de 38 músicos, dirigida por el pianista Vinnie Falconi. *La Voz* cantaría para un público estimado en 660 personas, dispuestas en setenta mesas. El cubierto costaba 18 mil cruzeiros, más 2 mil para la cena —menú elegido por el *chef* francés Gaston La Notre--, bebidas y servicio. Las cuatro noches de show en el hotel, Medina recaudaría alrededor de 40 millones de cruzeiros (870 mil dólares). Como Sinatra no quería camareros circulando por el salón mientras cantara, la cena terminaría a las 22.30 y el espectáculo se iniciaría media hora después.

En una de las mesas principales, el gobernador de Rio, Chagas Freitas, consideró desde el principio que todo ello era una importantísima iniciativa porque era una forma de promover la ciudad. A su alrededor, había un público heterogéneo. Además de los trescientos periodistas acreditados, estaban presentes Oswaldo Sargentelli, Jece Valadão, Vera Gimenez, Danuza Leão y Walter Clark, entre otros. En la puerta del hotel, cerca de quinientos curiosos acompañaban, entre vivas y aplausos, la entrada del selecto público que había pagado por el espectáculo.

Roberto Medina esperaba en una mesa el comienzo del espectáculo acompañado por el gobernador, por el alcalde Israel Klabin y por el ministro del Ejército, Walter Pires. A las 23 horas en punto, parpadearon las luces, los camareros desaparecieron, sonaron los primeros acordes de la orquesta anunciando *My Way* y entró Sinatra. Delirio colectivo. Con el pelo peinado hacia delante, el público aplaudió de pie al icono de la música internacional. Un fan llegó a gritar:

—¡Es un monstruo!

Andando poco por el escenario, una pasarela estrecha, de 50 centímetros (habían reducido el espacio montado por Mario Monteiro para que cupiesen más mesas en el local), los incrédulos que creían que el cantante ya no tenía, a los 64 años, aquella sensibilidad en la garganta que transmitía soledad y sensualidad, se dieron cuenta enseguida de que estaban totalmente equivocados. Aunque tenso, nervioso, con un esmoquin negro y un pañuelo anaranjado en el bolsillo de la chaqueta, Sinatra caminó seguro hasta el micrófono con una taza de café humeante en la mano y dejó al público extasiado al comenzar *Coffee Song*. Era más que evidente: su voz seguía siendo magnética, firme. Poco antes, en su dúplex, Sinatra se había tratado la fiebre, la tos y el romadizo con antibióticos y 45 minutos de inhalaciones. Valió la pena. Recuperado el tono de sus cuerdas vocales, el cantante en escena transmitía el mismo encanto, desenvoltura y naturalidad de antaño.

Al final del show, ovacionado por el público, Sinatra hizo mutis por el foro y no volvió para el bis. Llorando, muy emocionado, Medina se sentía recompensado. Hasta que Mickey Rudin fue a su encuentro. El publicista creía que lo saludaría, pero no fue así: el estadounidense encaró al brasileño y le soltó un sonoro rapapolvo por culpa del ruido que los camareros habían hecho en la cocina. Truculento, apareció dando gritos. Medina perdió el control y se le fue encima. Entonces Carlos Alberto Scorzelli y Bob Kiernam (técnico estadounidense encargado del sonido) lo sujetaron por detrás, conteniéndolo en cuanto se dieron cuenta de que se liaría a golpes con el gringo. Se acercó Abraham Medina y le gritó a Rudin:

—¡Usted no puede actuar así! ¡Qué estupidez! ¡Hoy es una noche de gala y no será usted quien la arruine, de ninguna manera!

Abraham le preguntó a su hijo qué había ocurrido. Cuando supo que Rudin había llegado en actitud amenazante, no lo toleró y estaba dispuesto a enzarzarse también en la pelea. Tuvieron que sujetar a los dos. Por lo menos el salón ya se había vaciado. Mickey Rudin, sin embargo, estaba acompañado por varios gorilas, entre ellos el famoso Jilly Rizzo, guardaespaldas particular de Sinatra, que llegó a sacar el revólver.

En medio de semejante confusión, Roberto Medina no se podía controlar. Quería pegarle a Rudin, aún estando armados los guardaespaldas de él, hasta que resolvió que no tenía sentido enfrentarse de esa manera, que se imponía hacer una reunión. En un salón contiguo se fueron todos a hablar sobre el asunto. Fuera de sí, Roberto Medina abrió la reunión diciendo que no había ya nada que discutir: que Rudin y Sinatra dejasen el hotel y el país inmediatamente, a más tardar a la mañana siguiente. Dijo cosas aún peores. En clima tan nefasto, su hermano Rubem Medina intercedió y habló intentando reducir la tensión durante casi media hora. Aplacados los ánimos, Mickey Rudin le preguntó al publicista, bajando visiblemente el tono:

—Me parece mejor que hagamos la reunión mañana, alrededor de las 11, en su despacho. ¿Qué le parece?

A la mañana siguiente, en el edificio de la Artplan, Mickey Rudin era otro.

—Me equivoqué, disculpe, he sido grosero, le aseguro que no volverá a ocurrir.

—Bien, si es verdad que no se va a repetir... —lo perdonó Roberto Medina, también más calmado.

Y realmente no se repitió.

—¡No fue sencillo! —recuerda Medina—. El mayor cantante del mundo de todos los tiempos, con aquella comitiva, no facilitaba las cosas. Y no era Sinatra el arrogante, aún con toda esa estructura por detrás. Nos tragamos unos cuantos sapos pero, pueden creerme, ellos también se tragaron algunos de los míos —sonríe.

En aquel momento, Roberto Medina tenía la moral muy alta, decía lo que quería. No era un don nadie que había contratado a un cantante cualquiera. Era el hombre que había llevado a Frank Sinatra a Brasil. Para tener una idea de cómo lo conocía ya el país, la columna de Zózimo Barroso do Amaral, en el *Jornal do Brasil*, incluyó una pequeña nota el día 23 de enero de 1980:

"Contaban ayer que, desde que llegó, Frank Sinatra se asomó solo una vez, durante unos segundos, a la balconada de su *suite* para contemplar el paisaje, al lado de su anfitrión, Roberto Medina.

En ese preciso instante, un transeúnte, mezclado con los muchos que se aglomeraban en la acera de enfrente del hotel, divisó a lo lejos la silueta de la pareja y codeó al amigo que tenía a su lado:

—¿Quién es ese tipo que está junto a Roberto Medina?".

Si bien Mickey Rudin había refrenado sus peores impulsos, Lee Solters seguía igual. No paraba de apuntar con el dedo a la cara de la gente a cada minuto. Como a Sinatra le gustaba ver diariamente lo que la prensa brasileña publicaba sobre él, dos intérpretes tenían el trabajo de traducir, en páginas mecanografiadas, las notas de los periódicos más importantes. Así leería una cabecera de periódico insólita: "Lee Solters go home!".

Desde 1944, cuando el FBI comenzó a investigar sobre él, comenzaron los roces en los contactos entre el cantante y la prensa. Sinatra reaccionaba con irritación e incluso violencia. A pesar de ello, según Abraham Medina, los incidentes con los periodistas brasileños eran, en realidad, una táctica para crear todo un clima de protagonismo en torno al ídolo. Táctica que perduraría. Solters reunió, el día 23, a la prensa brasileña y criticó a todos y cada uno de los periodistas, sin tomarse el trabajo de preguntar quién había propuesto al editor aquella referencia grosera a su persona.

Menos mal que todo anduvo bien en el segundo show del cantante en el Rio Palace. De excelente humor, Frank Sinatra, bromista, llegó a leer en escena algunos mensajes escritos por sus fans en servilletas. El problema ahora era otro. Una fuerte lluvia comenzaba a castigar a la ciudad, en la víspera de su única presentación en el escenario abierto del Maracaná.

Hasta el 24 de enero, o sea a dos días del espectáculo, ya se había vendido 80 mil entradas en la gradería, a la vez que el Departamento Nacional de Meteorología recibía centenares de llamadas, desde Rio de Janeiro y de otros estados, solicitando la previsión del tiempo para la noche del sábado. Lee Solters, Roberto Medina y Mickey Rudin se reunieron en la Artplan para apurar los últimos detalles de la presentación histórica. Frank Sinatra comenzaría el show a las 21 horas y terminaría a las 22.15. Luego cogería un avión hacia Los Ángeles, donde tenía un compromiso impostergable la tarde del día 27. Si la lluvia impidiese la presentación del cantante, que seguía medicándose por su catarro, no habría show el domingo de ninguna manera.

—Sinatra iba a embarcar a las once y pico, horario normal del vuelo de Panam, y esa fecha estaba cerrada. Tenía que estar sin falta al día siguiente en los Estados Unidos. Conocíamos esos límites y sabíamos que solo nos quedaba una bala en el cargador —cuenta Medina.

El publicista se asustó cuando, a menos de 48 horas del show, empezó a llover. No había alternativa para preparar un acontecimiento de aquella magnitud. Hizo falta casi una semana, por ejemplo, para montar el escenario; la Superintendencia de Deportes de Rio de Janeiro (Suderj) dejó el estadio en manos de los ingenieros de la Artplan, por contrato, durante diez días: seis de montaje, uno de ensayo, otro de show y dos para desmontar. Medina tampoco pensaba en la hipótesis de trasladar el espectáculo al Morumbi; lo quería en Rio. Su intención, su mayor deseo, era brindárselo a la propia ciudad.

—Me acuerdo perfectamente de que, en un día lluvioso, fui a la calle a comprar los periódicos, leí un sinfín de notas sobre el show, así que me detuve, me di con la mano en la cabeza y me pregunté: ¿qué puedo hacer?

Un seguro. La Artplan planteó qué cubría el seguro hecho con la Atlántica Boavista. ¡Fue el primero de Brasil en cubrir los gastos en caso de lluvia! La inversión en el "Proyecto Sinatra" había sido brutal: cerca de 2,5 millones de dólares. Según otro director de la agencia, Bené Vaismann, fueron más de treinta hora de discusión hasta que se incluyeron las "condiciones meteorológicas adversas" en el contrato, que acabó abarcando, al fin, cincuenta páginas mecanografiadas con un cuerpo de letra diminuto. ¿Las cifras del seguro? Dos millones de dólares.

Bien: si lloviese, por lo menos pagaría el seguro. Así como pagaría por otras cláusulas acordadas en el contrato: accidentes con los equipos de sonido y de luz; muerte, incapacidad física o invalidez del artista; y hasta la no presentación de Sinatra en el lugar del espectáculo por razones fuera de su voluntad, como secuestro o atentado.

Para Roberto Medina, era estupendo haber asegurado el show. Desde el punto de vista empresarial, todo estaba resuelto, pero ¿lo estaba para aquellos millares de personas que irían al estadio, para la gente que había juntado dinero para cumplir un viejo sueño? En el caso de que Sinatra no se presentase frente al público, durante mucho tiempo lo recordarían como el responsable de la mayor frustración de la historia del Maracaná, a la par en dureza con el gol del uruguayo Gigghia en la final de la Copa de 1950. Por todo ello, la "lluvia" era una palabra prohibida en la Artplan. Carlos Alberto Scorzello llegó a confesar el día 25:

—¡Nunca he mirado tanto al cielo! ¡Cualquier nube me aterroriza!

Para colmo, la previsión del Departamento de Meteorología para la fecha del show era la siguiente: "Tiempo nublado con lluvias y posibles tormentas esporádicas, con periodos de mejora".

El fuerte temporal, no obstante, no interrumpió los trabajos en el estadio. Había una gran confianza en que pararía de llover para que la ciudad viviese una noche memorable. Rio de Janeiro respiraba el show. Gracias a Frank Sinatra, los suplementos de los periódicos publicaron escasos anuncios con muy pocas atracciones para el fin de semana. La mayoría de los artistas tuvo miedo al riesgo de una competencia semejante.

En la noche del día 25, después del último show del cantante en el Rio Palace, se vio a Sinatra con una camiseta del Flamengo y el título "ciudadano del Estado de Rio de Janeiro". Después descansó en la sala de cócteles, antes de recibir a algunos invitados en el restaurante Pre-Catalan. La cantante Eliana Pittman, amiga de Al Viola, guitarrista de Sinatra, conversó durante tres horas con su ídolo. Él se dividía entre dos tragos: uno de *Jack Daniels* y otro de cerveza. A las dos y veinte de la madrugada su comitiva salió para probar los equipos de luz y sonido del Maracaná. Fue la única vez en que el cantante dejó el hotel durante su estancia en el país. Volvió a las tres y media.

—Después de lo que ocurrió con ocasión de su llegada al Rio Palace, cuando tuvimos que ir al Maracaná a probar los equipos, salimos de madrugada —recuerda Medina—. Sin embargo, decidimos montar una farsa. Hicimos que un tipo, igualito a Sinatra, vestido como él, saliese del hotel por delante, en el coche de la comitiva, y la prensa, claro, corrió tras él. Así, pudimos salir enseguida en un coche común e ir sin problemas hasta el local.

Cuando se encendieron los reflectores del Maracaná aquella noche, Frank Sinatra se quedó impresionadísimo por la dimensión del estadio. Vislumbró la gloria pensando en el momento en que estuviese completamente lleno.

El Maracaná estaba más que preparado para uno de los días más señeros de su historia. El escenario, en un tono *degradé* de azul, combinaba con las butacas destinadas al público. Una enorme pasarela hexagonal, en un escenario de seis caras, esperaba al artista en el centro del campo. Cañones de 500 kilos y cuatro *gladiators* iluminarían a la estrella de la fiesta. Los seis *supertroopers*, de 275 kilos cada uno, estaban listos para enfocar a la orquesta y 20 *ultra arz* esperaban el momento de apuntar al público de la pista. Además, una parafernalia con 72 altavoces con una potencia de 6.000 vatios cada uno. El responsable de la iluminación era el experimentado Peter Gasper. Hasta el ingeniero Robert Kiernan, que, además de trabajar para Sinatra, prestaba servicios a Paul Anka y Ann Margret, se quedó, como el cantante, maravillado ante la portentosa estructura del estadio.

La primera fila de butacas en el campo —eran 5.152 en total— quedaba a 20 metros del escenario. Cada una costaba 2.800 cruzeiros (84 dólares), mientras que las entradas en la gradería se vendían por solo 100 cruzeiros (3 dólares). El ingreso esperado giraba en torno a los 30 millones de cruzeiros (652 mil dólares). Ciertos clientes de la Artplan acapararon unos cuantos miles de entradas. Para tener una idea, solamente la Skol compró 10 mil localidades; la Seagram, 6 mil. Medina dejó que los empleados de su agencia eligiesen entre butacas y gradas para el show. Los casados tenían derecho a dos entradas.

Para recibir mejor a Frank Sinatra, se reformó el vestuario de los árbitros. Se utilizaron módulos de pino con tela de algodón de color crema, lo que creaba un clima tropical. Había un sofá de cuero, una mesa de pino y cuatro sillas del tipo de las de director de cine, con el autógrafo de Sinatra estampado en *silkscreen*. Tiestos con plantas tropicales, frutas y un enorme panel fotográfico, en el que se mostraban distintas fases de la carrera del cantante, adornaban el recinto. El camerino estaba dividido en dos partes: una para recibir gente y otra íntima, solo para el artista.

El espectáculo se retransmitiría en toda Sudamérica, excepto en Colombia. La Red Globo, que cubrió con relieve el paso del cantante por Brasil, movilizó a 150 empleados y envió diez cámaras para el acontecimiento, lo que obligó a interrumpir la grabación de sus telenovelas. Solo de los Estados Unidos llegaron 12 mil kilos de aparejos de sonido, el equivalente al 30% del equipamiento utilizado en el show. Aun así, la emisora no transmitiría el espectáculo en vivo, sino diferido en media hora, para que se insertasen los anuncios publicitarios.

A las 18.40, la lluvia arreció. Medina no ocultaba su preocupación, pero tenía fe en que el tiempo mejoraría. A las 19 horas, el Maracaná aún estaba vacío y lo que se oía era un monótono silencio, amortiguado por las gotas de lluvia que inundaban el estadio. Frank Sinatra se relajaba. Con ropa sport, un jersey ligero, dejaba intacto el esmoquin. Descansaba. Aún acatarrado, si cantaba bajo la lluvia probablemente volvería a los Estados Unidos con neumonía. Después de dos años de maniobras intensas de todo tipo para llevarlo a Brasil, Roberto Medina lo notaba malhumorado. Sinatra ya no creía que pudiese haber show; hacía tiempo en el camerino esperando la hora de irse al aeropuerto.

—Nos quedamos estáticos allí, en medio de aquel clima horroroso. Mi equipo bañado en lágrimas, llorando por todo el esfuerzo que habíamos hecho, al parecer en vano, sin poder hacer absolutamente nada más —recuerda Medina—. Entonces decidí al menos intentarlo. Tenía que intentarlo, luchar por aquel sueño que no podía acabar, de ninguna manera, de forma tan melancólica.

El empresario acudió a las emisoras de radio y dio una entrevista para cada una de ellas, confirmando el show. Salió después derecho a encontrarse con Boni (José Bonifácio de Oliveira Sobrinho, vicepresidente de Operaciones de la Red Globo) y le dijo que Sinatra se presentaría incluso bajo la lluvia. Pidió que confirmase en el aire la realización del espectáculo, pero Boni se negó. A Medina solo le faltó arrodillarse. Conmovido, Boni le advirtió de que transmitiría la noticia siempre que él firmase un compromiso haciéndose responsable. Medina firmó en el acto. Como estaba su nombre en juego, la Globo empezó a anunciar sistemáticamente el show y el estadio, a partir de entonces, comenzó a llenarse.

—Aquélla fue una decisión mía, sin pensarlo dos veces; Sinatra no sabía nada —revela el publicista.

Como seguían cayendo chuzos de punta, Medina cogió el coche, fue hasta el Galeão a conversar con el personal de Panam, explicó la situación y los convenció de que declarasen, en caso de que se los interrogase, que el avión tenía una avería. Ganaba así un poco más de tiempo para esperar que la lluvia amainase. Volvió al Maracaná y el estadio ya estaba casi repleto, con un público cada vez más numeroso circulando por las graderías.

A las 20.25, sin embargo, seguía el chaparrón. Medina ya imaginaba a Sinatra aceptando cantar durante unos escasos cinco o diez minutos, para que la gente no se fuese del todo frustrada. En resumidas cuentas, algunas personas habían entrado por primera y única vez en su vida en el Maracaná. Otro hecho inédito para los anales del estadio: el número de mujeres con respecto al de hombres era muy superior, en una proporción de tres a uno.

En ese momento, Roberto Medina cogió a Frank Sinatra por el brazo y lo llevó hasta la boca del túnel. Hizo que el cantante viese la masa de público, sin dejar de tomar las debidas precauciones para que nadie lo viese desde las gradas. En 1979, cuando volvió a la carga para conseguir la firma del contrato, el brasileño escuchó que no lograría reunir más de 50 o 60 mil personas en el Maracaná. En aquel momento, 144 mil espectadores con entrada, aparte de los colados, ya esperaban al ídolo. Gente que había salido de su casa bajo una lluvia torrencial y que, provista de paraguas, impermeables o bolsas de plástico en la cabeza, esperaba la entrada del cantante. La mayor audiencia de un solo músico en el mundo.

Excitadas, las personas montaban un show paralelo. En vez de gritar "Mengo", "Fogo", "Vasco" o "Nense", el público silbaba *Strangers in the Night*. Paralizado, Sinatra se emocionó al escucharlas:

—¡Dios mío!

—Medina lo instigó:

—¿Ha visto! He cumplido con mi parte. Ahora le toca cumplir la suya.

Sinatra se quedó impresionado al ver la cantidad de gente que había. Sin pararse a pensar, le gritó a su equipo a todo pulmón:

—¡Tenemos reunión ahora mismo en mi camerino!

Al entrar, habló del vuelo. Medina le advirtió:

—Me han avisado de que su vuelo está cancelado. El avión ha tenido una avería. Puede comprobarlo si quiere; aquí tiene el teléfono del aeropuerto.

Richard Ross, secretario particular del cantante, confirmó la noticia al marcar el teléfono del Galeão. Entonces Sinatra se volvió hacia los encargados de la luz y del sonido.

—¿Cuánto tiempo tenemos de luz?

—Tenemos para todo el show —respondió Peter Gasper.

—¿Sonido?

—Soporta quince minutos de este aguacero.

Sinatra le preguntó a Medina:

—¿Le parece bien quince minutos?

—¡Estupendo!

Inmediatamente, el cantante se decidió:

—¡Entonces vamos a hacer el show! Voy a cantar mientras se pueda.

Medina dejó el camerino hacia las 21 horas. Se volvió hacia todos y dio la noticia:

—¡Atención! ¡Atención! ¡Vamos a tener show! Consigan paraguas para proteger a los músicos de la orquesta.

Faltando pocos minutos para las nueve, la lluvia aún era intensa. Surgió, entonces, un nuevo problema. El director Vinnie Falconi se puso histérico:

—¡No voy a arriesgar mis violines con semejante tormenta!

En ese instante, Don Costa, el arreglador de Sinatra, se introdujo en la conversación:

—Mire, usted va a poner los violines, claro que sí. Va a poner a toda la orquesta, porque esta actuación es mucho más importante de lo que imaginábamos y no hay un violinista en el mundo que no sueñe con estar hoy aquí, en un lugar como este.

Falconi agachó la cabeza.

—De acuerdo, tiene razón, señor...

Se consiguieron enormes paraguas para la orquesta; sin embargo, a las nueve menos cinco, Medina empezó a gritar eufórico entre bastidores:

—¡Ha dejado de llover! ¡Ha dejado de llover! ¡Los milagros existen!

Y se dio el milagro realmente. Al menos allí. Ya no caía ni una gota. Se podía ver incluso la luna, las estrellas... Algo prodigioso. Medina se emocionó en cuanto los *gladiators* iluminaron el cielo. Cuando todas las luces del estadio se apagaron y los reflectores especiales se encendieron, el público se quedó extasiado. Puntualmente, a las nueve, el director Falconi, entre una salva de aplausos, entró en la pista acompañado por la orquesta. Después de unos fragmentos de canciones famosas, Frank Sinatra apareció a las nueve y diez con un esmoquin negro, avanzando por la rampa hasta el escenario para saludar al público en cada uno de los seis extremos de la pasarela. Durante cinco minutos, repartió besos dirigidos a la multitud y se inclinó para ser reverenciado casi religiosamente por el público. Una fantástica recepción, con derecho a fuegos de artificio, palmas, gritos y estremecimientos.

A las nueve y cuarto, el mito entonó *Coffee Song*, bajo los *flashes* de la multitud. Su corazón latía aceleradamente ante la mera visión de las graderías repletas. Durante el show, en el calor de la emoción, olvidó parte de la letra de *Strangers in the Night*. No tuvo el menor problema; el público cantó por él. En el portón de entrada de las graderías se vendían cornetas de plástico, pero no se oyó una sola de ellas desde el momento en que el artista apareció en el escenario. Antes de *The Lady is a Tramp*, Sinatra se entregó:

—Les deseo paz y felicidad a todos. Que Dios los bendiga. ¿Han visto lo que Él ha hecho por nosotros? ¡Ha parado la lluvia!

En otro momento capaz de estremecer a cualquiera, le pidió al público un instante de silencio. Fue cuando quedó claro que se trataba de un hombre diferente. Entre obediente e hipnotizada, la gente se calló para escucharlo:

—Señoras y señores, quiero decirles algo. Este es el mejor momento que he pasado en toda mi carrera de cantante profesional. Nunca antes había experimentado nada parecido a esto. Nunca.

En una declaración categórica, dijo que había venido a Brasil para cantar y no para hablar con reporteros. Casi al final, cuando José Alves de Moura, el "Beijoqueiro" [Besucón], en su primera aparición pública, sorteó el cordón de seguridad e intentó darle un beso a Sinatra, el cantante se desprendió del importuno individuo con un violento movimiento del brazo. La última de las 18 canciones de la noche fue *New York, New York*. Al terminar de cantarla, Sinatra agradeció y se retiró. No hubo repetición.

Media hora después, la lluvia volvió con toda su fuerza y no amainó hasta dos días después.

Por suerte para el público, el show se extendió hasta el final. Fue la primera gran noche musical del Maracaná, un espectáculo único y maravilloso que la ciudad no ha olvidado hasta hoy. Profesionalismo, desde el buen gusto del decorado hasta el desenvolvimiento del actor. Sinatra provocó las reacciones más inesperadas del público, dominando el escenario con talento y garra. En el camerino no logró contener las lágrimas. Planteó, entonces, su última exigencia: quería material fotográfico del show en abundancia. Para él, el Maracaná había sido el instante máximo de su trayectoria. Había sobrepasado en gran medida a los 18 mil asistentes que habían disfrutado de una presentación suya en el Madison Square Garden, su show inolvidable hasta entonces.

Con un vaso de *gin-tonic* en la mano, en su confortable asiento de clase preferente del vuelo 440 de Panam, el artista comentó:

—Ha sido el momento culminante de mi carrera, pues he contado con el mayor auditorio de toda mi vida.

Sinatra llegó al aeropuerto poco más de media hora después de dejar el estadio: la Policía Militar había montado un operativo especial para llevarlo. En el Galeão, el norteamericano era otra persona. Dio autógrafos y ofreció sonrisas hasta a las limpiadoras. Faltaba poco para las 23.40 cuando el Jumbo de Panam despegó, conservando él sus famosos ojos azules aún húmedos de emoción.

Roberto Medina sigue guardando en la sala de su casa el piano *Yamaha,* blanco sin cola, que Sinatra utilizó en el Maracaná. Piano mágico, de valor inconmensurable. Además de haber sido Sinatra el primero en tocarlo, Eduardo Souto Neto compuso en él el himno de Rock in Rio.

El espectáculo del día 26 de enero de 1980 repercutió en todo el planeta. El mayor show del mundo llegó a ser portada del *Guiness Book*, el libro de los récords. En toda la historia, nunca se había movilizado tanta gente para escuchar a una sola persona.

El proyecto movilizó 2,5 millones de dólares. Roberto Medina calculó sus pérdidas en una cantidad oscilante entre 2 y 3 millones de cruzeiros (entre 42 y 65 mil dólares). Como el país atravesaba una súper devaluación del 20 % en su moneda, y la inflación llegaba al extremo del 110 %, jamás había pensado en lucrar con la temporada del cantante. No se compensaron los gastos con los ingresos, pero se dio por satisfecho. Además de haberse creado una buena imagen frente al público brasileño, el proyecto sirvió para darle un espaldarazo a su empresa. A pesar de las pérdidas inmediatas, al mes siguiente la Artplan duplicaba su superficie.

Un año después, Medina cenó con Frank Sinatra para recordar los buenos momentos y sonreír por los sinsabores pasados con el equipo del artista. Los ojos del cantante se llenaron de lágrimas cuando recordó su paso por el Maracaná. Fue un momento mágico del *show business* internacional y también de la propia historia de Sinatra: en cinco palabras, el show de su vida.

—Ofrecimos el show más importante de su carrera, y no fui yo —admite Roberto Medina—, sino el pueblo brasileño, con esa capacidad fantástica que tiene de contagiar, de emocionar. Suelo decir lo siguiente: Frank Sinatra emocionó al mundo entero durante varias generaciones, y Rio de Janeiro emocionó a Frank Sinatra.

EL VIEJO MEDINA

Q ue quede bien claro desde el principio: Medina no es un apellido cualquiera. Espiritualmente fuerte, remite a los tiempos bíblicos. El futuro profeta Mahoma nació en La Meca, en el seno de una familia de comerciantes. Supo de la existencia de un único Dios —lo que contradecía la tradición de los árabes, hasta entonces politeístas— a los 40 años, al recibir la visita del ángel Gabriel. A partir de entonces, pregonó la doctrina monoteísta, enfrentandose a una gran resistencia y oposición. Perseguido, Mahoma buscó refugio en Medina, ciudad reducto de judíos y cristianos, en 622 d.C., a los 52 años. Tal emigración, conocida como Hégira, marca el comienzo del calendario musulmán. Recibido con los brazos abiertos, Mahoma construyó la primera mezquita y se convirtió en un respetado líder religioso. Allí logró instaurar la paz entre las tribus de la región y unificarlas. Después de la implantación de la religión monoteísta, Medina se transformó en uno de los tres lugares sagrados de los musulmanes, junto a La Meca y Jerusalén, donde el profeta subió a los cielos.

Volviendo a los Medina, no a Medina, a principios del siglo XX, el judío Isaac Medina, abuelo de Roberto, emigró de Marruecos a Brasil.

En 1906, la Conferencia de Algeciras le había dado a Francia privilegios especiales sobre el país. Isaac, al darse cuenta de que la libertad tenía los días contados, abandonó la patria para reiniciar su vida en una importante colonia judaica de América Latina, situada en Pará.

En Belém, Isaac Medina se dedicó a comerciar con antigüedades. Compraba productos regionales en una populosa plaza. No tardó en establecerse en la región. Luego conoció y se casó con Sultana Garson, mujer enérgica con la que tendría cuatro hijos: Jacob, Guido, Sol y Abraham.

Abraham Medina nació el 16 de diciembre de 1916, una fecha histórica. Aquella tarde, Ernesto dos Santos, apodado Donga, registró en la Biblioteca Nacional de Rio la samba *Pelo telefone* (Al teléfono), primera canción del género creada en el país.

En 1918, en busca de nuevas oportunidades, Isaac Medina se mudó con la familia a Rio de Janeiro, principal polo sociocultural brasileño. En la capital de la República, dejaba a los hijos en casa con su mujer para trabajar en una modesta tienda de antigüedades que fundó y que era fuente de subsistencia de la prole. No imaginaba que el destino lo sorprendería de forma fatal. En 1922, Sultana, embarazada, resbaló en la escalera corriendo detrás de los niños, que literalmente jugaban con fuego: soltaban pequeños globos aerostáticos de papel. Al intentar protegerlos, con temor a que se quemasen, se precipitó y cayó boca abajo. No se recuperó del todo. Sufrió de gangrena en las piernas —en aquel entonces llenas de varices— y murió en el parto. El niño que llevaba en el vientre no resistió: falleció al día siguiente.

Como si no le bastase con asimilar la tragedia, Isaac necesitaba casarse de nuevo y con urgencia. Tenía que conseguir a alguien que cuidase de los hijos para continuar con la lucha por la supervivencia. Renée, su nueva mujer, aceptó a los niños siempre que ingresasen internos en sus colegios. Isaac, sin tiempo para resolver el atolladero, daba largas. En consecuencia, su nuevo matrimonio acabó siendo un verdadero infierno para los chicos.

Para empezar, la madrastra diferenció a su hija con Isaac, Luna Medina, de los niños que su marido había tenido con Sultana. Después de atender a su hija, dejaba a Abraham y a sus hermanos en el sótano, los alimentaba con comida de perro, los hacía dormir sobre esteras, como animales, en interminables noches heladas. También les dedicaba pequeñas torturas diarias, sin derecho a réplica. Quedaban castigados si abrían la boca delante de su padre. En realidad, como tenía que trabajar, Isaac lo sabía todo, pero prefería abstraerse del tema.

Sin poder soportar la sucesión de humillaciones, los tres hijos varones abandonaron la casa. En 1927, a los 11 años, Abraham Medina se fue a vivir con su tío materno, Samuel Garson, en un cuartito de su casa, por caridad. A pesar de la edad, estaba decidido a trazar su propio destino, enfrentarse al promisorio mercado de trabajo de la capital de la República.

Comenzó como dependiente en la tienda de pianos de su tío Samuel. Llegó a cargar los pesados instrumentos, a repararlos, y después se hizo vendedor. Obstinado, resuelto, siguió escalando posiciones. Concluida la enseñanza primaria —trabajaba de día y por la noche frecuentaba una academia de comercio—, gracias a su dedicación al trabajo y a su eficacia, fue promovido a socio, aunque minoritario, de Samuel, en la tienda que ayudó a fundar, la Casa Garson, institución que se haría famosa por la venta de pianos.

Abraham Medina trabajó allí durante 28 años. Legislaba y ejecutaba con destreza las directrices de la firma. Cuando Samuel enfermó, Abraham lo instaló en una confortable casa en Correias, región serrana de Rio, y empezó a dirigir con ahínco la empresa. En cuanto se puso al frente de los negocios, hizo que la Casa Garson se expandiera abriendo varias filiales.

En 1940, a los 24 años, cuando aún trabajaba como gerente de la Casa Garson, Abraham Medina conoció el amor. Se encontró con la jovial y hermosa figura de Rachel Levy, que tenía una posición acomodada y era seis años más joven. Se armó de valor para ir a la casa de sus padres a pedirles la mano. Como Abraham parecía muy centrado, la familia Levy no le negó el matrimonio. Rachel y Abraham vivieron al principio en un caserío, en la Rua da Passagem, en Botafogo.

Al entrar en la nueva familia, Abraham hizo un gran amigo. La actriz Célia Zenatti, tía de Rachel, estaba casada con el cantante más célebre de Brasil: Francisco Alves muy conocido como *Chico Viola*. Y fue él precisamente quien ayudó a Abraham a comprar su primera casa, en un terreno en Todos os Santos, cerca de Engenho de Dentro. Casa modesta, pero simpática. Sin embargo, con la primera tormenta, el tejado se agrietó y la familia Medina se vio obligada a pedirle refugio a la madre de Rachel, que los alojó con ternura durante un mes. En realidad, fue para ella un regalo: en aquel entonces, Abraham ya tenía un heredero. Su nombre sería conocido años más tarde en todo el país, Rubem Medina nació el primer día de septiembre de 1942, en la Casa de Saúde São José, en Humaitá.

El destino dio a la pareja otro hijo —más que un hijo, un orgullo— cinco años después. Niño que llegó al mundo con estrella, Roberto Medina fue la primera persona que nació en la Casa de Saúde Santa Lúcia, en Botafogo, la madrugada del 21 de agosto de 1947, a las cuatro de la mañana. La ciudad, que en esa época no tenía más de 800 mil habitantes, ganó un bebé que, al crecer, cambiaría su aspecto para mejor con proyectos audaces y de gran poder de iniciativa.

Roberto Medina vino al mundo con 4 kilos 300 gramos. Doña Rachel cortó de inmediato un mechoncito de pelo del bebé y lo guarda con cariño aún hasta hoy. Cinco años más y su benjamín, Rui Medina, nacía en Tijuca, en un hospital cercano a su confortable casa en la Rua Uruguai, también en un caserío.

Pasaron varios años en Tijuca, pero con bastantes ganas de volver a la zona sur, a vivir en Copacabana. La "princesita del mar" vivía su época dorada, ocupando lugar de relieve en los folletos de turismo de todo el mundo. En 1952, la familia Medina se trasladó al Bairro Peixoto, Rua Décio Vilares. Más cerca del trabajo, Abraham acrecentó su vena emprendedora. No se discute hasta qué punto fue responsable del crecimiento de las Casas Garson, cuyo sello muchos recuerdan todavía.

Una fatalidad, sin embargo, cambió el rumbo de su vida. En septiembre del mismo año, su tío Francisco Alves murió en un accidente que conmovió a Brasil. Después de haber visitado a Rui Medina en la maternidad, Chico Alves viajó a São Paulo, pero ya no volvió. Había ido a la capital paulista a comprar acordeones para las Casas Garson, que carecían de elementos suficientes para satisfacer la demanda. En un choque muy violento, su *Buick* colisionó con un camión en la Rodovia Presidente Dutra, en un municipio próximo a Pindamonhangaba. El coche se incendió instantáneamente y el cuerpo del artista acabó carbonizado.

Con más de 30 años de carrera y cerca de 5 millones de discos vendidos, un récord para la época, Francisco Alves, uno de los cantantes más carismáticos de todos los tiempos, era un icono de la música nacional. A los 54 años, el *Rey de la voz*, como se hizo conocido según el apodo que le asignó César Ladeira, estaba en pleno auge. Por otra parte, jamás había conocido el ostracismo, la decadencia.

Irónicamente, Chico Alves evitaba viajar en avión por miedo a morir carbonizado, como Carlos Gardel. A su entierro, en el cementerio São João Batista, asistió una multitud estimada en medio millón de personas. Por primera vez, un coche del cuartel de bomberos transportó a un difunto. Su cortejo, más concurrido que el de Carmen Miranda en 1955, solo fue comparable al de Getúlio Vargas. Chico Viola dejaba a Célia, con quien vivió 28 años, inconsolable, así como a su gran amigo Abraham Medina.

El empresario había patrocinado durante 12 años su programa en Radio Nacional, la Red Globo de la era de la radio. De su enorme abatimiento, Abraham sacó fuerzas para revivirlo de otra forma. Sintiendo cuánta energía y dinamismo poseía y viéndose, sin embargo, sin posibilidades de dar mayor amplitud a sus ideales emprendedores, tomó una decisión:

—Quiero montar mi propio negocio, tío Samuel. Su hijo está creciendo, dentro de poco ocupará mi lugar, y creo que es el momento de que abra mi tienda. Si quiere, puede acompañarme, le ofrezco entrar en la sociedad. Compréndame. Quiero que mis hijos se enorgullezcan de mí en el futuro, no es nada personal.

Aprovechando el apodo de su famoso amigo, Abraham fundó, el 30 de noviembre de 1955, la compañía Rey de la Voz Aparatos Electrosonoros S.A.

Con suma rapidez, se convirtió en el dueño de un imperio.

Es innegable que la generalización del consumo en Brasil en la década de 1950 fue consecuencia de la expansión de la propaganda, instrumento básico para la ampliación del comercio y de la producción. Cables sintéticos, alimentos enlatados, electrodomésticos y utensilios en general saltaban de las páginas de las revistas semanales para crear nuevos hábitos y despertar necesidades en la población. La empresa

Rey de la Voz de Abraham Medina no tardó en convertirse en la mayor red de electrodomésticos del país en la década citada. En tres años de actividad, ya figuraba como la mayor empresa de Brasil en el sector. Al galope, Medina fijaba su nombre en la opinión pública carioca.

De entrada compró una gran cantidad de televisores en los Estados Unidos, de la marca CBS Columbia. La televisión estaba entrando en Brasil y a Abraham le pareció bien apostar sus fichas en el negocio, ir por delante de la competencia. Sin embargo, fue un fracaso estruendoso. Los televisores se quedaron detenidos en el almacén. No era culpa de Abraham que no se vendieran. Como la televisión aún gateaba en el país, la calidad de los programas dejaba mucho que desear. Además, los aparatos eran caros, solo accesibles a los individuos de rentas más altas.

La primera cadena del país, la TV Tupi, de Assis Chateaubriand, si se la compara con lo que la televisión representa actualmente, para las pautas de hoy, era una novedad, sin duda, aunque lejos de llevar a las personas a gastar sus ahorros en un televisor. No valía la pena; no había nada muy atrayente en la programación. Abraham se vio en un callejón aparentemente sin salida; sin embargo, en vez de deshacerse de los aparatos, confiando en que tarde o temprano aquella novedad se haría realidad para los brasileños, visionario, tuvo la idea de hacer un programa que incitase al público a comprar los televisores. Hombre por delante de su tiempo, no admitía cosas preestablecidas. Se lanzó, entonces, a un proyecto ambicioso en televisión.

Pionero en el campo del marketing y de la comunicación, Abraham ejercía una fuerte influencia con su estilo de hacer negocios. Dado que era el dueño también de la empresa Midas Propaganda, la *house agency* de la compañía Rey de la Voz, decidió producir y patrocinar un programa que, una noche por semana, proporcionaría al teleespectador un espectáculo de gala. Listo, ya tenía incluso nombre: *Noite de gala*, que se transmitiría por TV Rio, canal 13. Como aún no había preocupación alguna por la función social de la tele, vista como mero divertimento, la principal intención de Abraham era estimular las ventas de sus aparatos y promover la compañía Rey de la Voz.

La estructura de la televisión brasileña, como se ha dicho, era precaria. Dado que muchas veces la emisora no poseía la infraestructura ideal para operar, Abraham costeaba de su bolsillo la compra de cámaras para la TV Rio o la ayudaba a construir estudios. Se introducía en el terreno de la televisión de forma directa, única y exclusivamente para poder hacer que su negocio fuese viento en popa. Su jugada fue certera: en poco tiempo, *Noite de gala* se volvió líder de audiencia en Brasil.

Sin duda, el comerciante revolucionó la televisión brasileña en aquellos tiempos. La historia de Abraham Medina se confunde con la propia historia de la televisión nacional, desde el punto de vista de la sofisticación de los programas, en la encuesta sobre el nivel de calidad. Su programa era, sobremanera, el más caro de Brasil. Se daba el lujo de abrir con una orquesta sinfónica de verdad, durante un buen tiempo dirigida por Tom Jobim.

—Me acuerdo perfectamente de haber visto a Tom en casa tocando el piano para mi padre durante una prueba que hizo para llegar a ser el director de *Noite de gala* —cuenta Roberto Medina—. Pero no sabía, claro, que era él, que ese chico llegaría al estrellato en el país.

Con actuaciones en vivo (el vídeo surgiría años después), *Noite de gala* traía a Brasil, prácticamente una vez por semana, una atracción internacional. Connie Francis, Johnny Mathis, Ray Charles, Neil Sedaka, Roy Hamilton, Rita Pavone, Billy Ekstine y la fadista portuguesa Amalia Rodrigues, entre otros, brindaron sus voces a los telespectadores. En 1959, Nat King Cole se presentó en televisión y en el Maracanãzinho y atrajo multitudes. Compensaría el cariño con que fue recibido grabando canciones brasileñas en sus siguientes discos.

Noite de gala, valga la comparación, no era un musical propiamente dicho, sino una especie de *Fantástico* de la época, pero en vivo, de gala, con un cuerpo de baile nutrido, mucho más sofisticado y con una atractiva sección periodística presentada por Flávio Cavalcanti, que impresionaba, era noticia en todas las esquinas de Rio, y paraba literalmente la ciudad. Quien lo ha visto no se olvidará de la noche en que Flávio entrevistó a Tenório Cavalcanti. En otra, en 1958, sin pelos en la lengua, el reportero tuvo la desenvoltura de preguntarle a su invitado Luis Carlos Prestes, jefe del Partido Comunista, que reaparecía en la escena pública después de años de alejamiento:

—¿Es verdad que los comunistas se comen a los niños?

Noite de gala apareció en el momento justo. Un lunes de 1955, a las 9 de la noche, se emitió por primera vez lleno de novedades, mezclando música, humor y entrevista. Cuna de descubrimientos y lanzamientos, presentaban el programa Murilo Nery y las guapísimas Tônia Carrero e Ilka Soares. El tema de la apertura era la canción *Eu sou o samba*, de Zé Keti. Uno de los extranjeros más queridos por los cariocas, Oscar Ornstein, hacía entrevistas en un bar, junto a una piscina, que, en estudio, reproducían los del Copacabana Palace. La voz más bonita de la televisión fluía de las cuerdas de Luis Jatomá, y el humor lo aseguraba José Vasconcelos y un cuadro impagable con *Zé Bonitinho*. Hélio Fernandes introducía comentarios políticos que irritaban a Juscelino Kubitschek, mientras que Sérgio Porto hacía desfilar a las "certinhas do Lalau", o sea *vedettes* como Carmem Verônica, Rose Rondelli, Márcia de Windsor e Íris Bruzzi. Uno de los redactores, Chico Anysio, interpretó en el programa su primer personaje en la televisión, un recluta del ejército.

La disputa por la audiencia entre las cadenas televisivas arreció con el surgimiento de *Noite de gala*. El público quedó fascinado con la idea de Abraham. Nadie se perdía ninguna emisión. El éxito era tal que, en cierto momento, los cines de Rio suspendieron la sesión de los lunes a las 8 de la tarde.

Tal como Medina esperaba, el programa representó el primer golpe al predominio de TV Tupi, que lanzó varias alternativas en el mismo horario pero en vano. Un detalle: concebido *Noite de gala*, se lo ofrecieron a la cadena de Chateaubriand. Sus directores, no obstante, lo rechazaron, asustados por el presupuesto. La solución para Tupi fue, tiempo después, comprar *Noite de gala* en exclusiva. Una vez firmado el contrato con TV Rio, la atracción cambió de canal.

Y qué atracción. Difundiendo un concepto de televisión moderna, el multifacético programa se preocupaba por hechos hasta entonces inéditos, como superar competidores. Producido por la Midas, teniendo como exclusivo patrocinador a la poderosa red Rey de la Voz, *Noite de gala* tal vez haya sido no solo el programa más importante de su época, sino el de todas las etapas de la televisión nacional.

Fiel a la tendencia de retratar la grandiosidad de los musicales de Hollywood, por *Noite de gala* desfilaron incontables artistas talentosos. Ex *vedette* de la *boîte* Night and Day, Norma Bengell comenzó a tener éxito en la televisión en los espacios de baile del programa. También Betty Faria: en 1958, a los 17 años, con aparato corrector en los dientes y un atrayente par de piernas, la futura actriz debutaba en la pequeña pantalla. Igual que una gaucha de 19 años llamada Elis Regina, que ya había conquistado Porto Alegre. Al ir a Rio a hacer carrera, en marzo de 1964, su grabadora, la Philips, promovió en dos meses su debut carioca —mejor dicho, brasileño— en *Noite de gala*, junto a Jorge Ben y Wilson Simonal.

En definitiva, el audaz programa se convirtió en referencia para la televisión brasileña. El carioca tenía mucho que decir los martes. El año en que el país conmemoró su primera conquista de la Copa del Mundo, cerca de 200 mil familias ya tenían televisores. Walter Clark recordaría años más tarde la obstinación de Abraham con el show impecable, para que todos se viesen obligados a comprar sus propios televisores. Roberto Medina no oculta la satisfacción:

—Mi padre no producía shows. Inventó *Noite de gala* para vender los televisores que abarrotaban el almacén de la compañía Rey de la Voz.

Como empresario de comercio, Abraham también hizo cosas geniales e inusitadas. Fue suya la idea de poner punto final al marasmo visual de las neveras y lavadoras de la época, que eran todas blancas. Se le ocurrió que era el momento de introducir un cambio y pintarlas. Nacieron así las primeras neveras y lavadoras de color del país.

En 1963, junto a su hijo Roberto, entonces con 16 años, Abraham transmitió su intención a los presidentes de Brastemp y de GE, que se rieron de él.

—Las lavadoras y las neveras, por si usted no lo sabe, pertenecen a la línea blanca en cualquier lugar del mundo —argumentaron, con lógica implacable—. ¡Y la línea blanca, estimado amigo, es blanca!

—¡No, señor! ¡La línea blanca se refiere al blanco, pero no tiene por qué ser blanca! La gente quiere neveras y lavadoras de color, que hagan juego con el color de sus hogares.

Previendo que nadie compraría la idea, Abraham alquiló un depósito en la Rua do Riachuelo, montó una nave y promovió, por cuenta propia, una fantástica línea de pintura. Para lanzar la novedad, publicó el primer anuncio en colores en el periódico *O Globo* con su lavadora y su nevera. Resultado: cola en todas las tiendas. Las industrias cambiaron de posición y comenzaron a invertir en la "línea blanca con color", en Brasil y en el exterior. Reconocido el mérito, Abraham obtuvo de

Brastemp y de GE la exclusividad de las ventas por un tiempo. En consecuencia, se fortaleció aún más en el mercado.

—Nunca paraba de inventar. Hacía cosas que aún hoy serían modernas —recuerda Roberto Medina y resume—: Mi padre marcó para siempre mi carrera.

Incansable, el viejo Medina también abrió salas de fiesta y produjo shows históricos. En la década de 1960, los productores Luiz Carlos Miéle y Ronaldo Bóscoli trabajaban para él en la Midas y tenían contrato de exclusividad con el empresario en una sala que él había abierto en Ipanema, la Rio 1800 (hoy restaurante Barril 1800). La *boîte* ofrecía diariamente shows diferentes, protagonizados por los mayores artistas del país, como la cantante Elza Soares:

—Gracias a él recibí a todos los astros internacionales que visitaron Brasil. Abraham Medina me dio la oportunidad de abrir los shows de Sarah Vaughan, Ella Fitzgerald y otros. Por eso le estoy muy agradecida.

En 1962, Ronaldo Bôscoli y Abraham dieron impulso a la carrera de la cantante. En el Maracanãzinho, Elza fue telonera de Sammy Davis Jr. Puede decirse que allí comenzó su estrellato. Sus discos, que ya tenían cierto éxito, comenzaron a disputarse a codazos en las tiendas.

Abraham Medina también montó y llevó a Buenos Aires y a Europa el mayor musical que se haya producido en el país: *Skindô*. Éxitos de crítica, Abraham produjo *Skindô*, *Sambamba* y *Arco-Íris* con el incentivo de un gran amigo personal del empresario, el alemán Oscar Ornstein, director artístico del Copacabana Palace.

La colaboración rindió varios frutos. Abraham y Ornstein pensaban de la misma forma, había una verdadera conexión mental. Parecían traer de vidas anteriores la fórmula del éxito. Valoraban a los artistas brasileños pagándoles elevados salarios y cumpliendo fielmente los contratos. En cuanto a los astros internacionales, tenían buena puntería para seleccionar espectáculos, habilidad en promoverlos y esmero de orfebres en lo que se refería a la producción.

Ornstein extendió la amistad trabada con Abraham a toda la familia Medina. Junto a Roberto, por ejemplo, a mediados de la década de 1980 ayudaría a hacer viable un sueño del heredero de Abraham que, a primera vista, parecía absolutamente imposible de realizarse.

Un gobernador más para Rio

A pesar de todas las realizaciones que llevó a cabo, reducir a Abraham Medina solo a la condición de empresario resulta insuficiente. Hoy se habla bastante de compromiso social pero, en una época en que no se discutía la relación de una empresa con la sociedad, Abraham contribuía con lo mejor de sí al bien de la comunidad, a que las personas sonriesen y soñasen.

Con parte de los beneficios de sus empresas, construía —o reconstruía— plazas públicas. La pavimentación de la calle Edmundo Bittencourt (en el Bairro Peixoto) con piedras portuguesas, fue obra suya, y hasta añadió a la plaza una vistosa fuente. Abraham trabajó también en la remodelación de la plaza Serzedelo Correa, en la Avenida Nossa Senhora de Copacabana, y de la General Osório, en Ipanema. Se empeñó incluso en que se reinaugurase el Pabellón de São Cristóvão, obsoleto desde hacía bastante tiempo. La obstinación de Abraham probaba que un solar, con buena voluntad y una actitud generosa, podía asegurar el ocio de muchos.

Los beneficios de una buena imagen y la conciencia de que se está haciendo un bien a la comunidad compensan en gran escala todo lo que se gaste en iniciativas de ese tipo, que apuntan a dignificar la vida de los brasileños. Pensando así, Abraham se desvivía encarando hechos promocionales. Por puro placer, tal como lo describe Roberto Medina:

—Además de sus notables anuncios, Rey de la Voz promovía una notable gama de actos. Mi padre creía que las grandes empresas tienen que tener una visión más amplia y relacionarse con el conjunto de la población, con la ciudad, con el Estado, en definitiva con el país. Y no solo en actos promocionales directos, los más evidentes, sino también en actividades institucionales, que acaban generando grandes negocios.

Abraham organizó inolvidables fiestas de San Juan en la Lagoa Rodrigo de Freitas. Elementos decorativos y escenográficos transformaban el lugar en un auténtico poblado del interior. Frente al Corte do Cantagalo se instalaba una ciudad del nordeste con iglesia, cárcel, todo lo que hiciese falta, mientras alrededor de la laguna alegraban al público tablados con cantantes, improvisadores y músicos en general. Aparecían artistas famosos de la radio y de la televisión para realizar la tradicional boda. Precedía al cierre una monumental quema de fuegos de artificio.

Humano, el empresario promovió durante años el Día del Niño. Se fletaban sesenta autobuses, puestos a disposición de orfanatos y escuelas pobres. Los vehículos recogían a los niños para dar un paseo por la orla marítima, paseo este que se realizaba a bordo de un simpático trenecito "a vapor", cuyos maquinistas eran artistas conocidos del mundo infantil, como el payaso Carequinha. Luego, los niños iban al Jardín Zoológico, donde les servían tentempiés y refrescos. Por fin, en el campo de América, en la Campos Salles, o en el Maracanãzinho, se repartían juguetes y dulces en abundancia.

Abraham también se ocupó del ámbito del Maracaná, incluido el propio estadio Mário Filho. Tuvo la idea de realizar un desfile en homenaje a la conquista de la Copa Jules Rimer, en 1958. Por orden del empresario, se erigió un monumento de 12 metros de altura enfrente del estadio: la estatua de Bellini[2]. Abraham también llevó por primera vez

---

2 Diseñada por Abraham Medina, tal vez se explique en parte el hecho de que la estatua tuviera el rostro del cantante Francisco Alves —en el cuerpo de Bellini— y que remitiese al gesto inmortalizado por el capitán de la Selección en Suecia.

la figura de Santa Claus al "más grande del mundo". Incluso encontraba tiempo y fuerzas para organizar los desfiles navideños que emocionaban a la ciudad.

Para Abraham, todo era motivo de fiesta. A pesar de ser judío, le encantaba la Navidad, época de recibir y, sobre todo, de hacer regalos. Una vez un hombre del pueblo fue hasta la compañía Rey de la Voz, eligió un montón de aparatos pero, en el momento de pagar, se dio cuenta de que no tenía dinero para tanto.

—Pues eso, señor Medina, solo tengo para pagar una parte, lamentablemente no me va a ser posible comprar todo... Voy a tener que esperar un poco más para casarme.

—De acuerdo, amigo, pero déjame tu dirección. Te avisaré si surge alguna promoción.

Al día siguiente, un camión paró en la puerta de la casa de aquel hombre con una carga gratis para él: televisor, gramola, nevera, hasta más aparatos de los que él había apartado.

Muchos judíos miraban con suspicacia a Abraham a causa de su espíritu navideño. Cierto año, a mediados de diciembre, un rabino fue a la casa del empresario para enseñarles la doctrina a sus hijos. Al poco rato, sublevado, dijo que no volvería a poner los pies allí, todo porque se había encontrado con un árbol lleno de adornos.

A Medina esas cosas no le hacían mella.

—Mi padre nos enseñaba qué es ser judío, pero también nos hacía aceptar todas las cosas buenas que nos dan las demás religiones —dice Roberto.

Abraham ideó y creó el Desfile de Navidad. Unos jóvenes disfrazados portaban antorchas, generando expectativa por la llegada de la carroza alegórica que conducía al "buen viejecito". Unos vehículos de 9 a 14 metros de largo, remolcados por *jeeps* sin capota, precedían un desfile de automóviles adornados con bolas, que quemaban fuegos durante su recorrido. Eran, en general, cinco carrozas alegóricas: una con Santa Claus y otras con figuras del mundo infantil, como personajes de la Disney, animales, payasos, trapecistas. Cada año variaban las atracciones. Fue el mayor acontecimiento de fin de año de Guanabara. Participaban cerca de setecientos artistas, todos caracterizados.

En la televisión se pasaba una serie de mucho éxito, *Rin Tin Tin*. Al darse cuenta de que la historia correspondía con la imaginación del público, Abraham empezó a incluir a sus hijos disfrazados tal como los personajes de la serie, para que generasen una atmósfera mágica entre las personas, que disfrutaban sobremanera. A los 7 años de edad, Roberto Medina se vestía con el uniforme azul marino del ejército estadounidense y, en la piel del cabo Rusty, el mejor amigo del perro policía que le daba nombre al programa, salía por las calles de Rio con su perro.

—¡Las personas deliraban! Era la serie más famosa, andábamos por la ciudad y alegrábamos a cerca de un millón de personas que contemplaban en las calles los cinco desfiles que papá nos impulsaba a hacer. Los ojos de esa gente brillaban, nos aplaudían, vibraban realmente con nosotros. Papá tenía una visión muy clara, que las personas están perdiendo hoy en día, de la importancia de su ciudad, de que la sociedad debe ir bien para que uno se sienta bien, en consecuencia.

Esos desfiles fascinaron a Rio durante trece años. Para embellecerlos más, Abraham decoraba la ciudad con su dinero. Aun siendo uno de los empresarios más importantes de Brasil, se ponía las sandalias de la humildad y se subía a los árboles, en Nossa Senhora de Copacabana, para adornar sus ramas con innumerables bolas de Navidad. En cierta ocasión, tuvo que pasar un tiempo en Estados Unidos y le pidió a Roberto, aún mozo, que se encargase de la decoración. Su hijo tendría que distribuir las bolas por todo Rio de Janeiro.

—Me acuerdo de que fuimos a buscarlo al aeropuerto, yo muy feliz, pues había trabajado como un loco, a pesar de que, cuando pasamos por Botafogo, a la altura del Centro Comercial Rio Sul, papá observó defectos en algunos árboles. Me reprendió, dijo que la ciudad no podía quedar así. Esos defectos no contaban nada desde el punto de vista de él como empresa, sino de su manifestarse como un ciudadano más. Le gustaba, se sentía bien cuando veía cada esquina bonita, y creo que logró transmitirnos gran parte de eso a mí y a sus nietos. En definitiva, supo transmitirnos todo ese compromiso con Rio de Janeiro.

Roberto Medina continúa:

—Mi primer trabajo, además, cuando tenía apenas 16 años, fue un desafío de mi padre. Sin contarme toda la verdad, me encargó que recaudase fondos, entre los comerciantes cariocas, para la conmemoración de la Navidad que la Asociación Comercial preparaba junto con el Rey de la Voz. Eran aproximadamente 2,5 millones de dólares de hoy.

Hablé con todo el mundo lleno de entusiasmo, pero volví frustradísimo con el resultado. Mi padre me preguntó cuánto había recaudado, respondí que 300 mil dólares. Entonces se arremangó las mangas de la camisa, se sentó en el sillón y se sinceró conmigo: "Muy bien, hijo, fíjate que nunca he conseguido un centavo y siempre he estado pagándolo todo yo...".

El Teatro República también tuvo la impronta de Abraham Medina. Hermoso espacio inaugurado en 1914, el local de teatro se convirtió en cine, con el paso del tiempo fue cambiando de nombre al azar hasta que Abraham lo compró y reformó en 1968. Transformado en una de las más espléndidas salas de espectáculo, contaba con 1.200 localidades, además de diez palcos platea e igual número de palcos principales. Dotado del equipo de luz y sonido más sofisticado y moderno, el República se reinauguró con el estreno de *Arco Iris*, uno de los shows más lujos que produjo el empresario.

En septiembre de 1960, en el Largo da Carioca, el Rey de la Voz inauguró dos sencillos homenajes a astros de la música brasileña: un busto de Carmen Miranda y otro de Francisco Alves —una prueba más de que el amigo nunca olvidaría al cantante—. Sin embargo, Abraham también tenía en alta consideración al principal rival artístico del *Rey de la voz*, Orlando Silva, *el cantante de las multitudes*.

Cuando murió Chico Viola, en 1952, lo primero que se le ocurrió a Abraham fue llenar su ausencia con Orlando Silva en la dirección del programa que patrocinaba en Radio Nacional, *Quando os ponteiros se encontram* [Cuando las agujas del reloj se encuentran], todos los domingos al mediodía. Para continuar siendo el líder de ese horario, Abraham decidió "resucitar" a Orlando, entonces en decadencia a causa de su adicción a la morfina.

Abraham no admitía que Orlando hubiese perdido la voz o que ya no fuese capaz de cantar. Creyendo en el carisma de su amigo, se hizo responsable del cantante. Lanzado con éxito cuatro meses después de la muerte de Francisco Alves, el primer intérprete de *Carinhoso* no decepcionó. El programa se mantuvo varios años, hasta que Radio Nacional acabó con la línea de programación en vivo, presionada por el prestigio creciente de la televisión.

Además de ídolos del ambiente artístico, Abraham se relacionó con poderosas personalidades del universo político. Participó activamente en la campaña de Jânio Quadros a la presidencia de Brasil y fue decisivo también en la de Juscelino Kubitschek, a quien admiraba abiertamente. Elegido por una abrumadora mayoría, Jânio frecuentaba su casa. Abraham se sorprendió cuando en agosto de 1961 el Presidente condecoró al ministro de Economía de Cuba, el Che Guevara, con la Gran Cruz de la Orden Nacional de la Cruz del Sur, en pleno apogeo de la guerra fría. Fue a Brasilia y el jefe del Ejecutivo le explicó su forma de proceder:

—Medina, nosotros nos llevamos bien con Guevara y también con los Estados Unidos. ¡Después les damos una banana a los dos! Así construimos nuestra independencia. Hagamos política con ambos lados, para que no nos volvamos dependientes de un lado solo...

Como Abraham tenía un programa en la televisión y opinaba sobre cualquier asunto de interés nacional, los que anhelaban figurar hacían todo lo posible por conocerlo: mejor un amigo influyente que un enemigo.

La relación de Abraham con Carlos Lacerda siempre fue muy intensa. La amistad entre el empresario y el periodista, uno de los líderes conservadores más combativos de Brasil, era firme, aunque con un poco de cal y otro de arena, repleta de elogios e intercambio de pullas.

En diciembre de 1960, con el traslado de la capital del país a Brasilia, Carlos Frederico Werneck de Lacerda se convirtió en el primer gobernador electo de Guanabara. Su gestión estuvo marcada por una gran cantidad de obras públicas e intensa agitación política. Por el trabajo dinámico desarrollado en provecho de la ciudad, Carlos Lacerda es considerado el mejor gobernador del antiguo Estado.

A petición de Lacerda, quien le dijo que no había en Rio otra persona capaz de hacer para la ciudad lo que esta merecía, Abraham se hizo cargo de los festejos de la celebración de su 400º aniversario. Al convocar al empresario a una reunión, sin perder tiempo, el gobernador fue derecho al punto:

—Rio necesita festejar su cuarto centenario, pero no hay dinero.

Abraham respondió promoviendo un año entero de fiestas a costa de sus empresas. El Estado no gastó un céntimo para bailar, cantar, sonreír y pasárselo bien. Soñó y se divirtió durante 365 días con todo tipo de espectáculos y actividades.

El primer festejo se dio el 31 de diciembre de 1964. En un desfile histórico ideado, organizado y ejecutado por Medina, a medianoche, cerca de 3 mil figurantes representaron en las calles las principales fases de la historia nacional, mientras que repicaban las campanas de todas las iglesias, las fortalezas disparaban salvas de cañón y aviones de la Fuerza Aérea lanzaban sobre la población una inolvidable lluvia de papeles plateados. Cada siglo mostraba sus costumbres, músicas y danzas, con instrumentos, vehículos, máquinas, tranvías y transportes de la época.

A la noche siguiente, otro motivo de orgullo y satisfacción: a las 20 horas del 1 de enero, 44 nuevos reflectores comenzaron a iluminar aún más la estatua del Cristo Redentor, en el Morro del Corcovado. También formó parte de las conmemoraciones, y con relieve, el Festival de Rio.

Medina sintió que, con el cambio de la capital del país, la ciudad se vaciaba cada dos por tres. Para atraer turistas y revitalizar Rio, organizó el festival y lo promovió de norte a sur de Brasil mediante periódicos, revistas, radio y televisión. La celebración se inició con la "Noche del apretón de manos", en el Maracanãzinho. En esa ocasión, los hombres públicos que tenían ciertas desavenencias confraternizaron en un espectáculo de gran calor humano. El Festival de Rio siguió por la Avenida Rio Branco con la banda escocesa de la reina de Inglaterra y la militar de West Point. ¿Quién les pagó el transporte y el alojamiento? Abraham Medina, todo de su bolsillo.

De la misma manera actuó para traer a Rio al trompetista Harry James, líder de una de las mayores *big bands* de la historia, para una presentación antológica en la Laguna Rodrigo de Freitas. El escenario flotaba sobre las aguas. En ese escenario se presentaron también la orquesta sinfónica del Municipal y su cuerpo de baile. La visión de la laguna iluminada por reflectores que proyectaban belleza y sueños sobre las aguas era inédita para los cariocas. En todas las noches del festival, góndolas deslizándose por la laguna, canciones a bordo, daban a Rio, por momentos, un aspecto semejante al de Venecia.

—A los 17 años comencé a trabajar en Midas, la *house* de la red, y me ocupaba de todo, de la propaganda de las actividades, pasando por la producción de *Noite de gala* —cuenta Roberto Medina—. Allí hice de todo un poco. Puedo decir que fue mi escuela profesional, sin teoría, pero con mucha práctica. Mi pasión por los grandes espectáculos nació allí, por todo lo que yo veía que se daba en el día a día de la empresa.

Las lecciones eran constantes. Cierta vez, Roberto Medina recibió una nota fiscal de seiscientos camiones cisterna y, como no había en la agenda de la empresa ninguna promoción que justificase la compra, creyó que se trataba de una jugarreta. Excitado, acudió a su padre para informarle, al tiempo que Abraham, muy sereno al acabar de recibir la noticia, dijo solo lo siguiente:

—Puedes pagar, hijo, es correcto.

Roberto quiso saber más detalles y escuchó la justificación. Diariamente, para llegar a la empresa, en el centro de la ciudad, Abraham pasaba en coche por el Parque do Flamengo, un terreno con miles de metros cuadrados de zona verde. El mejor ambiente de ocio de la ciudad, con jardines proyectados por Burle Marx y árboles de diferentes partes del mundo, se deleitaba con el hermoso paisaje pero, prestando más atención, se dio cuenta de que el césped estaba seco. Con mucho sol y poca agua, estaba a punto de desaparecer. Hombre extraordinario en todos los sentidos, Abraham, irremediablemente apasionado por Rio, decidió contratar camiones cisterna para regar diariamente el lugar. Todo por cuenta propia, sin alardes, sin la intención de promoverse, de obtener algún beneficio con eso.

Como el joven Roberto insistía en hacerle ver que no lograba entenderlo del todo, el patriarca le confesó un secreto. Explicó que las empresas solo prosperan de verdad cuando tienen esa actitud participativa con su comunidad, cuando establecen un vínculo emocional independiente de las relaciones racionales de compra y venta.

Aunque bajo y delgadito, Abraham Medina, si se le miraba de frente, parecía un gigante de 10 metros de altura. Fundador de la Asociación de los Comerciantes de Aparatos Electrodomésticos, primera entidad del ramo en el país, en 1988 fue agraciado en vida con el título de Benemérito del Estado de Rio de Janeiro. Nada excesivo para quien, en su época, actuaba como un gobernador más de Rio, preocupadísimo por el crecimiento y el bienestar de los ciudadanos.

En cambio, Roberto Medina, aún trabajando con su padre, soñaba con ser poeta, no quería ser empresario ni publicista. Deseaba, a lo sumo, ser redactor. Creció escribiendo poemas, monólogos, al tiempo que su casa servía de marco de grandes acontecimientos, movilizaciones y movimientos políticos. Para colmo, era un crítico severo de su padre. Lo admiraba bastante, claro, pero siempre se enfrentaba con él porque su mundo era otro.

El patriarca no ocultaba cierto asomo de tristeza ante ese hecho. Y estaba cargado de razón. Había montado un imperio y, naturalmente, quería que su hijo diese continuidad a los negocios de la familia. Consideraba a Roberto sumamente inteligente, pero el chico insistía en que quería ser poeta. Rubem Medina comenzó pronto en la política —a los 23 años, después de graduarse en Economía, se afilió al Movimiento Democrático Brasileño (MDB), uno de los dos únicos partidos políticos legales— y, en la legislatura siguiente, se convirtió en diputado federal, el más joven de la República. Rui, el benjamín, revelaba una afición especial por los deportes. Seguiría la carrera de profesor de Educación Física.

Desde que se mudó de Tijuca a Copacabana, la casa de la familia Medina dejó de ser privada. Estaba abierta al público. La mansión con el número 265 de la Rua Décio Vilares, en el Bairro Peixoto, situada en una ladera no muy empinada y construida según el estilo colonial mexicano, estaba siempre llena de gente. Cinco *suites* espaciosas alrededor de la piscina, varios salones, un muro de piedra en la parte delantera, su imponencia no inspiraba arrogancia. Entraban allí personas de todo tipo.

Cuando era niño, Roberto Medina llegó a hacer de su residencia una especie de club. Ciertos compañeros le pagaban una suma mensual y obtenían un carné que les daba derecho a disfrutar del futbolín, el billar, la piscina... Según hoy la define, la casa era súper astral. No era raro que en las mañanas de su cumpleaños la banda del cuartel de bomberos despertase a Abraham, al tiempo que Flávio Cavalcanti producía un gran tumulto con un megáfono, atrayendo a los vecinos para que le cantasen el *happy birthday*.

Con frecuencia había desfiles de moda. Roberto se acuerda de Betty Faria circulando por la piscina de la casa el día de la selección de modelos para los shows que producía su padre. Para esos espectáculos, se importaban cantidades enormes de tela de Estados Unidos y solían apiñarse en la galería empleados que examinaban bordados con lentejuelas, pieles y todo un mundo de tejidos. Era muy difícil no dejarse impresionar por la escena.

Rubem y Rui quedaban impresionados. Roberto, no. Prefería encerrarse en la habitación. No le interesaba nada aquello. Como todos las habitaciones tenían balcón, se quedaba en el suyo, no para estudiar, como hacía el concentrado Rubem, devorador de libros y aplicadísimo en el colegio, sino para escribir poemas, escribir sin parar. Roberto Medina no era un alumno excelente, pero tampoco era mediocre. Entró en el Andrews, después ingresó en el Anglo-Americano, dos prestigiosos colegios de Botafogo, muy cerca el uno del otro, y, si no tenía paciencia para estudiar, compensaba ese defecto obteniendo buenas notas. Parecía crecer en inteligencia y en cierta dosis de rebeldía. De fuerte personalidad, solía reñir con su padre, que lo hacía todo por él: "¡No hace falta que vayas a buscarme al Andrews en coche! ¡Sé muy bien coger el autobús!".

—Roberto estaba siempre poniendo a su padre a prueba —confiesa Rachel Medina—. Hoy, de todos sus hijos, es el más parecido a él, incluso en el temperamento.

Como en una familia judía el primogénito es siempre "el elegido", a Rubem Medina le dispensaron los mayores cuidados y mucha atención. Abraham invirtió mucho en su futuro. No existía el menor riesgo de que no llegase a ser un gran hombre. La cuestión de ser alguien importante se había resuelto en casa, en el vientre de su madre, antes de que naciese, no tenía forma de evitarlo. Con un profesor particular de oratoria, clases de francés, entre otras cosas, la formación de Rubem fue muy diferente de la de Roberto, que creció en la calle, jugando al fútbol y al voleibol con sus compañeros.

A finales de la década de 1980, Roberto Medina, ya instalado en la Barra da Tijuca, vio que se acercaba un amigo suyo llamado Franklin con un compañero.

—¿Sabes quién viene conmigo? —le preguntó Franklin.

—Claro, ¿cómo no voy a saberlo? Es Bernard. Hola, Bernard, encantado de conocerte.

—¡Muchacho, no tienes la menor idea de quién soy! —respondió la estrella del voleibol brasileño muy famoso por su saque.

—¿Quién eres tú? ¡Vamos, tú eres Bernard! Bernard Rajzman.

—No. Yo soy aquel chico bajito que siempre me quedaba intentando intervenir en vuestros partidos de voleibol en el Bairro Peixoto, y tú siempre me apartabas, no me dejabas, hasta que acabé desistiendo. Nunca logré jugar con vosotros, ¿recuerdas? —sonreía al decirlo.

—No me digas... ¿Tú eres aquel chico? —en ese momento, Roberto Medina ya había recordado al chiquillo rubio a quien siempre apartaban diciéndole "vete de aquí, mocoso" o "este es un juego para adultos", en la Décio Vilares, cuando el grupo cerraba la calle para divertirse, fastidiándose solo cuando aparecía algún que otro coche y había que quitar la red para permitirle el paso.

Muchacho saludable, Roberto creció allí, en una Copacabana paradisíaca. No era amigo solo de los ricos. Formaban parte del grupo algunos habitantes de favela, lo que muestra la diferencia entre el Rio de hoy y el de cuarenta años atrás. Roberto era compañero de muchos de ellos; subía con frecuencia a la favela Tabajara, para intervenir en una disputada mesa de ping-pong. Aún siendo hijo de uno de los mayores empresarios de Brasil, convivió con el día a día del morro a los 10, 11, 12 años de edad.

La mayoría de sus amigos seguía al Flamengo. La opción por el Rojinegro, no obstante, nunca se llevó de forma democrática en casa. Abraham estaba visceralmente apasionado por los colores rojo y negro del *Más Querido*. Llevaba a Roberto casi todos los domingos al Maracaná. Al crecer, la pasión del muchacho no disminuyó. Por el contrario. A los 23, 24 años, Roberto Medina llegaba al estadio mucho antes del partido principal para observar las virguerías de una promesa que ya asomaba en las preliminares de los junior: Zico. En la década de 1990, en la época de la campaña de emancipación de la Barra, se hizo amigo de Galinho. Para el publicista que es hoy, Flamengo equivale a una religión.

—Más que eso, es una marca extraordinaria. Hoy el mundo es el mundo de las marcas y la del Flamengo es una de las mejores. A cualquier empresario le llevaría toda una vida intentar construir una marca semejante.

Aún hoy Roberto Medina sigue los partidos del equipo por televisión. Dejó de ir al estadio cuando estalló la violencia entre los grupos de hinchas organizados, dentro y fuera del Maracaná. Mucha gente ya ha solicitado su candidatura a la presidencia del club, pero el empresario nunca se ha tomado en serio el asunto. Aun así, contribuyó como pudo en la década de 1970, formando parte del Frente Amplio por el Flamengo: acató la convocatoria de Walter Clark para formar parte de una poderosa coalición de fuerzas; un movimiento de rojinegros ilustres, en buena parte ligados a los medios de comunicación, que llevó a Márcio Braga por primera vez al poder en la Gávea.

A Roberto Medina le gustaba jugar a la pelota en la calle, en la acera. No era tan bueno como el joven Paulo César Lima, *el Caju*, que aparecía alguna que otra vez, pero era un extremo derecho esforzado, que compensaba con bastante sudor y agilidad en la carrera. La posición no se eligió de forma aleatoria. Roberto siguió de cerca a uno de los grandes ases de la Selección Brasileña. Mané Garrincha frecuentaba con regularidad el despacho de su padre en la Midas.

Abraham conoció a Mané Garrincha un sábado, el 14 de noviembre de 1961. Se había lanzado un concurso, promovido en conjunto por el *Jornal dos Sports* y por la concesionaria Simcar, cuyo *crack*, elegido por el público, ganaría un coche Simca-Chambord. El elector podía votar cuantas veces quisiera. Se distribuyeron urnas por la ciudad durante las siete semanas del concurso. Garrincha no iba bien en las previas y recurrió, para ayudarse, al carisma de Elza Soares. Bellini, zaguero del Vasco, iba al frente, apoyado por comerciantes portugueses de la Rua do Acre. Elza se volvió reclamo electoral del jugador y lo llevó a El Rey de la Voz, de la Rua Urugaiana, entre la Ouvidor y la Sete de Setembro. Como allí se encontraban las novedades más sofisticadas de la electrónica, la tienda estaba siempre llena.

Si Medina apoyaba a Garrincha, el jugador obtendría buenos votos. Al pisar El Rey de la Voz, en un santiamén aparecieron hinchas del Botafogo, carteles, pancartas, ovaciones. Abraham puso la tienda a disposición del jugador. Mientras Elza y el *crack* repartían autógrafos y fotos, en las potentes gramolas se oían canciones de la cantante. Buen anfitrión, Abraham mandó instalar mesas y sillas en la acera y obsequió a los amigos más allegados vinos portugueses, café o agua helada. En poco menos de tres horas, el extremo de la Selección consiguió trescientos votos. En medio de la barahúnda que se armó, Garrincha, allí mismo, en El Rey de la Voz, frente al público eufórico, le arrancó a Elza el primer beso de la pareja. El paisaje era bonito. Calles y árboles ya estaban adornados para la Navidad. En resumidas cuentas, Garrincha obtuvo un 15% más de votos que Bellini. Se quedó con el Simca y una eterna gratitud hacia Abraham.

A pesar de haber hecho carrera en el Botafogo, la amistad de Garrincha no cambió el comportamiento de Abraham Medina en los embates entre el Albinegro y el equipo de la Gávea. La casa de los Medina era Flamengo y punto. Además, estaba Rui como "oveja negra", en el buen sentido. Era tricolor, vibraba con el Fluminense. Su sueño era conocer a Castilho, el mayor goleador de la historia del club. Famoso como era, Abraham telefoneó cierta tarde al jugador, que de bote pronto se apareció en la casa de la Décio Vilares para cumplir el deseo del niño. Roberto Medina percibió a su hermano, el benjamín, temblando frente al ídolo al que admiraba.

El único ídolo de Roberto, sin embargo, era Frank Sinatra. El joven oía a *La Voz* incluso más que su padre. Siempre le gustó la música. Estudió piano, aunque hoy toque solamente dos canciones en el que tiene a su disposición en casa (el mismo que usó Sinatra en los shows de Rio).

Todo era perfecto, iba bien. A partir de 1964, no obstante, hubo una fractura. No en Roberto, sino en la familia. La Revolución, valga la redundancia, revolucionaría la historia de los Medina.

EL TERROR DESMORONA
A LOS MEDINA

"Mientras no se restablezca la legalidad democrática dentro del principio de la independencia y de la armonía entre los poderes, con el respeto a las decisiones de los tribunales y de los jueces, a la soberanía de los órganos legislativos y a la integridad de cada persona o familia, Brasil no logrará afirmar sus objetivos y lanzarse a su conquista con el arrojo y la paciencia que están exigiendo los grandes del país". Este es un fragmento de la apertura del *Manifiesto a la Nación*, lanzado a comienzos de marzo de 1965 por un grupo de intelectuales, entre ellos Alceu Amoroso Lima, Anísio Teixeira, Barbosa Lima Sobrinho, Florestan Fernandes y Sergio Buarque de Holanda.

Hasta el golpe de 1964, había en Rio una coexistencia pacífica. La independencia que siempre caracterizó al ciudadano carioca frente a gobiernos o mandamases, con los cuales se habituó a convivir sin hacerles mucho caso, se manifestaba de forma pacífica en críticas constantes y con mucho humor. Solo una dictadura, sustentada por organismos represores inhumanos, podía ensombrecer la cara de la ciudad.

El nuevo régimen no veía con buenos ojos a quienes ejercían influencia en la televisión. Para empeorar la situación, la noche del 31 de marzo, Abraham Medina se obstinó en desobedecer a los militares. Hasta entonces a favor de la Revolución, por miedo a la amenaza comunista, se puso en contra del régimen desde el primer día por la manera en que fue encarado el golpe. Con gran osadía, le pidió autorización al director de la TV Rio e hizo escuchar en directo a Carlos Lacerda por teléfono. La cadena llegó a emitir en solidaridad con el presidente depuesto, João Goulart, lo que irritó a la cúpula de la dictadura.

Con el paso del tiempo, Abraham siguió azuzando a los ávidos militares. Les comunicó a los telespectadores que la economía marchaba mal, que los negocios estaban estancados. En aquel tiempo de ausencia de libertad de prensa, un general lo llamó a su despacho. Le dijo que no podía volver a hacer aquello, que se trataba de una "actividad subversiva". Abraham no había entendido bien por qué habían sumido al país en una dictadura insensible e, ingenuo, argumentó que no había mentido ni exagerado, solo había cumplido su papel, el de decirle la verdad al pueblo. El general empezó a perder la paciencia y le advirtió ferozmente de que, si insistía, prohibiría *Noite de gala* al día siguiente. Abraham no se intimidó. Alegó que hablaría, sí, y además sobre democracia. Como Nelson Rodrigues decía, toda desnudez será castigada. El lunes siguiente, en cuanto el empresario empezó a desnudarse con un sincero discurso, los militares desconectaron el programa desde la torre de transmisión. Pero aún no había llegado lo peor.

Viabilizar el proyecto editorial implicó el montaje de una máquina amplia y compleja de represión política. Abarcando diversos organismos militares y policiales, encabezaba y centralizaba el sistema el Servicio Nacional de Informaciones (SNI), desde el principio resuelto a impedir y desarticular cualquier manifestación de oposición al régimen. Se alegaba como pretexto el "combate a la subversión". La arbitrariedad y la violencia del Estado proyectaron de inmediato sobre la sociedad un clima de miedo, que se extendía en inseguridad e intranquilidad por todas las casas. Un toque de timbre podía ser el comienzo de una pesadilla. Si por casualidad la policía derribaba una puerta para detener a alguien, aquélla podía ser la última vez que un familiar veía a un ser querido.

Teniendo siempre la perseverancia como guía, con gran valor personal, Abraham siguió enfrentándose a sus enemigos políticos, lo que ponía en riesgo su vida y la de sus familiares. Siempre que podía, el gobierno intentaba sofocarlo, imponiendo mil dificultades a sus empresas. Poco le interesaba a la cúpula del régimen que *Noite de gala* —que tuvo su debut en la TV Globo a mediados de 1966— realizara campañas filantrópicas, como la del Asilo São Luiz y la de la Casa del Niño. Sí le importaba, en cambio, que el programa sirviera como centinela de la democracia, en el momento en que esta se encontraba más amenazada. Abraham acabó siendo derrotado. *Noite de gala* se transmitió por última vez la noche del 24 de julio de 1967.

Al año siguiente, el acto final. Cuando la Cámara se opuso a que el gobierno procesase al diputado Márcio Moreira Alves, se celebró la reunión que sumió al país en el más inhumano de los actos institucionales. Con el "Sí" de 22 miembros del Consejo de Seguridad Nacional, el viernes 13 de diciembre de 1968 se impuso el reino de la arbitrariedad y de la tortura en Brasil. Desde entonces, un sinfín de agentes comenzaron a dedicarse a la operación *arrastão* [detención violenta e indiscriminada]. Soldados del ejército secuestraron inmediatamente a Juscelino Kubitschek, que tenía en ese momento 66 años. Su prisión les indicaba a todos que nadie estaba a salvo de la cacería. Nadie.

Antes de terminar la reunión, la noticia del AI-5 llegó a la Cámara de los Diputados. Rubem Medina se dio cuenta de que la situación se ponía cada vez más pesada. Aún sin formar parte del Frente Amplio —movimiento de oposición que aliaba a enemigos feroces, como Juscelino Kubitschek, João Goulart y Carlos Lacerda—, sabía que irían en su búsqueda.

Elegido por el MDB, la prensa calificó a Rubem Medina como uno de los diez mejores parlamentarios de Brasil. Joven con personalidad, empezaba a afirmarse en el panorama político y siempre incomodando a los poderosos. Un año después de elegido, a punto de aparecer en vivo en televisión, los censores le preguntaron sobre qué disertaría, algo común en aquel entonces. Medina ironizó:

—Hablaré sobre el café soluble.

Habló, claro, sobre el ex presidente Juscelino. Se interrumpió el programa y fue censurado después del pronunciamiento que hizo en defensa de quien era uno de los mayores enemigos del régimen. Desde Nueva York, donde se encontraba exiliado, el hombre que construyó Brasilia le envió al día siguiente un telegrama de agradecimiento.

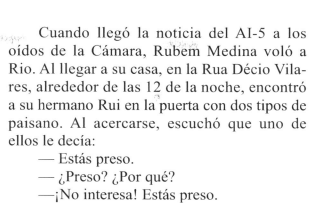

Cuando llegó la noticia del AI-5 a los oídos de la Cámara, Rubem Medina voló a Rio. Al llegar a su casa, en la Rua Décio Vilares, alrededor de las 12 de la noche, encontró a su hermano Rui en la puerta con dos tipos de paisano. Al acercarse, escuchó que uno de ellos le decía:

— Estás preso.

— ¿Preso? ¿Por qué?

—¡No interesa! Estás preso.

Miró a su hermano e intentó reaccionar.

—De ninguna manera... —se atrevió a decir.

Al segundo siguiente, sin embargo, surgieron más de diez hombres armados. Gente que salía de todos los rincones —de dentro del coche, detrás de los árboles— invadió con él la casa para destrozarla. Rachel en camisón, Roberto durmiendo, los hombres entraron furiosos en las habitaciones y cogieron a Abraham por la fuerza, lo llevaron fuera, junto a Rubem. Soldados con pistolas, ametralladoras, imponiendo de manera cobarde un clima de terror a la pacífica familia, arrancaron los teléfonos, derribaron estantes de libros, amenazaron incluso con matar al perro, que ladraba sin parar. Tres coches salieron con padre e hijo: un *jeep* con Rubem, un *Volkswagen* con Abraham, y otro escoltando.

A los 16 años, Rubem Medina,
hermano de Roberto, saluda al presidente
John F. Kennedy en la Casa Blanca, observado
por el periodista Heron Domínguez.

Los llevaron a la Villa Militar, en Realengo. Abraham llegó magullado; le sangraba la frente. Lo pasó mal, se sintió mareado, necesitaba tomar sus medicinas. Al quitarle la venda de los ojos a Rubem, lo golpearon y lo amedrentaron:

—Os vamos a arrojar desde un avión[3].

Estaba claro que la prisión de ambos tenía que ver con la actividad política de Rubem Medina. Pero ¿por qué Abraham, que en aquel momento padecía de los daños que produce el tabaco y se encontraba bastante enfermo? Al interrogarlo, dijeron:

—Su hijo ha colaborado con los estudiantes en las manifestaciones. A Juscelino le cae muy bien.

Valiente como era, Abraham respondió:

—Vosotros sois unos mandados. Deberíais besar el suelo por donde Juscelino anduvo. Os molestan los brasileños de bien, los brasileños que hacen cosas. Deberíais respetar al gran patriota que es Juscelino. Me siento orgulloso de ser su amigo.

Encerrado en un cuartucho de condiciones precarias, Rubem gritaba:

—¡Cobardes! ¡Asesinos! ¡Si le ocurre algo a mi padre, lo pagaréis el resto de vuestras vidas!

Abraham volvió a casa al día siguiente. Como se sentía muy mal, le dieron una inyección de caballo para que soportase la noche en vela, pero por la mañana, con miedo a que su estado empeorase, lo liberaron, porque se trataba de alguien prestigioso que, de ninguna manera, podía morirse allí. Rubem siguió preso. Alimentándose mal, pasó días en plena soledad.

La tragedia significó un viraje total para Roberto Medina. Abraham volvió casi muerto, tan intensa había sido la tortura psicológica, el lavado de cerebro que sufrió. Rubem estuvo dos semanas preso sin que la familia supiese su paradero. Como circulaban noticias acerca de que

---

3 Llegaría después el proyecto Para-Sar, uno de los planes terroristas más terribles de la historia del país. La operación proponía ejecutar a personalidades políticas mediante el secuestro de cuarenta nombres, entre ellos Jânio Quadros, Carlos Lacerda, Juscelino Kubitschek, Helder Câmara y el general Olympio Mourão Filho, que serían arrojados desde aviones en pleno vuelo. Se atribuiría la responsabilidad de los atentados a los comunistas.

el régimen estaba asesinando a sus opositores políticos, o como mínimo los trataba con crueldad en interminables sesiones de tortura en los sótanos de cuarteles y prisiones, la desaparición de Rubem resquebrajó la autoestima de la familia Medina, que acudió a la ayuda de la Iglesia para obtener noticias del ser querido. Abraham enloquecía sin el hijo en casa. Gracias a un soldado de buen corazón, algo raro en aquel tiempo, la familia recibió una misiva de Rubem.

Justo esta parte de la historia es muy importante y vale la pena que contarla.

Cierto día, Rubem Medina acercó discretamente la cama a la pared para espiar por el agujero que había allí. El soldado que hacía la ronda le gritó:

—Saca la cabeza de ahí o te pego un tiro.

—De acuerdo, tranquilo...

—¿Acaso eres comunista?

—¡Ni comunista ni nada!

A pesar de que tenía la barba crecida, el soldado de guardia reconoció al diputado:

—Su cara me resulta conocida... ¿Cuál es su nombre?

—Rubem Medina.

—¡Qué! ¡Mi padre te admira! ¡Votó por ti!

Con simpatía, Rubem llegó a saber que el soldado se llamaba Antônio Ciane.

—¿Por qué estás ahí?

— ¿Cómo voy a saberlo?

—¿Necesitas algo?

—Sí, necesito que le digas a mi familia dónde estoy.

Ciane pasó por el hueco un pedazo de papel y lo que quedaba de una punta de lápiz. Después les llevó la misiva a los Medina, que, por intermedio de monseñor Bessa, de la parroquia São Judas Tadeu, localizó dónde estaba encerrado Rubem.

El día de Nochebuena, a las 23 horas, Rubem Medina fue liberado por el general que dirigía la Villa Militar. Antes de salir, vio que allí penaba Alberto Dines, editor jefe del *Jornal do Brasil*, preso el día 22. No supo que también estaban encerrados el actor Perfeito Fortuna, el diputado Raphael de Almeida Magalhães, el periodista Paulo Francis y el poeta Ferreira Gullar. Poco después llegarían Gilberto Gil y Caetano Veloso.

Soltaron a Rubem Medina junto con otro prisionero, el médico y diputado Jamil Haddad. Sin dinero, hizo *autostop*, después cogió un taxi y llegó a su casa a tiempo de cenar: la mesa estaba puesta porque, entre los familiares, existía la esperanza de que el buen hijo volviese a casa en cualquier momento.

En cuanto a Abraham, había vuelto muy deteriorado de la prisión. Su sufrimiento representó una divisoria de aguas para Roberto. En aquel momento de caza de brujas, su padre simplemente renunció a todo. Por ser un hombre muy brillante, la intención de los golpistas era minarlo, amedrentarlo, aún más por tratarse de alguien respetado por la opinión pública, que tenía un programa de televisión influyente, que opinaba sobre la política brasileña querían amedrentarlo, pero no lo consiguieron. Sí consiguieron quebrar su estructura como ser humano. Su salud empeoraba cada día.

Después de todo lo que hizo por la ciudad, Abraham no merecía sufrir semejante calvario. El hecho acabó convirtiéndose en la piedra de toque para que Roberto Medina entrase en la vida empresarial. A los 21 años, el muchacho tuvo una intuición. Después de despertar aquella madrugada en medio de soldados brutos e insensibles que saltaban sobre su cama, ver por la ventana cómo se llevaban fuera de casa a su hermano y a su padre y recibir a la figura más importante de su existencia, al día siguiente, entre la vida y la muerte, Roberto se dijo: "Él ha renunciado, pero yo no voy a renunciar". Abraham Medina había dejado un legado a Rio de Janeiro, un legado que ahora heredaba Roberto con manos firmes y el valor necesario para no dejarse hundir ante la adversidad.

El sueño de su padre empezaba a ser el suyo.

ARTPLAN PIDE PASO

Dada esa relación con su padre, pensó Roberto Medina, su sueño de ser poeta no tenía sentido. Sería una elección errada. Necesitaba devolver a Abraham todo lo que le había ofrecido, principalmente su forma tan hermosa de observar la ciudad, el mundo. Se dispuso a luchar. No era posible quedarse quieto.

Al principio siguió trabajando con su padre. Abandonó la facultad de Derecho para ocuparse del sector financiero de las empresas. Pero los negocios retrocedieron a partir del momento en que Abraham se enfrentó a la dictadura. Por culpa del estrangulamiento que le impuso el régimen militar, el imperio daba indicios de que, tarde o temprano, se derrumbaría.

Desmotivado, deprimido y receloso, el patriarca optó por entregar sus bienes. Podía, pero no quiso pedir una moratoria. Lo que quedó de Rey de la Voz fue negociado. Reveses de la fortuna: los Medina necesitaban reconstruir con urgencia su vida.

Como vicepresidente de las empresas de su padre, Roberto ganaba una fortuna para un joven de su edad. Sin embargo, a partir de la abrupta decisión del viejo Medina, el hijo del medio tuvo que recomenzar desde cero. Consiguió un empleo por el cual recibía lo equivalente a 100 dólares de hoy por mes. Vendía antenas colectivas en la Avenida Brasil. En esa época, la parte alta de los edificios estaba atiborrada de una maraña de antenas y la colectiva era una auténtica novedad: bastaba solo una para todos los apartamentos de un edificio.

Llamando de puerta en puerta, Roberto Medina fracasó en las ventas. Al pensar en una fórmula para lograr un buen resultado en la tarea, buscó en la Rua México una inmobiliaria, llamada Veplan, con el propósito de comercializar las antenas colectivas para los edificios y no solo para los administradores. Pronto empezó a vender en abundancia.

En una de sus idas a la Veplan, José Isaac Peres, el dueño de la empresa, felicitó a Roberto Medina. Primo suyo, Peres tenía conciencia de la inclinación de Medina por los textos. Cuando lo visitaba en la casa de su tío Abraham, lo veía casi siempre escribiendo en el balcón. Intuitivo, Peres creyó que el joven podría incorporarse a su empresa. Le ofreció un puesto como contacto en la Artplan Publicidade, la *house* (agencia propia) de la Veplan. Medina no sabía que existía tal agencia. De tan pequeña, se mantenía con solo ocho empleados.

—¿Puesto de contacto, no? ¿Cuánto voy a ganar?

Al responderle que ganaría 600 cruzeiros, aceptó en el acto. Al fin y al cabo, era el doble de lo que venía recibiendo en un trabajo que no le despertaba la menor motivación. Fue así como Roberto Medina empezó en la Artplan. Por suerte, le tocó una pequeña sala donde trabajaba uno de los mejores escritores del país, Orígenes Lessa.

Nacido en el interior de São Paulo, Lessa trabajó en el departamento de propaganda de la General Motors y, en 1937, llegó a ser el primer presidente de la Asociación Paulista de Propaganda. A pesar de actuar profesionalmente en la prensa y en la publicidad, su pasión era la literatura. Su primera novela, *O feijão e o sonho* [La alubia y el sueño], le granjeó mucho prestigio. Miembro de la Academia Brasileña de Letras, traducido a varios idiomas, algunas obras suyas fueron adaptadas para el cine y la televisión. Su texto límpido abarcaba historias que destacaban por su lirismo y su profunda humanidad.

Sentado en una sala minúscula que no condecía con su grandeza, Orígenes Lessa trabajaba media jornada en la Artplan. Adoptó con placer como discípulo al joven Roberto Medina, que le llevaba sus poemas, pidiéndole opinión sobre ellas. El literato pasaba buena parte de su tiempo libre corrigiendo los textos del muchacho. Le daba importantes pistas para mejorar la calidad de los versos. Se hicieron grandes amigos. Más que eso, Lessa le predijo al joven lo que llegaría a ser:

— Mira, tú vas a ser un gran empresario de propaganda.

Dicho y hecho.

Cuando despidieron al gerente de la Artplan, sin tiempo hábil para buscar otra persona cualificada, ascendieron a Roberto Medina a ese puesto. A partir de entonces, comenzó a lograr que el negocio diese beneficios. De su mente brotaban, con una fluidez increíble, las ideas más innovadoras como si fuesen las cosas más obvias del mundo.

Así, la Artplan promovió una revolución en la comunicación de las ofertas inmobiliarias. Roberto Medina ideó nada menos que el primer anuncio de televisión en ese ámbito: un apartamento que flotaba por la Laguna Rodrigo de Freitas. Para mostrar "la sensación de vivir en plena laguna", alquiló una balsa, la forró con alfombras y, montado un salón en el lugar, contrató a dos actores guapos y elegantes e hizo filmar todo desde un helicóptero, al atardecer. El resultado fue arrasador: el 90% de los apartamentos del edificio Estrela da Lagoa se vendieron en un solo día.

—No había anuncios de inmuebles en la televisión brasileña —recuerda Medina—, salvo en los periódicos y en la radio. Con aquella innovación, empecé a ocuparme de todos los anuncios por televisión.

Su primer trabajo fue elegido el vídeo del año. Gracias a él, Roberto se convirtió en el RTVC de la Artplan, el responsable de los departamentos de radio, televisión y cine de la empresa. Así comenzó a estructurar su carrera. Alcanzaba de esta forma un lugar en la historia de la propaganda.

La Artplan no fue solo la primera agencia en usar la televisión para lanzar iniciativas inmobiliarias. Fue también la primera en crear puestos decorados y a colocar a jóvenes uniformadas distribuyendo folletos junto a los semáforos.

—Cuando comenzamos a distribuir folletos en las calles, contratamos a modelos guapísimas, todas muy bien vestidas. Las personas insistían en acercarse para coger los papeles. No se daba la actitud reticente que hoy se ve por ahí, con medio mundo huyendo de quien tiene algo para ofrecerle...

Con el tiempo, Roberto Medina sintió que podía abrir su propia agencia. Estaba claro: el crecimiento de la Veplan se derivaba del éxito de la Artplan, responsable de centenares de lanzamientos.

La primera actitud que tomó fue convencer a su excelente equipo de que siguiese con él. Resuelta esta cuestión, en 1972, a los 25 años, beneficiado por el *boom* inmobiliario de Rio de Janeiro y por los anuncios que creaba, Medina compró la Artplan, que contaba en aquel entonces con doce empleados. Al adquirir el control accionario, trasladó la sede de la planta 11ª de un edificio en la Rua México a una pequeña casita de piedra en el Corte do Cantagalo, a orillas de la laguna.

En cuanto a esa nueva sede, la agencia aún era tan pequeña que Medina inició el trámite de buscar la licencia que le permitiría el funcionamiento como persona jurídica. El problema estaba en que el local pertenecía a una zona residencial. Cuando aparecía un inspector, mientras los demás empleados se escondían, la secretaria abría la puerta vestida con una bata y se hacía pasar por ama de casa. La ropa estaba estratégicamente preparada en un cajón con el propósito de salir del apuro en ocasiones como esa. Fueron dos años de teatro, hasta que la agencia creció más y se mudó a una zona mayor y, para Roberto Medina, mucho mejor.

Al contrario de lo que pueda parecer, no fue ninguna locura comprar la agencia. Los brasileños vivían los años del "milagro económico". Eufóricos con los altos índices de crecimiento que presentaba la economía brasileña, algunos empresarios se atrevían a tomar la iniciativa.

En 1973, con la crisis del petróleo, el mundo se retrajo, pero Brasil mantuvo su ritmo de crecimiento. El marketing se benefició de la situación, con el índice inflacionario bajo control. Se invertía bien, y se justificaba en las curvas de ventas y beneficios, siempre apuntando hacia arriba.

Roberto Medina se sintió seguro para reestructurar por completo la Artplan a partir de 1974.

—Es posible tener en este país un modelo de eficiencia, una organización de nivel internacional y una mentalidad de primer mundo, aunque nuestra agencia sea 100% brasileña.

Como primer paso, la empresa trasladó su sede a la antigua residencia de la familia Medina, en el Bairro Peixoto, donde seguiría creciendo bastante.

—De allí salieron las grandes ideas —dice Medina—. Hasta debido a mi relación con esa casa.

El publicista pensaba en todo momento. Pensaba, pensaba, se quedaba horas cavilando, imaginando, razonando, sopesando y creando, mientras daba vueltas alrededor de la piscina. Poco a gusto con la presidencia, actuaba con intensidad como creativo. Por momentos era capaz, frente al cliente, de "materializar" un anuncio o toda una campaña partiendo solo de una idea, a veces una palabra.

Con gran osadía, siguió imprimiendo espíritu de vanguardia a los *spots* publicitarios. Al comprobar que la propaganda necesitaba de la cadencia del largometraje, acudió a grandes directores para colaborar en sus filmaciones: nombres como Carlos Manga, Arnaldo Jabor y Bruno Barreto.

El hecho de que la televisión se hubiese vuelto ya una realidad lo ayudaba bastante. Principal medio de comunicación, con penetración inigualable, la pequeña pantalla llegaba a las regiones más distantes de Brasil. Gracias a la televisión, Roberto Medina pudo contribuir al aumento de las ventas del Shopping Ibirapuera, en São Paulo. Por adoptar nuevas técnicas de planificación, investigación, posicionamiento y opinión sobre el producto, con planeamiento y marketing, alcanzó el éxito en una iniciativa compleja y arriesgada.

—Me acuerdo de la campaña que hicimos para lanzar el Ibirapuera. Creamos un montón de piezas, que yo mismo fui a presentarles, personalmente, a los dueños de las tiendas. Necesitábamos mostrar las muchas diferencias entre un centro comercial y un *shopping center*. Sentí que no estaban comprendiendo nada. Pensé que, si ellos estaban teniendo todas aquellas dificultades (la propia idea del *shopping* aún no se había consolidado en Brasil), la población tampoco lo entendería.

Medina conversó con José Peres por teléfono y lo previno: la campaña que ya se había aprobado no funcionaría.

—O convencemos al consumidor, le explicamos que es un *shopping*, o nunca lo entenderá y tendremos enormes perjuicios. No sirve de nada hablar con los dueños de las tiendas, ellos no harán entrar al cliente. Estoy convencido de que la campaña publicitaria no será suficiente. Estamos en el camino equivocado.

—¿Cuál es la solución, entonces?

—Que hagamos un programa explicando qué es un *shopping* y lo transmitamos por la Red Globo.

—Pero ¿es posible?

—Creo que sí.

—¿Y cuánto me va a costar?

Medina fijó un importe muy alto.

—Bien, si ese es el remedio, hazlo. Si puedes, claro...

Roberto Medina conversó con Boni, a quien le gustó la idea y confirmó que autorizaría la transmisión, siempre que el material fuese de buena calidad. Con determinación, el equipo de la Artplan grabó durante dos meses el programa en varios países, entre ellos Francia y Estados Unidos, países donde los *shoppings* ya eran una realidad. Había entrevistas del estilo "la gente habla" en las calles, con el aval de calidad de la Red Globo. El director fue Maurice Capovilla.

Al analizar el material, la cadena se enfrentó con el problema del horario. Así que Artplan editó el único programa de una agencia de propaganda en la televisión líder de audiencia y a la hora más adecuada. Fue el *Globo Reporter "A revolução do consumo"*, que bregaba por un nuevo concepto de consumo, ocio y servicios. Es decir: Medina conseguía para su cliente un comercial de una hora en la televisión.

—Eso es la propaganda. Mis amigos del sector no lo entienden. La propaganda es pensar fuera de lo previsible, romper paradigmas, arriesgar, tener el valor de enfrentar las cosas en nombre del producto. La diferencia de Artplan se nota en ese tipo de cosas.

No había dudas de que el equipo de la agencia era en gran medida el mejor en comunicación en el ámbito inmobiliario. Como resultado, la empresa crecía a un ritmo alucinante. En el lapso de tres o cuatro años, era la mayor agencia de Rio de Janeiro. A los seis años, todo el país reconocía su importancia: figuraba entre las diez primeras, siendo la de mayor crecimiento porcentual en la década de 1970. En el medio publicitario, Artplan estaba entre las cinco mayores empresas que despuntaron en esa década.

En 1977, ya consolidada, Roberto Medina dio otro gran paso adelante. Previendo la creciente aceleración de la espiral inflacionaria y, al mismo tiempo, la necesidad impostergable de expansión física de la empresa, decidió construir, en uno de los sitios más cotizados de Río, un edificio-sede de diez plantas —siete pisos, dos subsuelos y un ático—, valorado hoy en casi 2 millones de euros. Era algo inédito: el primer edificio proyectado para una agencia de publicidad. No había nada parecido en el mundo y Medina lo creaba en Brasil.

Además de los pisos con restaurante y cine, el lugar tenía, aparte toda la estructura física de Artplan, una mini-agencia como laboratorio para prácticas de estudiantes, una productora de anuncios comerciales completa y un estudio de creación de dibujos animados vinculados a la cultura brasileña. Más que imponente, el edificio era bonito. El edificio de cristal ahumado en las márgenes de la laguna formaba parte del paisaje carioca. Cualquier taxista sabía llegar a Artplan. En la entrada de la empresa, se imponía una estatua de don Quijote de 2 metros de altura. En uno de los pisos había un auditorio con proyector de 35 mm, de mejor calidad que cualquier sala de cine de la ciudad. Allí se ofrecieron muchos preestrenos, en ceremonias que acogían a celebridades para todos los gustos, de actores a políticos, al menos una vez por mes.

Incansable en la lucha por hacer de Artplan una referencia en comunicación y marketing, Roberto Medina conocía el terreno que pisaba.

—El secreto para dar consistencia a una marca es trabajar arduamente todos los días. Nadie hace milagros. Cualquier desliz puede significar el riesgo de que, en pocos segundos, se venga abajo todo un enorme esfuerzo.

Al comienzo, el propio Medina creaba el lema de las campañas. No era detallista al extremo, pero sabía exigir. Y le gustaba presentar lo que creaba. Es lo que intenta transmitir a quien trabaja con él hasta hoy.

—En aquella época, los creadores producían los anuncios, pero quien se los llevaba a los clientes eran los contactos. La mayoría de los publicistas odiaba la tarea de convencer a los clientes, hacer la presentación. Pero nosotros sabíamos escuchar, comprender los deseos.

Roberto Medina comprueba que hoy en día casi no existe ya esa característica saludable del cliente que se atreve y asume riesgos, así como de la agencia que tiene la comprensión global del negocio del anunciante y se interesa en sorprenderlo con nuevas propuestas.

—Cuando compré Artplan, llegaba a ayudar a José Peres a elegir los terrenos para los lanzamientos inmobiliarios que haríamos. Daba opiniones sobre dónde construir los *shoppings*. Hoy hay creador e incluso profesionales que no prestan ninguna atención a lo que el cliente quiere hacer.

Por eso no lo hacen. Cuando Medina pensó en contratar a Sinatra, mucha gente dudó, incluso en la Seagram. Él no; se mantuvo firme. Y, gracias al trabajo con el whisky *Passport*, obtuvo por primera vez para Rio de Janeiro el premio del Publicista del Año, en 1977. Hoy, después de más de tres mil galardones, el empresario aún recuerda con cariño aquel título:

—Fue el premio que más me marcó. Dirigía hacía cinco años la agencia, era muy joven, fui cabecera de periódicos, me sentí con una enorme responsabilidad. Siempre miré con desconfianza los premios. No es exactamente mi mundo. Intento en lo posible hacer mejor lo que hago, imaginar cosas diferentes. Me siento incluso contento si las personas lo reconocen de alguna forma, pero nunca le he dado importancia a eso. Solo aquel premio. Aquel Publicista del Año realmente me emocionó.

Hoy la propaganda brasileña ha adquirido relieve en la escena internacional, una de las tres de mayor calidad creativa del mundo, junto a Estados Unidos e Inglaterra, trayectoria que se inició a finales de la década de 1970 y comienzos de la de 1980, cuando el sector atravesó su fase de oro desde el punto de vista de la imaginación y la originalidad.

En el momento en que Brahma asumió el control accionario de Skol, la empresa necesitó una segunda campaña de impacto. En 1979, para relanzar la cerveza, Artplan promovió el I Encuentro Internacional de Globos Aerostáticos. El acontecimiento incluyó a 48 aficionados de los globos aerostáticos, del Air Circus Show, traídos de Estados Unidos, que atrajeron a más de 100 mil personas al autódromo de Jacarepaguá y preciosos minutos en el *Fantástico*.

El mismo año, para lanzar la iniciativa inmobiliaria Comunidad Planificada de Itaipu, la agencia presentó el mayor show acuático del mundo, el Cypress Gardens. Roberto Medina sabía que la propaganda lisa y llana no movilizaría a las 400 mil personas que se dirigieron a Itaipu para contemplar el espectáculo. Un resultado estruendoso.

Medina heredó de su padre el gusto por la comunicación. Sin embargo, construía un estilo propio, marcado por la osadía de apostar por ideas no muy fáciles de ser ejecutadas.

Cierta vez Carlos Alberto Martins Scorzelli fue a Disney World con su *Sancho Panza*. Frente a un entretenimiento para niños, llamado Small World, Medina miró sin compromiso a las personas que se divertían en él. Hasta que vio salir de él a un japonés de unos 50 años de edad, sin niños en brazos, solo, pero con los ojos bañados en lágrimas. Reflexionó: "Este hombre debe de haber ahorrado toda la vida para poder venir aquí y ahora se siente emocionado. Qué proyecto bonito el de la Disney, que le llega a todo el mundo...".

Mientras Medina observaba los movimientos del oriental, Scorzelli compraba un refresco. Al volver, escuchó:

—Scorza, hoy es domingo, pero mañana necesito tener un encuentro con el presidente de la Disney.

—¿Te has vuelto loco?

—No. ¡Lo voy a montar en Brasil!

—¿Y cómo vamos a llegar a él?

—Eso te toca a ti.

El director movió sus fichas y, al día siguiente, Medina se entrevistaba, no con el presidente, sino con el vice. Sin embargo, al declarar su intención de llevar a la Disney a Brasil, recibió un cubo de agua fría. El vicepresidente le dijo que el mercado suramericano no era prioridad de la compañía, que en aquel momento estaba madurando la idea de implantar un mundo mágico en Europa (que se abriría en 1987, en París). Antes de eso, tenían que ampliar Orlando.

—Pero ¡no es justo! Estoy seguro de que Walt Disney, cuando se le ocurrió emprender este proyecto, tuvo a alguien que lo ayudase. ¡Alguien tiene que ayudarme al menos a intentarlo!

Entonces el hombre cambió de tema. Se volvió hacia un cuadro colgado en la pared y señaló una foto en blanco y negro del mentor de Disneylandia al lado de otra persona.

—Mire, quien lo ayudó, en 1955, fue ese individuo.

—¿Quién es?

Le dio solamente el nombre. Teléfono y dirección, claro, eran tareas para el súper Scorzelli.

El martes, Roberto Medina, en Beverly Hills, tocaba el timbre de la residencia de quien había estimulado el proyecto. Recurriendo al idioma inglés, el publicista se identificó como un "empresario brasileño que solo necesita diez minutos de su preciada atención". El millonario jubilado fue incluso solícito, pero le aconsejó que desistiese. El proyecto daría mucho trabajo.

Medina no se dejó vencer. Declaró que tenía idea de la dificultad, le mostró fotos de Rio de Janeiro, lo intentó por todos los medios. Logró incluso que el veterano viajase a Brasil para hacer un estudio de las posibilidades. Sin embargo, con el paso del tiempo, el proyecto, denominado Rio Planeta Sueño, se estancó.

—No avanzamos porque el turismo en Brasil es aún profundamente incipiente. Sostener un proyecto así en el mercado interno es complicado. Basta con pensar en el parque de atracciones Tívoli, que no perduró en la laguna; el Tierra Encantada; el Wet´n Wild. El Rio Planeta Sueño era muy ambicioso. Llegamos a hacer una maqueta gigantesca, con cochecitos que circulaban, juegos que parpadeaban, música y todo lo que te puedas imaginar.

Piloto de Fórmula 5, Carlos Alberto Scorzelli, así como el presidente de la Artplan, también era un soñador. Buen compañero, compartió con Roberto Medina el sueño de transformar la agencia en una de las más respetadas del país. Sin embargo, dos semanas después de las celebraciones por la apertura del edificio en la Fonte da Saudade, de forma sorprendente, pidió hacer las cuentas:

—Baixinho, ya no tengo nada que hacer aquí.

—¿Cómo es eso, Scorza, justo ahora que estamos comenzando?

—Ahora ya tienes todo organizado, tienes un directorio y todo lo que hace falta, y ¿quieres saber una cosa? Se ha vuelto demasiado grande, ya no es lo mío. He hecho mi parte. Tú hoy estás bien, era eso lo que yo quería, y ahora me marcho con la cabeza alta.

En cierto modo, Scorzelli tenía razón. El audaz edificio de Artplan se convirtió en una referencia en Rio, pero, internamente, la empresa se había vuelto demasiado pesada. Se concretó la intención de ofrecer una completa línea de servicios al cliente, pero no la de proporcionar un excepcional ambiente de trabajo al equipo. La estructura era pesada no solo desde el punto de vista económico, sino también operativo. Los departamentos no se interrelacionaban; en consecuencia, las personas quedaban muy lejos las unas de las otras.

Así, el "Sancho Panza" del quijotesco Medina abandonó la batalla. Se fue de allí, despejó las ideas por un tiempo, abrió su propia agencia en la Barra da Tijuca. Sin embargo, no soportó la nostalgia y volvió un tiempo después. Aún tenían algunos megaproyectos que compartir. Como el desafío de contratar a Frank Sinatra, que llevó el nombre de la empresa hasta las alturas.

EL PAPA ES CARIOCA

Ante los ojos de los brasileños, un espectáculo completo y perfecto. El mayor show del mundo. El proyecto Sinatra se reveló como una clase de promoción y proyección internacionales, que hizo al país creer en la capacidad de realizar que tiene el brasileño, que enseñó a las autoridades turísticas como debe promoverse la nación.

Estructura profesional, ingeniería perfecta, habían regresado las grandes realizaciones de los Medina. Durante dos semanas, la ciudad volvió al panorama turístico internacional. Artplan daba una demostración de la fuerza de la propaganda brasileña. Arrojo, organización y dinámica con la iniciativa privada.

Con ocasión de la venida del cantante, emocionado, el empresario Wadyh Saade, en nombre del Grupo Dijon, publicó una carta a toda página en un gran periódico carioca. La intención era acceder no a Roberto, sino a Abraham Medina.

Mi viejo amigo:

Lo mejor que puedo decir sobre usted es que esta ciudad no sería la misma sin usted.

Cualquiera que haya vivido en esta ciudad en los últimos treinta años sin duda coincidiría conmigo: usted fue, y sigue siendo, nuestro maestro de ceremonias, el gran promotor de esa animación y de esa alegría popular que hace de Rio una ciudad en fiesta permanente.

Por ello le digo, mi viejo amigo Abraham Medina, usted forma parte de lo que mejor que hay en la memoria del pueblo carioca.

Al contrario de muchos otros, usted ha sido un empresario con sensibilidad, que ha sabido encontrar el punto de identificación con su público y con su ciudad. Un empresario que, como pocos, ha sabido desempeñar a la perfección su papel social.

Y fue así, con usted siempre en el centro de los acontecimientos, como ha pasado el tiempo para todos nosotros.

Mis hijos crecieron, llegaron a ser empresarios de éxito. Y lo mismo ocurrió con sus hijos, Medina.

Hoy, cuando veo que todo ello vuelve a ocurrir, cuando descubro el fervor que está provocando la llegada a Brasil de ese gran ídolo que es Frank Sinatra, y cuando sé que quien está detrás de ello es su hijo Roberto, me siento muy emocionado, Medina.

Sé cómo debe de estar sintiéndose usted ahora, amigo. Sé que ese siempre ha sido el sueño de su vida, un sueño que su hijo finalmente realiza a través de esa gran empresa que es hoy Artplan.

Encuentro de globos, Cypress Gardens, *The Voice*. Ya en el primer año de actividad de la subsidiaria Artplan Promociones, los focos de los medios de comunicación recaían sobre Roberto Medina. Como todo en la vida, con un lado bueno y otro malo.

—Valió la pena, pero, cuando acaba un fenómeno semejante (Frank Sinatra), sobreviene un vacío enorme, un silencio profundo... Sirvió para que yo extrajese algunas enseñanzas: primero, cuando subes mucho, tienes la sensación de ver con más claridad lo ignorante que eres, percibes a la perfección que no sabes nada, te das cuenta de que tienes mucho que aprender. Al principio, entonces, eso es tan fuerte que resulta inimaginable que puede haber un desafío aún mayor. Hoy sé que el tiempo pasa y, poco a poco, comienzas a madurar una nueva oportunidad, pero en ese momento yo no lograba ver nada. Rock in Rio ni siquiera me pasaba por la cabeza. Hasta entonces, no tenía ninguna relación con los acontecimientos internacionales de gran repercusión en el público, shows musicales, nada de eso. Mi primera relación con el medio del *show business* fue esa. Mi mundo era el de la propaganda.

Bohemio, aviador y productor de cine, Carlinhos Niemeyer llegó a decir:

—Si Frank Sinatra vino a Brasil, todo es posible.

Y, para felicidad de Medina, su equipo se consagró por primera vez como campeón brasileño. Señal de que el Frente Amplio por el Flamengo, del que formó parte como persona física, también había alcanzado sus resultados en 1980.

Aquel año, hasta Juan Pablo II llegó a Brasil. En julio, la primera visita de un papa al mayor país católico del mundo. Trece ciudades bendecidas, incluso Rio de Janeiro. En la *ciudad maravillosa*, Su Santidad subió a la favela del Vidigal, conoció el Maracaná, estuvo en el Aterro do Flamengo y en el Cristo Redentor.

"Si Dios es brasileño, el Papa, sin duda alguna, es carioca". La frase, creada por Artplan para Bradesco Seguros con ocasión de la segunda visita del pontífice, en 1997, se convirtió en el principal mensaje popular repetido por el propio Juan Pablo II y por millones de fieles, en su nuevo paso por Rio. Sin pretensiones, la campaña se difundió en los medios de todo el mundo. En cuestión de semanas, la agencia envió al Vaticano un anuncio enmarcado. Su Santidad no solo recibió el cuadro, sino que lo aprobó.

Pero, volviendo a 1980, más que empresa, Artplan hablaba por los cariocas. Los conquistaba. Prosperaba en el campo profesional. Quien dio continuidad a la campaña del *Passport* fue el director Burt Bacharat, ídolo de repertorio inagotable: canciones como *I'll never fall in love again* y *Walk on by*, entre otros éxitos. Fueron los mejores años de venta de la empresa productora de whiskies más grande del mundo: la Seagram, en Brasil.

La temporada de 1980, empero, terminó de forma triste para Roberto Medina. En diciembre, un fan asesinó a John Lennon en Nueva York. La muerte del autor de *Imagine* quebrantó al publicista brasileño.

Uno de sus principales sueños, a partir de entonces irrealizable, era reunir a los Beatles en, al menos, un último show en Brasil.

Para colmo, la noche del 31 de abril de 1981, estallaron dos bombas en el Riocentro durante un acto por el Día del Trabajo. Abraham Medina se lamentó:

—Hoy veo triste a mi ciudad. Y, no obstante, todo lo que un día fue el encanto de Rio sigue ahí: el sol, el mar, el paisaje y, sobre todo, esa gente de una energía a toda costa, dispuesta a salir a las calles cantando y bailando con cualquier pretexto.

Roberto entendió el mensaje. Y, aún con una inflación que rozaba el 100 %, viajó a los Estados Unidos con el fin de buscar un aliento para los cariocas: Barry White, uno de los récords de venta de la década de 1970, de las figuras más carismáticas de la *pop music*.

A los 37 años, con su voz de barítono, de timbre grave y sensual, el tejano interpretaba como nadie la *soul music*. Con éxitos que atravesaron décadas y se convirtieron en clásicos como *You're the first, the last, my everything* y, principalmente, *Just the way you are*, el gran *hit* de su carrera, Barry White estaba en su apogeo.

El músico desembarcó en Brasil en enero de 1982. Fueron 18 días distribuidos entre Rio, São Paulo, Belo Horizonte y Porto Alegre. El mismo año, el español Julio Iglesias se convirtió en el artista extranjero con mayor índice de ventas en Brasil, al superar la marca de 1,6 millón de copias de su LP *De niña a mujer*, lanzado en el país con un show apoteósico que reunió a cerca de 40 mil personas en el estadio del Flamengo, en la Gávea. Roberto Medina logró que la empresa Wella, su cliente, patrocinase el espectáculo. A los 38 años, el cantante se alojó en el Rio Palace, lugar de otras cuatro presentaciones suyas. Para más datos, las entradas durante su temporada en el hotel se agotaron con casi dos meses de anticipación.

Artplan continuaba con su curva ascendente, siempre ofreciendo nuevas actividades para sus clientes. Usando y abusando de todos los recursos que había, o generando nuevos cuando se imponía la necesidad de diferenciarse: la filosofía de la agencias era la comunicación total.

Una empresa punta necesita profesionales punta. Y por el plantel de colaboradores de Artplan desfilaron nombres de relieve en el medio publicitario, profesionales del calibre de Jaques Lewkowicz. Hoy dueño de una de las mayores agencias del país, la Lew Lara, Jaques es autor de eslóganes inolvidables, como "Yo soy tú mañana", además de la frase "Me gusta tener ventajas en todo, ¿verdad?", la famosa "Ley de Gérson".

Lewkowicz fue director de creación de Artplan tanto en São Paulo como en Rio. Fábio Fernandes también pasó por la agencia, así como otro genio de la propaganda brasileña: Nizan Guanaes.

El bahiano comenzó en la DM9 haciendo prácticas y, en 1978, aún redactor júnior, decidió tentar suerte en Rio. Eligió la Artplan de Roberto Medina, uno de sus ídolos en la profesión. Según Guanaes, si con Duda Mendonça aprendió el oficio, o sea las técnicas de propaganda, el arte de pulir la frase y crear el guión de un *spot,* fue con Roberto Medina con quien aprendió que es posible hacer lo que uno quiera en la profesión, soñar lo imposible.

Talentoso y trabajador, Nizan se reveló diferente desde el comienzo en Artplan. Perseverante en sus ideas, de vez en cuando, en su afán de convencer a Medina, lo esperaba al salir por la puerta de la agencia, a las once de la noche o hasta más tarde. A veces, cuando el presidente de la empresa se refugiaba en su despacho en Miguel Pereira, Nizan iba detrás, ansioso por presentar proyectos, vender su talento. Una de las personalidades más apabullantes, creativas e importantes de la propaganda en el último cuarto del siglo XX, Nizan, con 1,80 m de altura y 110 kilos, desarrolló en 1984 la fórmula que llevó al éxito la "Campaña de la década", ideada por Artplan para la Caixa Econômica Federal.

Guanaes eligió como protagonista de la campaña al actor-revelación Luiz Fernando Guimarães, ex integrante del grupo de teatro Asdrúbal Trouxe o Trombone. Deslumbró el bienvenido histrionismo del artista en la figura de un reportero que paraba a las personas en las calles para preguntarles a qué dedicaban sus ahorros y "descubría" que era en la CEF. El lema "Ven a la Caixa tú también" se difundió en el habla de la gente.

En los diecinueve *spots* realizados, Nizan creó los textos y las situaciones. La apelación por el humor, el toque leve y el eslogan sirvieron para rejuvenecer la imagen desgastada de la institución federal. Uno de los grandes momentos de la propaganda. La campaña significó un estupendo relanzamiento y obtuvo muchos premios en el mundo.

—Aquella campaña de la Caixa Econômica Federal cambió el lenguaje de la propaganda —revela Roberto Medina—. Se derivó en tres días de noticias en el *Jornal Nacional* y creó un estilo de anuncio comercial que sería imitado innumerables veces.

Para el mismo cliente, otro proyecto de Artplan, años más tarde, se convirtió en noticia en los principales telediarios del país, además de desatar colas emocionadas en las agencias de la Caixa. Para celebrar el Día de los Enamorados, la CEF devolvió a sus dueños las alianzas empeñadas.

Con el apoyo de Bradesco Seguros, Artplan realizó un proyecto de gran envergadura y de elevado mérito, los Ángeles del Asfalto, destinado a prestar auxilio inmediato y eficiente a los accidentados en la Rodovia Presidente Dutra.

A pesar de tantas actividades, Roberto Medina no se sentía realizado. Necesitaba imaginar algo mejor, algo que nuevamente agitase, movilizase, parase la ciudad, el país, y durante varios meses. En 1985 dio en el blanco. Con un megaproyecto internacional de música, un acontecimiento más abrumador que Woodstock.

ROCK IN RIO'S FESTIVAL

A eso de las diez de la noche, Roberto Medina salió de casa a caminar con su hoy ex mujer, hábito que cultivaba por los alrededores del edificio. Palabra va, palabra viene, acabó abriéndose. Anunció que estaba pensando en dejar el país, se sentía desilusionado, quería abrir una Artplan en los Estados Unidos, le parecía un auténtico desafío montar una agencia en Los Ángeles. Estaba descontento con la profesión. No veía ya razón para trabajar y vivir en Brasil. La violencia en Rio de Janeiro, las perspectivas económicas y políticas eran desalentadoras. Le gustaba mucho la ciudad como para verla deteriorándose día a día.

Maria Alice se volvió hacia su marido con una mezcla de incredulidad y estupefacción:

—Mira, de acuerdo, la semana que viene estaré allí con los niños y tal, pero quiero que sepas una cosa: tú no has hecho ni la mitad de lo que eres capaz de realizar por tu país y, principalmente, por tu ciudad.

—¿Cómo que no? ¡Soy un publicista! —y comenzó a enumerar sus campañas.

Ella se quedó quieta un momento, pero enseguida replicó:

—Pues sí. Has hecho todo eso, pero no lo que podrías haber hecho por y para tu ciudad. ¿Por qué no haces algo para intentar transformar ese panorama? ¡Toma una actitud en vez de huir!

Dos minutos de silencio.

—¿Quieres saber lo que pienso? —insistía ella en proseguir—. Deberías hacer algo aquí antes de irte. Si no, te vas a sentir culpable cuando estés fuera. Estoy segura de eso.

Pronunció la última frase ya dentro de casa. Maria Alice, entonces, jugó un rato con sus hijos, entró en la habitación y se acostó. No imaginaba hasta qué punto había instigado a su marido.

—Me quedé con aquella cuestión en la cabeza y no pude dormir.

Medina se sentó a la mesa del comedor de su hermosa mansión en la Barra da Tijuca y se dejó arrastrar por los pensamientos. De repente, todo se despejó en su mente. Eran las nueve de la mañana y ya tenía listo un estupendo proyecto, con nombre y todo.

El empresario es partidario de los que creen que las grandes realizaciones se logran con 90% de transpiración y 10% de inspiración. Sin embargo, en aquel momento en que tuvo que demostrarse a sí mismo su capacidad inventiva, en el instante en que tuvo que crear algo posible, pero impensable, no transpiró. La idea le llegó completa, aunque en apariencia descabellada, porque no había mercado ni patrocinador, no tenía vínculos, incluso porque eran raras las grandes bandas que aceptaban ir a tocar en Brasil.

En definitiva: había soñado despierto. De aquellos sueños que, si hubiese estado durmiendo, al despertar habría murmurado: "Vaya, qué pena que no pueda ser verdad".

Sí, bastó una noche para que se delineasen aquellos diez días inolvidables para generaciones enteras de brasileños. Medina intuyó un megaconcierto que entusiasmaría a todo Brasil y serviría para que el caluroso público de Rio de Janeiro rescatase no solo la ciudad sino también la moral del país en el exterior.

—Pensé que algo semejante podía ocurrir aquí. Veía en el *show business* un gran negocio generador de empleo y turismo y no aceptaba que todo eso estuviese tan distante de mi país. Entendí que un festival como ese, en una ciudad como Rio, sería capaz de proyectar a Brasil fuera y de hacer que el resto del mundo conociese la alegría del pueblo brasileño, además de nuestra vocación para producir grandes acontecimientos.

Mientras la historia se iba articulando poco a poco, Medina cavilaba: "¿Cómo haré para resolver ese complejo rompecabezas?". Rock in Rio se le aparecía con nombre, estilo, cara, pero el empresario no tenía la menor idea de cómo concretarlo. Faltaba el *know-how*. No había experiencia nacional en ese tipo de iniciativas. Medina y su Artplan nunca habían estudiado la puesta en marcha de un megafestival internacional.

—Frank Sinatra, para mí, era posible porque se trataba de un show. Todo controlado; tenía lógica. Pero un Rock in Rio, en 1985, no la tenía. Habría muchos aspectos sin control, fruto de nuestra inexperiencia en ese ámbito.

Para empezar, no había local para un acontecimiento de aquella magnitud, mucho menos equipamiento, luz, sonido, artistas de peso, presupuesto, nada. Según los valores nacionales, la entrada media tendría que venderse a un precio muy bajo si se lo comparaba con la taquilla en el exterior. A lo sumo, 12 dólares en Brasil, diez veces más barato que en Estados Unidos y siete veces más barato que en Europa. Sin hablar de que los costes para traer a las atracciones internacionales serían exorbitantes, ya que Brasil no formaba parte del itinerario de sus giras.

Aún con todo en contra, Medina creyó en el proyecto. Después de más de diez años de iniciativas de éxito, se alejó un poco del día a día del departamento de creación de Artplan para ocuparse de las promociones de la agencia. Era su momento, la hora de hacer una efectiva contribución a la imagen del país, mostrando al mundo, de paso, la manera de ser carioca.

Cuando comenzó a difundir la idea entre los suyos, advirtió una actitud generalizada de rechazo. Oyó decir que su Rock in Rio no era más que un devaneo sentimental, que ningún latinoamericano, tercermundista, soportaría tamaño desafío, para colmo con las dificultades burocráticas del país.

El empresario, no obstante, se quedó impasible. A los que no aprobaban el proyecto, mala suerte, los consideraba incapaces de ver más allá de sus narices. Nadie lo desalentaba. Sabía luchar por sus convicciones. Creía en ellas hasta el final.

Poco a poco surgieron los primeros apoyos. El número uno fue el director de marketing de Brahma en aquel entonces. Cuando le presentó el proyecto a la fábrica de cerveza, el publicista estaba seguro de que saldría del despacho con el patrocinio confirmado. Sin embargo, el director escuchó muy sereno su explicación entusiasta y, al final, declaró:

—Me ha gustado la idea. Ahora presénteme un proyecto.

Era el primer intento. Medina no tenía aún nada articulado. Se fue de allí y comenzó a dedicarse a elaborar el proyecto. Convocó a los mejores profesionales brasileños y viajó a los Estados Unidos para conseguir mayores subsidios. Al mes siguiente, volvió a Brahma mejor preparado. La idea comenzó pronto a tomar forma.

Brahma necesitaba algo grandioso. Deseaba renovarse, quería llegar al público juvenil. Con ese propósito, en colaboración con Artplan, creó un nuevo producto, la *Malt 90*, "El placer de hacerlo bien hecho". Para lanzarlo, en vez de anuncios y *spots* tradicionales: el Rock in Rio Festival. La fábrica de cerveza apostó por aquel proyecto de comunicación diferenciado, complejo y que no permitía errores, como pregonaba el eslogan de la bebida.

Entre los demás individuos que confiaron en la idea estaba uno de los grandes colaboradores de Abraham Medina. Al conversar con Roberto durante treinta minutos, Oscar Ornstein entró en el proyecto sin saber siquiera cuánto ganaría, estimulado por el desafío.

Ornstein tenía la idea de hacer algo grandioso. Llamó a Medina para una reunión y le transmitió su plan de llevar a los Rolling Stones a Brasil. Al escuchar la idea del presidente de la Artplan, sin embargo, olvidó su proyecto:

—Entremos en tu sueño, Roberto, que es mucho más interesante.

De la idea inicial a la realización del festival pasaron poco más de seis meses de mucho trabajo. Al principio, Medina comprobó que, aparte de algún que otro "chiflado", todos adoptaban el discurso de la cordura, del "piensa un poco, vamos, reflexiona"; eran pocos los que creían en el proyecto. Y no eran legos en el asunto, amigos o parientes; había gente de peso que dudaba, desde artistas extranjeros hasta la propia prensa nacional.

Hubo desacuerdo incluso en la agencia, muchas críticas con respecto al nombre, demasiado "americanizado".

—La decisión está tomada, no hay nada que discutir – concluía tajante Roberto Medina, a quien el nombre le parecía bonito y sonoro.

La marca del proyecto fue creada por uno de los que hacían prácticas en la agencia. Había cinco o seis parejas de creadores y Medina estableció una especie de concurso entre ellos. El vencedor ganaría una cantidad equivalente a diez mil euros. Muy resuelto, Cidinho pidió participar en la competición. Lo hizo y ganó con considerable ventaja por el mejor logotipo.

—Hubo gente que hizo planchas enormes, de colores. Ese muchacho lo esbozó a lápiz en un papel y me lo mostró. Es la misma marca que todos conocen.

El arreglador Eduardo Souto Neto — mismo que creó el *Tema de la victoria*, conmemoración de la victoria de pilotos brasileños en las carreras de Fórmula 1 transmitidas por la Globo— compuso el tema musical, que se convertiría en himno en enero de 1985. La inspiración llegó en una ocasión especialísima. En la sala de estar de Roberto Medina, en el piano de Frank Sinatra, bajo un techo que se abría para mostrar la hermosa luna llena de una noche luminosa, el músico intentaba proporcionar armonía a la letra escrita por su amigo Nelson Wellington. En el cuarto intento, la gloria. Medina presenció la gestación de los primeros acordes de una canción que luego llegaría a ser *hit*:

> *Si la vida comenzase ahora,*
> *Si el mundo fuese nuestro de una vez,*
> *Si no dejásemos jamás de cantar,*
> *De soñar,*
> *De vivir.*

Perfecto. La música y la letra traducían el clima de esperanza que flotaba en el aire, fruto de la transición del régimen militar a la democracia que, por fin, se anunciaba.

El himno ya no era un problema, pero el resto del proyecto sí. Nizan Guanaes detectó un detalle que afectaba de forma directa a la opinión de varias personas. Se volvió hacia el presidente de la empresa y, humilde pero osado, lo aconsejó, con su característica picardía bahiana:

—Medina, esa cuestión del sueño... no lo sé, no. Ya sé que es un sueño, todos nosotros lo sabemos, pero usted tiene que difundir que es un proyecto empresarial. Nadie lo va a creer si no habla así. Proyecto empresarial.

Entonces el ejecutivo impuso ese tono en el discurso. Al fin y al cabo, sería necesario desarrollar una compleja ingeniería de comunicación y marketing, junto a una red de relaciones con diversos patrocinadores.

—Él era un muchacho y ya tenía esa visión —rememora Medina—. Nizan Guanaes se quedó unos cuatro años con nosotros. Actualmente estamos alejados, pero siento un gran afecto por él, que se fue a São Paulo; lo respeto, porque es justamente ahí donde las cosas ocurren desde el punto de vista de la propaganda. Fue su elección.

No pasó mucho tiempo y Roberto Medina consiguió un aliado importantísimo en su lucha por la concreción del sueño. Roberto Marinho compró los derechos de retransmisión. Después de una charla superficial, el dueño de la Red Globo llamó a Boni a la sala y le dijo:

—¡Vamos a hacer eso para los niños!

—Solo logramos convertir en realidad la idea gracias al apoyo de Brahma, de la Globo y de otras empresas —cuenta Roberto Medina—. No había muchas posibilidades de que saliese bien, pero salió.

A pesar de tantas dificultades, el empresario no tiró la toalla en ningún momento. Salvo cuando todas las bandas internacionales, en cadena, le dijeron que no.

Contratada para asesorarlo en cuestiones de repertorio, la radio Fluminense FM, líder de audiencia entre el público juvenil de la época, confeccionó una lista de nombres que los cariocas admiraban. Con la relación en las manos, el empresario cogió el avión y se marchó una vez más a los Estados Unidos, en busca de empresarios.

Allí no le faltó ánimo a Medina para intentar convencer a los *managers*. El publicista contaba con la ayuda de dos individuos: Oscar Ornstein, entonces con 73 años, y Luiz Oscar Niemeyer[4]. Era inevitable que los tres tuviesen muchos tropiezos en sus primeras incursiones en el mundo del rock.

Al llamar de puerta en puerta, Roberto Medina vivió momentos hilarantes. Tuvo desencuentros con las bandas de *heavy metal*, al comienzo, por clamorosas diferencias de estilo. Una de las primeras lecciones: tenía que empezar a usar vaqueros.

—Yo salía siempre con traje y corbata. Llegué así, muy bien vestido, a una casa en Beverly Hills, para presentarme ante el empresario de Iron Maiden. Para mi sorpresa, quien me recibió en la puerta fue un ciudadano en calzoncillos, con una enorme barba de la que colgaban unos espaguetis. Nos sentamos para trabar una primera conversación, y él siguió comiendo, ni se preocupó en quitarse los espaguetis de la barba. Cuando nos despedimos, me fui de allí, me volví hacia Ornstein y le dije: "¡Así esto no va a funcionar! ¡Vamos a comprarnos unos vaqueros, si no estos tíos van a creer que somos del FBI!".

Pero tampoco sirvió de nada el cambio de vestimenta.

—En 1984, con las credenciales que yo tenía, después de haber llevado a cabo el mayor show del mundo con Sinatra, viajé a Estados Unidos para firmar los primeros contratos. Fui con vídeos, planos, esquemas... Durante 45 días, en 70 reuniones oí 70 noes. Decían: "Vosotros robáis parte de los equipos, no pagáis caché, no tenéis luz...". No tenían culpa: las rarísimas visitas de las estrellas pop a Brasil, hasta entonces, habían acabado realmente casi todas en un desastre[5]. Bob Dylan, cuando lo sondeamos, se negó a recibirnos en su camerino. Era embarazoso, desalentador. Equipos robados, deudas federales, fallos graves de organización, vejámenes que dejaban a Brasil en la lista negra del *show business* mundial.

Como si eso fuera poco, los empresarios estaban con la mosca detrás de la oreja porque el proyecto aparecía como un acto de megalomanía: del tamaño del ámbito total para el espectáculo a la presencia de

4 Coordinador de la producción de Rock in Rio, Luiz Oscar Niemeyer, de la Artplan, actuó para dar continuidad a la historia de grandes shows en el país, siendo responsable, entre otras realizaciones, de la llegada de los Rolling Stones a la playa de Copacabana en febrero de 2006.

5 Buena parte del equipo de Kiss desapareció en 1982; Rick Wakeman tocó gratis porque no llegó a cobrar, siete años antes; y el gobernador Chagas Freitas prohibió la presentación de Queen en el Maracanã, a último momento, en 1981.

helipuertos, restaurantes, bares y mini-*shoppings* a uno y otro lado del escenario; por añadidura un escenario gigantesco, con una base giratoria que comportaba un total de tres escenarios de 80 metros de boca de escena, la mayor del mundo.

En la primera reunión, Jim Beach, *manager* de Queen, miró los planos y confesó:

—Si un estadounidense me muestra ese proyecto, me echo a reír.

Un espectáculo de aquella magnitud era realmente algo difícil de creer. Ni en los Estados Unidos había habido un acto semejante. Ningún empresario se planteó la posibilidad de llegar a un acuerdo con Medina, ni uno solo. A poco menos de cinco meses del comienzo de Rock in Rio, nadie aceptaba ir a tocar a Brasil.

Con tantas negativas, Roberto Medina enfermó. Pareció que iba a renunciar. Al fin y al cabo, un proyecto de ese calibre no se sostendría solamente con bandas nacionales. No atraería ni a los medios de comunicación ni al público, mucho menos a turistas, pues no divulgaría la imagen de la ciudad en el exterior.

Sin embargo el sueño, a esas alturas, se había expandido. Su equipo de inmediato lo recuperó y, aun descreído, Roberto Medina intentó una última jugada. Fue a Los Ángeles a pedirle a Mickey Rudin y a Lee Solters, empresario y asesor de Sinatra, respectivamente, una entrevista colectiva. Influyente, Solters era capaz de atraer la atención de la prensa estadounidense con un simple carraspeo.

—Roberto, solo le pido que ofrezca un cóctel para cincuenta personas en el hotel. Del resto me ocupo yo.

En la fecha fijada, aguardaban la rueda de prensa reporteros de todos los grandes periódicos estadounidenses.

—En mi cabeza, el proyecto ya había acabado —cuenta Medina—. Creí que no más de tres periodistas estarían dispuestos a escuchar a un loco que vivía debajo de la línea del ecuador y estaba intentando realizar un proyecto audaz.

Roberto Medina se encontraba receloso, desconfiado, después de tantos intentos frustrados. Repasó el proyecto por última vez, casi sin esperanzas. Al día siguiente, sin embargo, la noticia apareció en cabeceras a media página: "Se realizará en Brasil el show más grande del mundo".

Los empresarios comenzaron a hacer cola en el hotel donde se alojaba el brasileño. Muchos agentes lo visitaron esa misma noche. El primero en concertar un acuerdo fue el ex líder de Black Sabbath, Ozzy Osbourne. La segunda atracción, nada menos que Queen.

Por otra parte, tal contratación volvió más receptivos a otros artistas, porque tenían noción del nivel de exigencia de la producción del dinosaurio inglés, habituado a aparatos gigantescos. Después del aval de Queen, Medina recibió un alud de ofertas.

—Estaba en una suite que tenía una mesa de billar. Me acuerdo de ella llena de nombres escritos en pedazos de papel y yo con un terrible dolor de cabeza solo por intentar ajustar días homogéneos o plausibles. Era la peor dificultad. El estilo de Fulano no acordaba bien con el de mengano, uno no aceptaba tocar el mismo día que otro, esas cosas.

En una semana, se cerró el *casting*. El último en entrar fue James Taylor.

Medina almorzaba en el restaurante del hotel. Faltaba poco para que volviera a Brasil, cuando se acercó un amigo del cantante.

—Lo que usted está imaginando allí es la cara de James Taylor.

—Pues sí, eso creo. Fue al primero que busqué. Pero ya no está actuando.

—Así es. Está viviendo en una hacienda. Pero creo que un proyecto estupendo como ese lo saca de allí...

Poco tiempo después, James Taylor entraba en el equipo.

Construir un pequeño mundo en la Barra da Tijuca no fue tarea fácil. Cinco meses antes de que se abrieran los portones de la Ciudad del Rock, el terreno próximo al Autódromo de Jacarepaguá, gigantesco espacio prestado por el dueño de la constructora Carvalho Hosken, con cerca de 250 mil metros cuadrados, era un descampado. Situado en una región pantanosa, en palabras del ingeniero Manoel Ribeiro, que dirigió la construcción de toda la estructura del festival, el lugar era un enorme charco.

—Estaba en desnivel —añade Medina—. Fueron necesarios 77 mil camiones de tierra para nivelarlo.

A punto de ser elegido presidente de Brasil
Tancredo Neves examina el proyecto de la
Ciudad del Rock, que le ha presentado en persona
Roberto Medina.

Mención aparte: los cuartos de baño. Lo que saliese de ellos desaguaría en la Laguna de Jacarepaguá. Fue necesario crear una laguna de estabilización con camalotes, para evitar una catástrofe ambiental.

Todo era difícil, complicado. De improviso, Brizola prohibió la realización de los shows al precintar el terreno. Roberto Medina estuvo a punto de volverse loco. Ya se había comprometido con mucha gente, incluso en el exterior. Tuvo que interceder Tancredo Neves. El candidato a la presidencia fue duro con Brizola e hizo que reabriese la zona. Se llegó a un acuerdo, pero con una condición: desmontar la Ciudad del Rock en el lapso de treinta días después de la realización del festival.

Roberto Medina creía que la idea de demoler el local era algo pasajero. No lo fue. Para muchos, Brizola temía que el acontecimiento derivase en dividendos políticos para los Medina. Al fin y al cabo, Rubem era candidato a la alcaldía de Rio.

Sin embargo, según gente más próxima al caudillo, el gaucho no veía con buenos ojos una posible candidatura de Roberto Medina. Lo consideraba joven, alguien que sabía hablar bien y estaba en la cresta de la ola, como un jugador de fútbol después de ganar la Copa del Mundo, o sea con el favor del pueblo. No obstante, nunca estuvo en los planes de Roberto Medina dedicarse a la política. Llegó incluso a rechazar la posibilidad de ocuparse del Ministerio de Turismo años más tarde.

Comenzada la obra, tierra, tierra, tierra, mucha tierra. Más de 55 mil camiones y el terreno seguía hundiéndose.

Cierto día, en una cantera del lugar, bajo una nave, a las seis de la tarde, cuando el sol empezaba a ponerse, Roberto Medina se dijo a sí mismo: "No lo he logrado; voy a renunciar a la idea".

A mediados de octubre de 1984, faltaban unos tres meses para el espectáculo.

El empresario, solo en ese momento, llamó a Artplan y convocó una reunión extraordinaria del comité directivo para dentro de una hora.

—¿Para qué?

—No puedo decir nada ahora. Solo personalmente.

—Estaba decidido: ya no habría Rock in Rio. Atravesó el terreno para coger el coche estacionado del lado de fuera: en aquel entonces la zona era casi un desierto. Triste, el último de los hombres en salir de aquel espacio enorme, avistó un Paassat blanco con tres jóvenes de entre 18 y 20 años. Los jóvenes venían de frente y distinguieron al empresario. En esa época, era muy frecuente la presencia de Roberto Medina en los periódicos y en la televisión. No había quien no lo reconociese. Frenaron.

Bajaron del vehículo entusiasmados y se acercaron, le dieron palmadas al empresario, locos de contento, celebrando y elogiándolo por la iniciativa. Hablaban maravillas de él hasta que, trastornado, Medina echó un cubo de agua fría a la emoción de los jóvenes:

—Escuchadme: no soy en absoluto la persona que vosotros creéis. ¿Sabéis qué voy a hacer ahora? Voy a ir a mi empresa para decirles que Rock in Rio no será posible.

Casi una hora en el capó del coche. Los jóvenes lloraron y Medina se fue con ellos. Sin saberlo, en aquel breve momento de melancolía, los muchachos inyectaron ánimo en el publicista. Lo colocaron entre la espada y la pared de forma positiva. Le dijeron que no podía dejarse vencer, que tenía que luchar, pues el sueño no era solo suyo sino de miles, tal vez millones de cariocas y brasileños. Renunciar atentaba contra su propia biografía. No lo admitirían.

Medina salió de allí con la visión completamente cambiada. En la reunión, les informó de que, a partir de entonces, todos trabajarían mucho, todavía más, día y noche, incluso los sábados y los domingos.

—Pero ¡no hay dinero para semejante proyecto! —le advirtieron.

—No importa. Vamos a llamar más gente para seguir luchando. ¿No hay dinero?, pues vamos a conseguirlo. Pero tenemos que seguir adelante.

Dos días después, el terreno en la Barra era un hormiguero humano, con un mundo de voluntarios ayudando. En dos semanas, 22 mil camiones después, la Ciudad del Rock estaba en pie.

Cuando, el 23 de noviembre, el cardenal arzobispo de Rio de Janeiro, don Eugênio Salles, criticó la realización de Rock in Rio, el alcalde Marcelo Allencar lo defendió:

—Tomamos en consideración la vocación de la ciudad para espectáculos internacionales y el currículum de los promotores, que ya han realizado varias promociones con éxito.

Presentada a la prensa el 8 de diciembre, la Ciudad del Rock, proyecto de 11 millones de dólares, había demandado exactamente

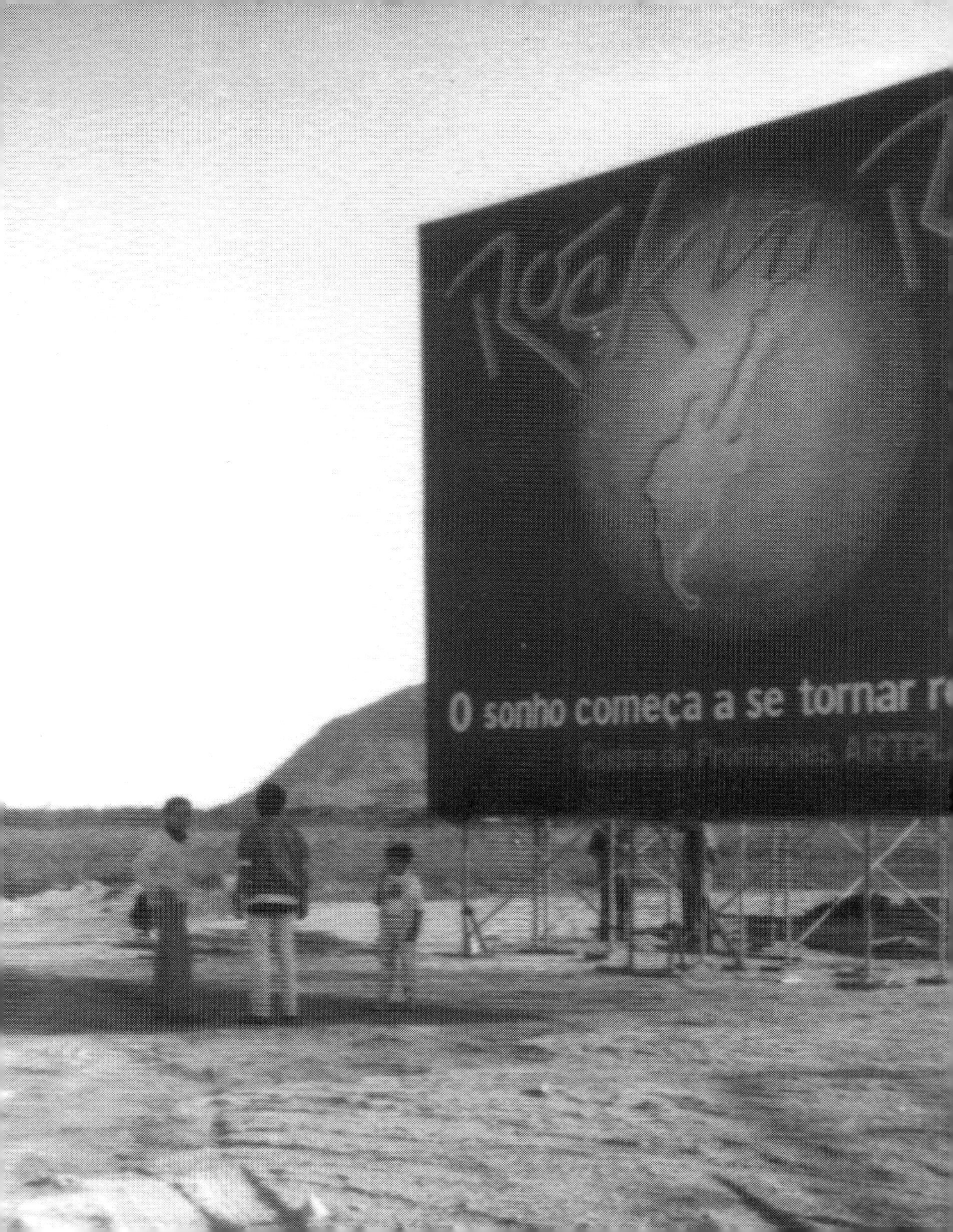
O sonho começa a se tornar

cuatro meses y medio para su construcción. El terreno fue rodeado de un muro de tres metros de altura por dos kilómetros de extensión, recibió 140 poleas, más del doble del Maracanã, sumaba 90 kilómetros de cables colocados bajo tierra y contaba con un triple escenario giratorio de 5,6 mil metros cuadrados.

—Aquellos escenarios fueron una innovación —cuenta Medina--. No quería perder tiempo, sabía que en otros sitios los festivales llegaban a tardar una hora para que entrase el grupo musical siguiente. Quería que, mientras uno actuaba, los dos siguientes ya estuviesen armando su parafernalia entre bastidores.

Los escenarios giraban por medio de carriles con rulemanes. El central se movía hacia delante o hacia atrás y los laterales, cuando estaban visibles, recorrían un ángulo de hasta 45 grados. El público no se daba cuenta del cambio de uno a otro debido a un truco de ilusionismo. Al término de cada presentación, en medio de los aplausos, se suspendía un telón de espejos montado al fondo y daba la impresión de que estaban sacando de escena al artista. De ese modo, los intermedios se reducirían a solo 15 minutos.

Se construyeron además, entre otras cosas, 400 cuartos de baño y dos mini-hospitales. Un helicóptero se mantenía vigilante ante situaciones imprevisibles, lo que raramente ocurriría.

Autor de las tapas de los discos de Génesis, The Who y AC/DC, el fotógrafo inglés Robert Ellis se quedó maravillado por lo ambicioso del festival.

—Estoy cansado, pero, cuando miro todo eso, recupero mi energía —confesaba Medina.

Como Paulo Coelho, el empresario cree que hay una conspiración del Universo cuando se desea mucho algo y se lo persigue, sea por donde fuere.

—Más importante que soñar fue la capacidad que tuvo nuestro grupo para enfrentarse a los obstáculos y hacer que Rock in Rio se concretase.

En el segundo semestre de 1984, circulaba la noticia de que habría un festival inédito en la historia de Brasil. El día 19 de diciembre, firmó

Prehistoria de los grandes eventos en Brasil:
así era la Ciudad del Rock en 1984.

contrato Rita Lee. Después de dos años de ausencia en los escenarios cariocas, confirmaba su presencia la primera atracción brasileña. A partir de entonces, varios grupos nacionales tenían los ojos desorbitados. Los artistas nacionales se disputaban un lugar en la programación.

Con una promoción apetecible, amplia cobertura de la prensa, hasta en el ámbito internacional, José Fortes, empresario de los Paralamas do Sucesso, no pudo menos que acudir en busca de semejante oportunidad. El vocalista de la banda, Herbert Vianna, hacía hincapié en que el grupo tenía que aprovechar fuera como fuese semejante oportunidad.

—Durante años, tuvimos pudor en reconocerlo, pero la verdad es que hicimos todo lo posible para estar allí —admite el batería João Barone.

—Nos empecinamos en entrar en el festival —resume Herbert--. José Fortes, nuestro empresario, llamaba todo el santo día a Medina.

—Había incluso un vecino de Barone que solía ir a Artplan intentando mostrarme una cinta de ellos —se divierte el mentor del festival.

Cuando Blitz y Barão Vermelho confirmaron su participación, se pusieron en acción los integrantes del grupo Paralamas. Hermano de José, Marcio Fortes, heredero de la constructora João Fortes, conocía a Medina. Lo llamó y le dijo:

—Mi hermano trabaja con un grupo que promete y necesita hablar contigo.

José Fortes entró en Artplan, para presentarse ante el empresario, con un *mix* de "Óculos", primer éxito del trío.

—¿Paralamas? Ah, está bien, estupendo, muy bueno. Los conozco, sí, ya he oído hablar de ellos.

José se dio cuenta de que el empresario no los conocía en absoluto. No obstante, Fortes visitó la agencia por la mañana y por la tarde descubrió que Roberto Medina ya había llamado a la compañía grabadora. Comentaba en voz baja:

—Oye, ¿sabes quién los ha llamado? ¡Roberto Medina!

Fortes marcó el número de Luiz Oscar Niemeyer para acordar el contrato. Vendió el show al precio normal del grupo, 6 mil cruzeiros, casi gratis. En resumidas cuentas, los Paralamas no se preocupaban demasiado por el cachet. Querían difusión.

—La pasta eran unos 2 mil reales de hoy —recuerda el vocalista Herbert—. Y para repartir entre cuatro. Si ellos hubiesen dicho que tenía que ser gratis, lo habríamos hecho gratis sin pestañear, no cabe duda. Fuimos el penúltimo grupo en firmar contrato. Después de nosotros le tocó a Kid Abelha, que no tenía empresario.

Mientras se ocupaban de las contrataciones, los organizadores aún tenían que ocuparse de fijar el programa. Se enfrentaban con sustituciones de última hora. The Pretenders, con el contrato firmado, tuvieron que desistir porque Chrissie Hynde, líder y vocalista, estaba embarazada. Ese espacio lo ocuparon los B-52's.

Men at Work no llegó a firmar el contrato. El grupo se disgregó antes. Circulaba el rumor de que U2 ocuparía su lugar, pero Medina no llegó a un acuerdo con los empresarios de la banda.

Aunque ya estaba todo casi listo para el festival, Roberto Medina estaba preocupado. "¿Cómo va a funcionar toda esta máquina? Y los horarios: ¿saldrá todo bien?". El norteamericano Garry Stickells, productor ejecutivo del proyecto, le explicó que no:

—En el rock no se puede hablar de puntualidad.

Medina se quedó receloso, incluso porque las actuaciones se daban en días laborables. El público tendría que salir de la Ciudad del Rock, dormir y rehacerse para la noche siguiente.

—¡Pero hace falta atenerse al horario! Si no, el público tiene la impresión de que el show no acaba nunca. Diez, quince minutos son tolerables. Más tiempo, fastidia.

Stickells le indicó que lamentablemente no sería posible.

Menos de una semana después, a dos días del festival, Roberto Medina reunió a casi todos los artistas en su casa, en un cóctel de confraternización. Fueron momentos inolvidables para el anfitrión, que pudo deleitarse con George Benson en el piano de Frank Sinatra, cantando con Ivan Lins. Todo muy bien, todo muy bien, hasta que en un momento dado el empresario pidió un minuto de atención.

—Quería agradeceros vuestra presencia. Cuando fui a los Estados Unidos, prometí el mejor sonido y lo tenemos. La mejor iluminación, y la tenemos. El mayor escenario del mundo, y lo tenemos. Va a estar todo muy organizado. Lo digo porque me han comentado que en el mundo del rock no hay horario que valga. Quiero deciros lo siguiente: solo os he pagado el 50% de vuestro cachet. Si alguien se retrasa cinco minutos, no pagaré el resto. Gracias, disculpad la molestia, podéis seguircon la fiesta.

Nadie se retrasó cinco minutos. En realidad, solo Queen y Lulu Santos. El primero, por puro divismo de Fred Mercury, que tardó una barbaridad. El brasileño, en cambio, fue echado del escenario porque, veinte minutos después de acabado su tiempo, se negaba a dejar de tocar, alucinado con el calor del público y la cantidad de gente. En una escena incomparable, el escenario giratorio lo remolcó, llevándolo a regañadientes hacia el *backstage*.

El día anterior a la apertura de los portones, Roberto Medina dejaba el ascensor de la Artplan cuando se encontró con Léa Penteado, periodista de *O Globo*, que creyó desde el principio en el proyecto y se apasionó por él.

—Yo no te entiendo. Estoy acampando hace quince días en la Ciudad del Rock, ya no duermo, estoy nerviosa y tú ahí, tan tranquilo.

Medina fue sincero.

—Léa, yo ya he muerto hace tiempo. Solo que alguien tiene que fingir que no...

Y no era para menos. La ingeniería que modificó la vida cotidiana de la ciudad daba señales de la magnitud del acontecimiento. Los hoteles de Rio funcionaban repletos, como no ocurría desde hacía mucho tiempo. El público llegaba de todos los rincones del mundo. Desembarcaba una multitud de norteamericanos, italianos, alemanes y argentinos. Un grupo de ingleses llegó a fletar un Jumbo.

El ayuntamiento puso en circulación 21 líneas de autobuses regulares con 1.500 vehículos que salían de diversos puntos de la ciudad. Para los artistas, no obstante, el festival se realizaría en tres frentes: entre el Copacabana Palace y el Rio Palace, en la Avenida Atlántica, y la Ciudad del Rock, en Jacarepaguá. La distancia era considerable, pero a los extranjeros les daba igual. Se sentían en el Edén. En Rio de Janeiro, en pleno verano, dispuestos a asistir a un megafestival y rodeados de mujeres guapas, descubrieron en Brasil el paraíso perdido.

Este era el clima que alucinaba a la ciudad. Con una expectativa generalizada, el día 11 de enero de 1985 comenzó el mayor festival de rock del mundo. El hito de una generación.

EL MAYOR FESTIVAL
DEL MUNDO

"El primer día del festival, el público era de lo más heterogéneo... Cuando se accionaron los torniquetes y los primeros jóvenes ocuparon la gran pista, se tenía la sensación de que había sido liberado un grupo de adolescentes encerrados en jaulas. Corrían, se tumbaban en el césped, lanzaban puñetazos al aire, hacían piruetas, como si todo aquello fuera a durar un día", comentó Lea Penteado para O Globo el 13 de enero de 1985.

Aunque faltaban unos días para la apertura de Rock in Rio, la ciudad fue invadida. Rockeros de todo Brasil, de los lugares más remotos, llegaban en avión, coche, moto, lancha, autobuses fletados especialmente, autostop o incluso a pie.

La intensa campaña de difusión de la Globo ayudó a crear una enorme expectativa por los artistas extranjeros. Hasta el desembarco de un simple percusionista de George Benson era suficiente para que la prensa acudiese al Aeropuerto Internacional de Rio, que nunca había vivido una semana tan agitada como la del 7 al 11 de enero de 1985.

Ello generó algunos bulos. Muchos creyeron que Ozzy Osbourne comía murciélagos en el escenario, lo que no era verdad.

—Por las dudas, le prohibí en el contrato que lo hiciese —afirma Roberto Medina.

El viernes, día 11 de enero, rockeros de diversas tribus se dirigieron excitados a la Ciudad del Rock. Durante tres minutos, como fija las normas de los Medina, hubo una intensa quema de fuegos artificiales que indicaron el comienzo de la fiesta. Famoso como Juba, de la serie de la Globo *Armação ilimitada*, el actor Kadu Moliterno hizo las veces de maestro de ceremonias incitando al público a cantar el tema del festival. Fue un coro de, en aquel momento, casi 120 mil voces, una ola de euforia que inundó aquella parcela de la Barra da Tijuca.

—¡Oh, oh, oh, oh! ¡Oh, oh, oh, Rock in Rio-oh!

30 mil entusiastas más entrarían en la Ciudad del Rock. Los portones estaban abiertos desde mediodía, pero el primer grupo no fue llamado al escenario hasta las seis de la tarde, cuando el atardecer se desnudó a los ojos del público. Ney Matogrosso no perdió tiempo. El ex Secos e Molhados abrió el gran espectáculo como correspondía:

—¡Dios salve a América del Sur!

Ney Matogrosso, ex líder de Secos e Molhados, inaugura Rock in Rio en enero de 1985.

Y la multitud despertó con él.

Cada cantante o grupo se presentaría dos veces, para que los que perdiesen o no pudieran disfrutar de uno de los shows, tuviesen la oportunidad de presenciar el segundo. El único que escapaba a la regla, por estar en gira internacional, era el poderoso Iron Maiden. Incluso por eso, su público apareció en bloque el primer día del festival para apreciar el debut de la banda en suelo brasileño.

Quien más sufrió por ello fue Erasmo Carlos. El veterano cantante insistió en interpretar canciones melódicas, como "Gatinha manhosa", lo que no le perdonaron los centenares de *metaleiros*, término inventado en esa época por la reportera de la Globo Glória Marta. No se tuvo en cuenta el vestuario de Erasmo, con ropa de cuero y unas pequeñas tachas dispersas. Con una andanada de rechiflas, el *Tremendão* tuvo que abandonar el escenario.

—Nos equivocamos —admite Roberto Medina—. Fue un descuido nuestro que él tocase antes del grupo de *heavy metal*.

Pepeu Gomes, que de tonto no tiene un pelo, dio continuidad al espectáculo bajando la mano por la guitarra.

—Cambié todo el repertorio en la entrada del *show* —revela—. Preferí un tono más *pop*; insistí más en el lado instrumental. Creo que con esa decisión me libré de la guillotina —bromea el músico, que llevó a su mujer en aquel entonces, Baby Consuelo, aunque embarazada, con una barriga considerable, para que actuase con él.

—Respeto mucho a Pepeu Gomes como instrumentista. Y fue justamente Pepeu quien se presentó aquella noche. Y lo hizo muy bien —recuerda Medina.

Creado por el vocalista David Coverdale, ex líder de Deep Purple, Whitesnake acabó siendo la primera atracción internacional del festival. A última hora, el grupo firmó contrato con Artplan, en sustitución de Def Leppard, cuyo batería, Rick Allen, había sufrido en Año Nuevo —qué mala suerte, once días antes— el accidente que provocó la amputación de uno de sus brazos.

Pero el público deliró francamente cuando el monstruo Eddie surgió en el escenario. En pleno auge, Iron Maiden se empeñaba, con un clásico tras otro, en una exhibición que, según los propios integrantes del conjunto, debe de haber sido una de las mejores de su carrera. El vocalista Bruce Dickinson confesaría:

—Un público salvaje como aquél solo hemos encontrado en el este europeo.

A continuación, otra banda de las más esperadas: Queen, del impagable Freddie Mercury.

—Él era "una diva" —cuenta Amin Khader, en esa época responsable de los camerinos de los artistas--. Ni siquiera hablaba con el resto del grupo.

La estrella, sin embargo, no solo conversó con Roberto Medina, sino que insistió en obsequiarle una obra firmada por Salvador Dalí: un dibujo de don Quijote, personaje en el cual se inspira el publicista.

Después de los últimos acordes del grupo inglés, nueva quema de fuegos y una cascada plateada que caía de torres de 15 metros indicaron el "hasta el sábado". Y, al día siguiente, todo siguió como hasta entonces y aún mejor: hubo más público. Quien había ido hizo campaña entre los que no habían asistido y, así, 250 mil personas se dirigieron a la Ciudad del Rock para celebrar la noche "reina" del festival.

Temperatura agradable, muchos venían de la playa, provistos de sillas, bronceador, sombrilla y salidas de baño. Felices, se quitaban la sal en las fuentes. Un sinfín de enamorados, varios *hippies*, parejas diversas. La noche más "civilizada" del festival.

En la apertura, Ivan Lins. Le sucedió Elba Ramalho, con una minifalda sensual. Gilberto Gil se comunicó bien con la multitud. A continuación, el ex psicólogo Al Jarreau, que imitaba el sonido de innumerables instrumentos, dio una clase de jazz. Cuando salió de escena el hombre que llevaba una orquesta en la garganta, la atmósfera fue de angustia y ansiedad. En cualquier momento, pisaría el escenario el cantante *folk* James Taylor.

Es imposible describir aquel Rock in Rio sin recordar a James Taylor. Con apariencia siempre serena, el ídolo trataba con cariño y atención a los fans que hacían guardia en el hotel para verlo. Tranquilo, demostraba un humor excelente. Deslumbrado por la recepción y por el número de admiradores en Brasil, fue la fuente de la mayor cantidad de público del festival.

¿El día que más emocionó a Roberto Medina? Aquél. James Taylor piensa igual. El norteamericano lloró. Y sus lágrimas conmovieron a todos los presentes.

—Se habían concentrado 250 mil personas —recuerda Medina—. Había gente tumbada en el césped, otros bailando el vals, unos se besaban. Gracias a aquella atmósfera receptiva, él seguía en el escenario, no quería irse de ninguna manera.

Taylor tocó durante casi dos horas. Retrasó tanto la entrada de George Benson que, para el show siguiente, el guitarrista de pop jazz pidió invertir el orden y presentarse antes.

Icono en la década de 1970, James Taylor estuvo a punto de morir por sobredosis de heroína. A los 17 años, dispuesto a suicidarse, tuvo que ser internado en un hospital psiquiátrico. Después de su éxito en la década *hippie*, cayó en el olvido. En el ostracismo, hacía cinco años que no grababa cuando firmó el contrato con Medina. Pocos críticos musicales entendieron su elección para el festival. No obstante, la respuesta la dio el público que, encendiendo mecheros, en un momento estremecedor, cantó con él *You´ve got a friend*, lo que revitalizó su carrera.

Aquélla fue una noche mágica en su vida y en la de quienes asistieron. El estadounidense ganaba para siempre muchos amigos, los cariocas. Impresionado con el astral de los brasileños, compuso al año siguiente *Only a dream in Rio*. La letra de la canción describe el viraje positivo de aquella presentación en su trayectoria.

El domingo se dio la consagración de los Paralamas do Sucesso, como Herbert había presentido. Aún con el sol en la cara, el trío formado por el vocalista, João Barone y Bi Ribeiro, todos con bermudas, con pinta de banda de sarao, demostró que tenía *punch* para conquistar al público. Fueron solo 25 minutos, pero pareció más de tan bueno. El grupo ensombreció a casi todos los que lo sucedieron.

—Nunca había visto algo tan potente —cuenta Herbert Vianna—. Estaba acostumbrado a tocar en discotecas para mil, dos mil personas, y aquello me intimidó. Fue fundamental, porque decidí que mi show, a partir de entonces, sería un espectáculo. Aprendí la lección.

Aunque aturdido con tantos espectadores, Lulu Santos intentó dar un toque político, como la época exigía:

—Quiero que comience una nueva era, de gente fina, elegante y sincera, con habilidad para votar en unas elecciones... —cantó así su *Tempos modernos*.

Todo iba bien. Setenta mil personas se divirtieron durante la tormenta pasajera que los alcanzó durante un verdadero "bombardeo": en cuanto el grupo formado por Evandro Mesquita, Fernanda Abreu y Marcia Bulcão entró, no hubo forma de dejar de saltar. El líder de la banda llegó a jugar a la pelota con el público. Un auténtico partido, dicho sea de paso.

—Subí al escenario totalmente fresco, no bebí cerveza y sentí una emoción maravillosa —cuenta Evandro.

Participante secundaria que domina el show, la barítono Nina Hagen, de voz poderosa, alternancias de volumen, ropa psicodélica y gestos de la cara y movimientos de la boca indefinibles, sorprendió incluso a los críticos más implacables. GoGo´s, conjunto de mujeres que se encaminaba por la *new wave*, actuó a continuación sin el mismo brillo.

Por fin: Rod Stewart, el hombre de las 70 toallas blancas.

En su fugaz primer paso por Rio, Rod Stewart desentonaba con el *gentleman* que de vez en cuando visita la ciudad. En 1985, se reveló como el cliché del *popstar*. A pesar de su afición al fútbol, estaba huraño y malhumorado en el país tan amante de este deporte. Se hizo famoso en el Rio Palace por su actitud antipática. Al borde de la piscina, se sentaba lo más cerca posible de los fotógrafos, pero, si lo enfocaban con las cámaras, llamaba a los vigilantes del servicio de seguridad con expresión de fastidio.

—En la suite, su música estaba siempre a todo volumen —aseguró Paulo Pimenta, relaciones públicas del establecimiento en aquel entonces—. Se quedaba arrojando dardos... ¡Agujereó toda la puerta de la *suite*![6]

En el camerino, en la Ciudad del Rock, Rod Stewart se excedió en actitudes groseras. Era capaz de soltar a los perros o, mejor dicho, a los vigilantes, sobre quien se atreviese a pasar por el pasillo mientras él avanzaba hacia el escenario. Peor que las truculencias eran las exigencias. El escocés decidió pedir, a la media hora de entrar, setenta toallas blancas en el camerino.

---

6 Informaciones que aparecen en la crónica "Os dez dias que abalaram o Brasil", de Jaime Biaggio, publicada en el site joaocarlosmattos.sites.uol.com.br

—Solo hubo una manera —recuerda Medina—. ¡Salimos por los hoteles de la Barra recogiendo todas las que encontrábamos!

El mal humor del ex sepulturero, según los periodistas que cubrían las situaciones vividas en el hotel, obedecía a los celos que sentía de James Taylor. Sin embargo, al contrario de cómo actuaba entre bastidores, el escocés satisfizo al público brasileño con destreza en el Rock in Rio. Y, los días siguientes, pasó del aguardiente al whisky.

La cuarta noche llevó a la Ciudad del Rock a 30 mil guerreros. Tiempo nublado, amenaza de lluvia, día internacional de la resaca. Moraes Moreira debutó. El ex integrante de Novos Baianos, en un ejercicio de futurología, compartió el escenario con su hijo Davi Moraes, un muchacho talentoso. A continuación, los brazos levantados del público llevaron a Alceu Valença al paroxismo. El músico casi se deshizo en lágrimas durante *Anunciação*. Escuchaba la indicación de que George Benson estaba dispuesto para el bis.

Como se había acordado en la antevíspera, quien cerró esta vez fue James Taylor. Y el cantante mostró a los incrédulos que es posible entrar en una máquina del tiempo. Con el aval del auditorio, hizo de aquel lunes el último sábado.

El martes, día 15 de enero de 1985, amaneció feliz. Desde la mañana, en Brasilia, en un pleno del Congreso Nacional transformado en "colegio electoral", la oposición logró imponerse. Rubem Medina se negó a votar al candidato de su partido, Paulo Maluf, y, disidente, entregó su voto a Tancredo Neves. Aunque elegido de forma indirecta, el primer presidente civil después de 21 años de dictadura en Brasil transformó el aura del país.

La misma tarde, en la Barra da Tijuca, antes de anunciar la primera atracción de Rock in Rio, Kadu Moliterno no se contuvo:

—¡Creamos que todo va a cambiar!

Hoy la duda aún permanece, pero la temperatura de la Ciudad del Rock aquel día, no. El público estimado en 150 mil personas enfrentó el intenso sol para festejar la reanudación de la democracia. Algunos recibieron a Kid Abelha con alegría. Otros, no. Eduardo Dusek, entonces, fue víctima de una lluvia de vasos de papel y pedregullos. Eran los "metaleiros" de vuelta, y lo más temible: reunidos ahora, las numerosas tribus formaban una unidad al estilo de "rebelde sin causa".

—No los culpo por lo que ocurrió —reflexiona Dusek—. El brasileño carecía de cultura internacional, no había MTV, los shows nunca se presentaban aquí. Quien siempre se ha embadurnado con miel, no se puede exigir que coma una *mousse* con cuchara y servilleta. Con todo, está claro que aquél fue el peor público del festival. Y tuve que enfrentarlo.

Enfrentar, no: desafiar.

—¡Las personas que están arrojando cosas al escenario deberían ser linchadas! —llegó a gritar—. ¿No tienen ganas de escuchar música? ¡Quédense en casa y suicídense!

Clima tenso hasta que entró Barão Vermelho. El grupo movilizó, se impuso. Tomó las riendas, incluso por la crudeza del sonido y la actitud carioca de la joya de Cazuza. Un Cazuza aún saludable y desbocado, retrato de la libertad. Un Cazuza que, de gala, se despidió de la gente cantando *Pro dia nascer feliz*.

—Ya desde los primeros acordes, el público empezó a saltar —cuenta el ex bajista Dé—. Yo miraba a los espectadores y pensaba. "¡Tío, estamos haciendo historia!".

Sobre un mar de ropas negras, los alemanes de Scorpions respondieron a las expectativas. Mathias Jabs rasgaba una guitarra verde llena de banderitas de Brasil, un instrumento diseñado según el modelo del logotipo de Rock in Rio. Señal de que los integrantes de la banda viajaron llenos de ilusión, tal vez por la magnitud del festival. No se decepcionaron. En un instante mágico, el público cantó para ellos el éxito *Still loving you*.

Hasta que un huracán dominó el escenario. A los primeros acordes, explosiones de luces, cañones de verdad, apoteosis completa. Los hermanos Young, venidos directamente de la tierra de los canguros, demostraban tener un control total sobre el público. Acudiendo a todo el repertorio que hizo de AC/DC uno de los grupos más importantes del mundo, Angus Young estaba como poseído. Y se vestía con el tradicional traje de colegial, incluida la mochila, corriendo desenfrenado de un lado al otro del escenario. En el momento de *Hell's bells*, tocó una campana de bronce de una tonelada y media que colgaba del techo.

Exigencia de la producción, la campana fue uno de los peores marrones resueltos por Roberto Medina despúes de la firma de los contratos. AC/DC solo aceptó ir a Brasil porque buscaron el enorme trasto en Australia.

—Fueron varios días de barco —recuerda el empresario—. Y liberar la campana en la aduana me dio un terrible dolor de cabeza. ¿Y qué pasó después? Cuando Mario Monteiro, nuestro escenógrafo, descubrió que la estructura no soportaba el peso, consideró oportuno no comunicármelo. Consciente de como soy, y ya no había tiempo para hacer un techo más resistente, ¡usaron una campana de escayola en el show! Solo llegué a enterarme diez años después. La verdadera había quedado atrás, inútil, escondida.

Miércoles, 16 de enero. El día más ecléctico. Un calor infernal, pero con un aguacero descomunal en la Ciudad del Rock. Más de 40 mil personas entregadas a una juerga tremenda. Grava, césped y tierra convertidos en un manglar. Y no por falta de mantenimiento, pues todos los días, en cuanto se abrían los portones, el lugar aparecía perfecto, reluciente. Roberto Medina contaba con un equipo de 700 personas para ocuparse del estado del campo. Sin embargo, la persistencia de la lluvia, unida a los miles de pies, causó un enorme estrago desde los primeros minutos.

En el escenario, Herbert Vianna, con un show sencillo y directo, en nombre de todos los Paralamas, actuó como portavoz de los artistas brasileños:

—Si no os gusta quien está tocando, quedáos en casa aprendiendo a tocar la guitarra. Tal vez en otra ocasión estaréis vosotros aquí arriba.

Recibieron muchos aplausos. Seguro de sí, el trío tuvo de nuevo una actuación brillante.

—El comienzo de nuestra carrera internacional se debe al festival —teoriza Herbert—. Nuestros primeros fans en América Latina fueron los que pudieron vernos en Rock in Rio y volvieron a casa con nuestro LP bajo el brazo.

Moraes Moreira dio continuidad al espectáculo. En su única presentación[7], hecho que contradecía la regla, le sucedió Rita Lee. Respiraba con tanta dificultad que los papeles parecían invertidos. La rockera comunicó, pero la gente cantó para ella.

Era fuerte la presencia de los "hombres de negro", por ser el debut de una leyenda viva. Ozzy Osbourne, con los ojos desorbitados, gordo y con aliento a alcohol, se echaba cubos de agua sobre la cabeza. Unos sonreían, otros lloraban, todos estaban emocionados. Hasta que se lanzó una gallina al escenario. Ozzy sonrió, pero no corrió tras ella y, mucho menos, mordió al ave.

—*Sabbath, Sabbath!* —vociferaban sus fans.

En trance, el mito hizo como que no oía. Y salió de escena con ese extraño clima. Luego, ventolera, polvo y diluvio apocalíptico formaron parte del último show, el de Rod Stewart, que, aun en esas condiciones, al cantar sus mayores éxitos, enfervorizó al público.

Un detalle: desde su primera presentación, Rod era otro: todo sonrisas con la prensa, simpático, el ego reconfortado. No era para menos: sus shows fueron espectaculares. Al volver al Viejo Continente, repetiría en diversas entrevistas:

—¡Casi cien mil personas cantaron toda la letra de "You´re in muy heart"! ¡Y en su propia lengua, lo que es más increíble!

Después de que el medio sosia del *stone* Ron Wood cerrara la noche con *Sailing*, cayó más lluvia. Chuzos. Mientras el público dejaba la Ciudad del Rock, el personal de Artplan se mesaba los cabellos por miedo a que el temporal ahuyentase a los espectadores del día siguiente. Y vino otro diluvio el jueves, día 17 de enero. Lluvia, lluvia, lluvia, y barro, barro, barro y más barro.

Ese día, Artplan prescindió de ochenta encargados de los torniquetes, que debían quedarse fuera para que la gente entrase. Por lo menos, los que se colaban no eran alborotadores, sino personas sedientas de show, de espectáculo, de vida. Cuando entró Alceu Valença, había 10 mil heroicos espectadores. El número se cuadruplicaría.

Para los amantes del día, Alceu dedicó *Morena tropicana*. La estupenda Elba Ramalho hizo vibrar al público al convertir la Ciudad del Rock al *frevo* y al *forró*. Al Jarreau precedió a Yes, la novedad de la noche.

—Recuerdo que ese día —cuenta Roberto Medina— hubo una lluvia torrencial, un barrizal tremendo, y vi a una señora de unos 50, 55

---

7 Además de Rita Lee, Ney Matogrosso también suspendería su segunda presentación.

años, con la sillita de la playa y un paraguas, asistiendo al espectáculo en medio de todos aquellos jóvenes, bastante feliz.

El empresario vio más.

—Estaba abrumado por el barrizal, pero las personas venían a felicitarme. Decían que formaba parte de la fiesta —recuerda—. Salí de madrugada, a hurtadillas, la situación me daba vergüenza, cuando un grupo se detuvo para abrazarme. Agradecidos, decían que era muy importante para ellos haber vivido esa experiencia, que había sido su propio Woodstock.

Doscientas mil personas el viernes. El comienzo de un fin de semana suele ser muy concurrido. Con el tiempo nublado y el suelo aún lleno de barro, Kid Abelha y Os Abóboras Selvagens abrieron el día, considerado el más danzante de la edición. Leoni recuerda:

—En la mitad de *Como eu quero*, subí hasta el tope de la escalinata y me quedé tan maravillado con aquellas 200 mil manos hacia arriba, aquella multitud cantando, que simplemente dejé de tocar. Solo volví a hacerlo cuando vi a todos los de la banda mirándome mal.

Enseguida, uno de los últimos shows de la formación original del B-52's, el conjunto del irresistible *hit Legal Tender*. Para cerrar, la despedida de Queen. Dos momentos para conservar: Freddie Mercury maravilloso en el escenario y el público en las nubes con *Love of my life*, éxito avasallador en Brasil. El vocalista creció y llegó a actuar como director del público. Sincronismo, comunión perfecta con el auditorio, que aplaudió *Radio Ga Ga* en una de las escenas más bonitas del festival. Por fin, un segundo *show* no menos antológico que el primero.

Con el caché más elevado del festival, 600 mil dólares, fuera del escenario Fred Mercury desafió todo el tiempo a Amin Khader. Para atravesar un pasillo, exigió que los brasileños que conversaban por allí entrasen en los camerinos. No quería encontrarlos a su paso; en caso contrario, se volvería al hotel.

El barro no desmotivó al público en 1985.
Por el contrario, fue una atracción más,
en medio del torrente de grandes estrellas mundiales.

Con discreción, Khader convenció a las personas que obedeciesen el capricho de la estrella. Los plebeyos en cuestión eran nada menos que Erasmo Carlos, Elba Ramalho y otros no-va-más de nuestra música, que esperaban para verlo, intercambiar ideas con el líder de la consagrada banda. La humillación fue respondida en el acto. Khader no pudo impedir la venganza a coro entonada por algunos de las principales estrellas de la música popular brasileña:

—¡Marica! ¡Marica! ¡Marica!

Mientras caminaba, en medio de los insultos, Mercury le preguntó al productor:

—¿Quiénes son esas personas?

—Grandes artistas brasileños. Gente de la misma categoría que tú.

El inglés se rió:

—No pueden ser de la misma categoría que yo. ¡Porque ellos me conocen y yo no los conozco! —prosiguió—: ¿qué estaban gritando?

El brasileño disimuló:

—Te están elogiando...

—¡Mentira! —el *bandleader* se puso serio, entró estupefacto y se encerró en el camerino. Minutos después, llamó al productor. Lo atendió con la puerta entreabierta, preguntando—: ¿hay huracanes en Brasil, Mr. Khader?

—No.

—Pues acaba de pasar uno por aquí —anunció mostrando el camerino todo destrozado.

—Cuando entré —cuenta Amin—, ¡Dios mío, aquello era un desastre! El maricón había puesto el camerino patas arriba. ¡Botellas de *Johnny Walker* rotas, sake echando fuego, hasta papayas en el techo[8]!

El sábado 19 de enero de 1985, entró en los anales de la música internacional. Fue la noche en que se rindieron hasta los que apreciaban el *heavy metal*. Para que no se olvide, la primera gran noche de la historia de ese género. Una pena que Iron Maiden no haya podido completar el *casting*.

---

8 Informaciones incluidas en el artículo "Os dez dias que abalaram o Brasil", de Jaime Biaggio, publicado en el site joaocarlosmattos.sites.uol.com.br

Nuevamente 250 mil personas. Calaveras y demonios estampados en camisetas negras, abundantes cabelleras, pulseras con tachuelas y, con un calor insoportable, muchos con chaqueta estilo Harley Davidson. Rockeros que, por los excesos en su comportamiento, lograron la proeza de cambiar la reja del festival. Cautelosa, a la organización le pareció mejor trasladar la segunda presentación de Erasmo Carlos al día siguiente, el último del festival.

—Ni los "metaleiros" sabían que eran tantos —atestigua Pepeu Gomes, obligado a iniciar el espectáculo. El músico repitió la fórmula de la primera presentación y sobrevivió con solos agradables a los tímpanos del metal. Valeroso, tuvo la serenidad de tocar "Brasileirinho" y no fue abucheado.

Cuando el brasileño dejó el escenario, un cuarteto más galáctico que cualquier Real Madrid dio la señal de lo que vendría: Whitesnake, Ozzy Osbourne, Scorpions by AC/DC, en ese orden. No hace falta decir nada más.

La despedida del Rock in Rio Festival se produjo el día 20 de enero, un domingo en que la ciudad festejaba su cumpleaños. Mucho sol y calor, para variar. Comenzó Erasmo y el público lo incentivó, así como a Barão Vermelho, Gilberto Gil y Blitz: esta, en una de sus últimas presentaciones con la formación que marcó toda una época.

La zen-budista Nina Hagen ridiculizó los rumores de tragedia anunciada; al fin y al cabo, las profecías de Nostradamus anticipaban la muerte de 25 mil personas en el hemisferio sur. En una rueda de prensa, la alemana del este le restó importancia:

—Cualquier gran desastre será positivo. Treinta y cinco millones de naves alienígenas están apostadas para salvar gente. Solo los muy malos no serán rescatados.

La locura —o el teatro— de Nina, aliada al talento para desgañitarse de forma graciosa, ganaron el cariño de la gente. La cantante aprovechó la buena acogida y el mismo año regresó a Brasil para un dueto con Supla en "Garota de Berlim".

Nina Hagen se reveló como una excelente estratega. Sus cálculos dieron en el clavo. Cuando se enteró de la existencia de Rock in Rio, la exótica alemana pidió cantar por un cachet simbólico, menos que cualquier artista brasileño. Valió la pena.

Después del B-52´s de Fred Schneider y Kate Pierson, Yes cerró el festival. Doscientos mil seres humanos. Un inolvidable *Owner of a lonely heart*.

—Escapé de los vigilantes el último día —cuenta Roberto Medina— para ver el *show* con el público. Me puse un gorro para disimular y me escabullí en medio de la gente. Algunos me reconocieron y demostraron cariño. Es magnífico compartir tu sueño con tanta gente.

UN ABUSO EN LOS NÚMEROS

"Este fue un festival para aprender a estar juntos y a comulgar, tanto con las semejanzas como con las diferencias. Aquí estaban todos los barrios, muchas ciudades y algunos países. Aquí estaban las parejas y los solitarios, los adolescentes y los de 30 años para arriba, los del *heavy metal* y los *new wave*. Aquí estaban los individualistas y los comunitarios, los diferentes equipos de fútbol, las diferentes coloraciones de piel... Quienes lo vivieron saben que valió la pena" aseguró Ana Maria Bahiana para O Globo el 20 de enero de 1985.

Para cuando Yes saliese del escenario, la producción de Rock in Rio había organizado un homenaje sorpresa al creador del festival. Sin embargo, Roberto Medina se escapó. Prefirió no subir al escenario a recibir la ovación del público. Timidez. Al contrario de su padre, nunca le interesó brillar, sino encender las luces para el brillo de los demás.

Siempre movido por la pasión, el publicista, al borde del delirio, había luchado contra molinos de viento ocupados por terribles dragones para convertir sus sueños en realidad. Y el festival sirvió para abrirle el mercado a quienes quisiesen ocuparse del rock en Brasil, hasta entonces visto como algo *underground*, marginal.

El país, además, obtuvo respeto en el ámbito internacional. Si aún hoy existe en la cabeza de "gringos" mal informados la idea de que aquí hay monos que circulan libremente por las calles, es fácil imaginar lo que ocurría hace más de veinte años. Pepe Escobar llegó a decir, en la revista *Bizz* de octubre de 1985:

—Por caminos equivocados o no, Roberto Medina fue el primero en situar al país en el mapa del rock mundial.

Todo gracias a aquellos diez días, a aquellas noventa horas de maratón musical, catorce estrellas extranjeras y quince nacionales. Ken Fritz, empresario de George Benson, clasificó el festival como "un milagro". Asesor de Al Jarreau, Rod Stewart y Yes, Phil Citron declaró que nunca había visto nada más fantástico. Dijo más: que, a partir de entonces, Roberto Medina tendría abiertas las puertas que quisiese en el *show business* internacional.

No obstante, para el empresario brasileño, los mayores dividendos se los quedó el gobierno, a través de la recaudación de impuestos, beneficios en dólares y buena imagen del país en el exterior. En 1986, el ex vocalista de Blitz, Evandro Mesquita, en visita a Ámsterdam, leyó en la revista *High Times* un amplio reportaje sobre el festival.

—Siempre digo lo mismo: más que el show, lo importante es el público, la energía. Puedes comprar un DVD de Queen. Pero el DVD nunca les transmitirá a esas 200 mil personas lo que significaba para el artista estar cantando con ellas.

Para tener un público numeroso como el de Rock in Rio fue necesario conjugar diversos factores, comenzando por el precio: la entrada diaria costaba 8 dólares.

—Fíjate. Hoy se venden entradas por 180 reales (cerca de 70 euros). Sin preparar una infraestructura que incluya comidas, bebidas, sin la seguridad necesaria, sin nada. Solo un show. En esos casos, cuando juntan 30 mil, es una maravilla. Merecen aplausos las personas que van incluso en esas condiciones.

Medina conoce la receta del éxito:

—Para que un festival se transforme en un gran acontecimiento, se le debe ofrecer comodidad al público. La ecuación es sencilla: cuanto más cara es la entrada, va menos público. A no ser que forme parte de una estrategia, de una opción del organizador seleccionar a los espectadores. Mi deseo era otro. Quise hacer el mayor festival del mundo.

Había aún algo más:

—Dentro de la Ciudad del Rock, siempre se fijó el precio que había que cobrar. No permito que se vendan entradas a cualquier precio. Sin embargo, la lógica es: si le alquilo a alguien una tienda, teóricamente quien ha alquilado tiene derecho a vender sus productos al precio que se le ocurra. Menos en un espectáculo que yo haya organizado. Supe que, en la tercera edición de Woodstock, una lata de Coca-Cola costaba entre 10 y 15 dólares. Y la gente tiene que beber algo, si no se muere. Un absurdo.

No por azar aquella edición acabó en tumulto, mientras que en Rock in Rio hubo solamente registros de percances motivados por el exceso de alcohol.

La música brasileña también se benefició sobremanera. Hasta entonces, nuestros artistas tenían una representación mínima en el mercado internacional. Muchas de las bandas nacionales que siguen en actividad hasta hoy deben buena parte de su éxito a Rock in Rio.

Además de eso, la vida cotidiana de la ciudad, que cambió durante el festival. Hubo gente que, sin esperar, pudo ver a James Taylor al lado de Caetano Veloso en el Circo Voador, el día del triunfo de Tancredo Neves. La pareja se encontró con Beth Carvalho y los tres cantaron gratuitamente en la carpa. Rod Stewart, en cambio, fue a la boîte Hippopotamus con 21 amigos y se fue sin pagar la cuenta.

¿Y la Malt "Nojenta"[9]?

—Propusimos lanzar una cerveza, y la *Malt 90* llegó a captar el 14 % del mercado — explica Roberto Medina.

Fruto del mayor festival de música pagado del mundo. Realizado en una hacienda al norte de Nueva York, en 1969, Woodstock atrajo una audiencia de 450 mil personas. Rock in Rio, con 1.380.000 personas, se convirtió en referencia en relación con el crecimiento del mercado de espectáculos en Brasil, que nunca había albergado un gran festival de ese tipo, y no porque no lo hubiera intentado. En Saquarema y Guarapari, por citar solo algunos, faltaron artistas internacionales, infraestruc-

---

9 Juego de palabras: el verdadero nombre, como se ve a continuación, es Malt 90 (Noventa). "Nojenta" significa "asquerosa" (N. del T.).

tura y tecnología. Acontecimiento audaz y grandioso, con plena cobertura de la prensa, Rock in Rio recuperó el tiempo perdido. Por su organización impecable, ningún festival se igualaría a él en ninguna encuesta. Los críticos suelen dividir la historia de los shows en Brasil entre antes y después de Rock in Rio.

Nada mal para quien pretendía realizar el mayor espectáculo de rock de todos los tiempos. Con ese propósito, Roberto Medina no dejó que desear en alta tecnología de sonido y luz. Como el país no poseía profesionales especializados para la producción de un espectáculo de semejante calibre, Artplan importó a los no-va-más del *show business* internacional, que sirvieron de inspiración para que Brasil desarrollase en los últimos veinte años la propia cultura y tecnología en ese ámbito, situándose hoy como uno de los mercados más disputados del mundo.

El gigantesco escenario, proyectado por Mario Monteiro a partir de las medidas exigidas por Queen, solo tuvo su potencial de sonido y luz utilizado al 100% en las dos presentaciones del grupo inglés. Por primera vez, hubo iluminación de platea. Todo el sistema funcionaba acoplado a dos ordenadores, lo que dio como resultado un fantástico movimiento de luces y colores. En el show de clausura, Yes se valió de láser, también por primera vez en territorio nacional.

En esa época, muchos artistas brasileños se sintieron ofendidos por presentarse con una potencia inferior de sonido. El gran adversario del elenco nacional fueron los técnicos estadounidenses de Clair Bros., empresa que se ocupa de mega-espectáculos pop alrededor del mundo.

—Los brasileños no sabían manejar aquellos aparatos. Eran equipos nunca vistos en Brasil. Tuve que dejar todo en mano de los estadounidenses, que realmente se ponían pesados —admite Roberto Medina.

—Los artistas de la MPB no le daban importancia a la calidad de los equipos. Rock in Rio ayudó a que eso cambiase. Estábamos en la Edad de Piedra – resume el batería de Barão, Guto Goffi.

—Disputamos el Mundial de Clubes en Tokio y después fuimos a jugar al cancha del Madureira —ironiza Erasmo, que salió de la Ciudad del Rock derecho a una gira por el sur del país.

No obstante, para los veteranos de la MPB, ganar el mundo fue la mayor recompensa.

—Aquel show instrumental mostró un lado mío hacia el exterior que pocos conocían —observa Pepeu Gomes.

—Mi carrera fuera tomó un gran impulso después de aquel mes de enero —confirma Elba Ramalho[10].

—Una vez que salimos de allí, hicimos una gira por el Nordeste —cuenta Dé, ex Barão—. El público estaba enloquecido. Nos convertimos en un mito de una semana para otra, por el simple hecho de haber tocado en Rock in Rio.

—Siempre he tenido la figura de don Quijote como icono. Mi objetivo siempre fue soñar lo imposible. Después de soñar, intentar hacer. No siendo siquiera capaz de soñar, no existirían las ganas de hacer el intento. En ese aspecto, veo que la figura de don Quijote tiene una gran relevancia para el mundo de los negocios. Mucho de lo que hizo mi padre, de lo que yo he hecho, de lo que hicimos en Artplan, no habría existido sin esa disposición para soñar lo imposible —asegura Roberto Medina.

Y el empresario soñó en una época tumultuosa. A partir de 1984, grandes empresas interrumpieron sus programas de inversión. El marketing iba perdiendo importancia y caía de forma drástica el índice de lanzamiento de nuevos productos. En ese panorama, los presupuestos en publicidad sufrían bastante; se reducía la facturación de las agencias.

A pesar de esa atmósfera desfavorable, Rock in Rio costó 35 millones de dólares. Una locura completa. No obstante, Brahma, que creyó desde el principio en el festival, cuando este terminó se sintió recompensada.

Así como la Red Globo. Por los derechos de exclusividad, la cadena ofreció permuta para la organización del festival. Abrió espacio en la programación diaria dos meses antes de Rock in Rio para poder transmitir los principales shows en vivo, como parte de la programación conmemorativa de sus 20 años de existencia.

---

10 Informaciones aparecidas en el artículo "Os dez dias que abalaram o Brasil", de Jaime Biaggio.

Para implantar el proyecto, Roberto Medina invirtió de inmediato 9 millones de dólares sin esperar beneficios. En resumidas cuentas, enfrentó un perjuicio de 500 mil dólares, que acabó recompensado por la altura del vuelo que alcanzó la empresa.

Los costes no se elevaron aun más gracias al equipo. El experto Oscar Ornstein contrató a algunas estrellas internacionales por la mitad del cachet. Bastó su garantía de que no tocarían de día, de que sus ingenieros de sonido y luz viajarían a Brasil con ellas; valió el juramento de devolución de todos los aparatos que entrasen en el país. Muchos quisieron saber sobre las tarifas de los días en que se presentarían. Algunos exigieron cerrar con su actuación los shows de la noche.

Con el proyecto iniciado y un gigantesco campo de aplicación económica, Roberto Medina salió en busca de patrocinadores, de quienes esperaba recaudar dinero a través del licenciamiento de marcas, venta de áreas y comercialización de pines, gorros, gafas, viseras, camisetas, pegatinas y otras cosas.

Si intentamos imaginar lo que el publicista tuvo que hacer para conciliar a tantas personas, equipos, bandas, comidas, ocio, propaganda, empresarios, local, carga de electricidad, recursos humanos, técnicos en electrónica, diseño, *souvenirs*, tiendas, miles de litros de cerveza, infraestructura de higiene, seguridad, luz y sonido, ingenieros, arquitectos, documentación y permisos, este libro se convertiría en una enciclopedia.

—Aquel primer festival me perjudicó en cierta medida porque construimos la Ciudad del Rock para que durase diez años, pero después no pudimos volver a utilizarla. Solo en el local se invirtieron 4,5 millones de dólares.

Aun así, Medina terminó la aventura con la sensación del deber cumplido.

—Atendimos a las necesidades de los patrocinadores, ayudamos a promover Rio de Janeiro y Brasil, hicimos shows inolvidables en la vida de miles de jóvenes... Son resultados extraordinarios, ¿no le parece?

Los números de Rock in Rio fueron apabullantes. Para empezar, la energía eléctrica consumida diariamente habría sido suficiente para alimentar a una ciudad de 30 mil habitantes. Se usaron 100 toneladas de equipos y 70 mil watts de potencia. En pocas palabras, el sonido llegaba con total nitidez e impacto a cualquier lugar de la plaza. Una fiesta democrática, sin localidades más o menos jerarquizadas para el público. No es casual que se hayan vendido casi 2 millones de camisetas del festival.

Era imposible que el público subiese al mayor escenario del mundo, con sus 3,20 metros de altura: podía, en cambio, disfrutar de dos centros de alimentación, dos *beer gardens* y dos bares tropicales. En total, se consumieron 1,6 millón de litros de bebidas, 900 mil bocadillos, casi 8 mil kilos de espaguetis y 500 mil porciones de pizza. El McDonald's vendió en un solo día 58 mil hamburguesas, con lo que entró en el *Guiness Book*, el libro de los récords.

Todo el tiempo permanecían abiertos dos *videocenters*, prestando servicios de información y diversión, con sesiones de videoclip, proyección de detalles de lo que ocurría en el escenario y vídeos de espectáculos anteriores. Se habían instalado dos *shoppings*, con sendas plazas arboladas y 15 tiendas de 42 metros cuadrados, con videojuegos, vaqueros, zapatillas, discos, vídeos, instrumentos, pines, pegatinas, helados, artículos deportivos, accesorios para *camping*, revelación de fotos en el momento, comida natural, libros, carteles, chocolates, pizzas, pasteles, farmacia y café. Para la comunicación telefónica, se montó un local para hacer llamadas directas nacionales e internacionales, además de distribuirse numerosas cabinas por todo el ámbito de la Ciudad del Rock.

Los artistas llegaban allí en helicóptero. Se los llevaba a los camerinos, donde tenían comodidad y privacidad absolutas, con grupos de guías y coches de seguridad. Además, un contingente de 750 vigilantes garantizaba la tranquilidad del público. Distribuidos por el lugar, se los podía identificar fácilmente y vivían en constante comunicación con la central y las torres de seguridad. Aparte del apoyo logístico de la policía civil, además del cuerpo de bomberos, ochenta agentes de la policía montada hacían la ronda en los alrededores de la Ciudad del Rock.

Para resumir, había también un puesto bancario con varios cajeros automáticos. E incluso se podían comprar billetes aéreos. También se ofrecía información turística y reserva de hoteles.

Aún con toda esa infraestructura a su disposición, la Ciudad del Rock tuvo que dejar de funcionar, aunque llegasen a Artplan telegramas de empresarios del mundo entero interesados en ofrecer a sus grupos para la próxima edición. Con el éxito del festival, Roberto Medina solicitó la renovación de la licencia otorgada con carácter provisional para seguir produciendo shows. Leonel Brizola se negó. El "pedetista" (afiliado al Partido Democrático Trabalhista), que se mantuvo a distancia del festival —incluso habiendo enviado en representación a su vice Darcy Ribeiro—, al contrario de su hija Neuzinha, detestaba el rock.

—Es necesario que los jóvenes de todo el país mantengan viva esa llama y se movilicen para exigir de sus gobernadores y alcaldes la apertura de un especio para la música en cada comunidad —pregonaba Roberto Medina.

La primera semana de febrero, cuando se inició el desmontaje de la Ciudad, artistas de peso como Ivan Lins repudiaron la decisión del político gaúcho. Moraes Moreira llegó a componer un tema sobre la intransigencia del gobernador. Manoel Ribeiro, el gerente de obras del Centro de Promociones Artplan[11], se desahogó:

—Me siento como si estuviese matando a mi propio hijo. Hay personas que vienen a ver cómo se desmonta todo, centenares de personas, y algunas se echan a llorar, deprimidas por la demolición.

---

11 Nombre oficial de la ciudad del Rock.

EL SECUESTRO

Después del Rock in Rio Festival, resultó mucho más fácil producir grandes espectáculos en Brasil. Muchos artistas extranjeros dejaron de lado antiguas reticencias para viajar y actuar aquí. Entre 1988 y 1990, artistas del calibre de The Pretenders, Bob Dylan, Tears for Fears y Simple Minds participaron de las primeras ediciones del Hollywood Rock. No obstante, el fenómeno no se acercó en absoluto a la experiencia vivida en 1985 en la Ciudad del Rock. El poder de seducción de Rock in Rio era, y sigue siendo, algo incuestionable.

—Una vez estaba parado junto al semáforo —cuenta Roberto Medina— y el conductor del coche de al lado bajó la ventanilla. Dijo que quería hablar conmigo y comenzó a argumentar: "Mire, preste atención, escuche: usted contrata a U2, debe de costar unos 5 millones de dólares, pero usted vende las entradas a tal precio y tendrá unos beneficios así y asá. Hágalo, ¿de acuerdo?". ¡O sea que el tipo resolvió el asunto desde la ventanilla de un coche, en pleno tráfico! ¡Sin la menor idea de logística, estancia, transportes, equipos, nada!

No obstante, Roberto Medina no pretendía hacer una nueva edición de Rock in Rio. Se había desgastado mucho. Hasta que un amigo le advirtió de que, si no lo hacía, él mismo se haría cargo.

—En broma, le respondí a ese amigo mío: "¡Lánzate!". Y, en efecto, se lanzó.

Un mes después, fijaba hora en Artplan para confesarle a Medina:

—Roberto, las cosas van bien, pero solo organizo otro Rock in Rio si tú me acompañas. Yo me hago cargo, pero necesito tu experiencia a mi lado.

Ese amigo, que tenía tanto entusiasmo en repetir el gran espectáculo, era un alto ejecutivo de la Coca-Cola, cliente de Artplan. Así, después de cinco años, cediendo a la seducción nostálgica, Roberto Medina encaró la producción de una segunda edición del mayor festival de la Tierra.

Después de 27 años de reclusión, Nelson Mandela fue liberado de la prisión en Suráfrica en febrero de 1990. En Brasil, sin embargo, imperaba una ola de secuestros. El primer gran objetivo fue el publicista Luiz Sales, secuestrado en 1989. El mismo año, pocos días antes de la segunda vuelta de la elección presidencial, la víctima era Abílio Diniz, dueño del grupo Pão de Açúcar. El departamento de Estado norteamericano consideraba a Rio de Janeiro la cuarta ciudad más peligrosa del mundo para los estadounidenses en viaje turístico o de negocios: solo perdía frente a Beirut, Medellín y Bangkok.

Y todo tendía a empeorar por culpa de la falta de dinero en el país. En marzo, Fernando Collor de Mello asumió la presidencia con el anuncio de la medida económica más radical aplicada alguna vez en la historia: la confiscación de todas las sumas depositadas en cuentas bancarias y de ahorro. El plan abrió camino a la desaceleración. Y la ola de secuestros se convirtió en un verdadero *tsunami*: entre mayo de 1990 y diciembre de 1992, más de doscientos.

El Comando Vermelho, organización criminal muy poderosa, se dedicaba a "acciones selectivas" como tráfico de drogas, contrabando internacional de armas, robo continuo de coches, asaltos a bancos y secuestros millonarios de empresarios. A principios de 1990, la policía interceptó una correspondencia que indicaba que el CV pretendía secuestrar a un grupo de autoridades, entre ellas el cardenal don Eugenio Salles, para imponer el canje por sus líderes presos.

El crimen ya no era el mismo. El Comando Vermelho estaba casi tan organizado como las mafias internacionales de la droga. Los criminales evolucionaron, habían aprendido a organizarse. Ya no se trataba de una banda de ignorantes o un puñado de analfabetos, sino de una grave amenaza al orden público.

Había una superoperación preparada para septiembre de 1990, cuyo objetivo era la liberación de algunos presos que estaban en Bangu I. Esa operación no tuvo éxito, pero quien cayó en la red fue un empresario ligado a Moreira Franco. La orden del Comando Vermelho era secuestrar a un personaje de renombre. Y Roberto Medina lo era.

—Corría el rumor de que en manos de los delincuentes de Rio había una lista de cien "secuestrables" —cuenta Rose Carvalho, secretaria de Rubem Medina, hermano de Roberto y vicepresidente de Artplan—. Hace dos meses y medio nos llegó la información, fidedigna, de que Medina era uno de los objetivos. Pero no sabíamos cuál de los Medina. Quien nos lo dijo fue una mujer conocida, una figura pública a la que habían secuestrado, a pesar de habérselo desmentido a la prensa. En el cautiverio, ella oyó la siguiente frase: "El próximo es Medina".

Asustada, esa mujer llamó a Artplan para alertar a los empleados, que vivieron, a partir de entonces, un periodo de mucha angustia, porque podía ser Rubem, Roberto, Rui, los hijos de ellos o hasta el viejo Medina.

—Estaba muy tensa —recuerda Rose—. Recibimos telefonazos extraños, y todas las llamadas para "Medina" pasaban por mí. Yo filtraba todo. Había un tipo que se decía secretario de un diputado amigo nuestro; no sabía él que yo conocía a su secretaria, y digo más: él nunca tuvo un secretario, solo un asesor, que casualmente yo también sabía quién era.

Fueron tres o cuatro llamadas en nombre de ese diputado, que quería saber si Medina aún estaba en la empresa y a qué hora saldría. En definitiva, una tensión tremenda todo el tiempo. Pero, en el fondo, nadie creía realmente que pudiese ocurrir lo peor. Hasta que ocurrió.

Noche del 6 de junio de 1990. Negreiros Lobato, esquina con Fonte da Saudade. Una calle sin salida, tranquila y estrictamente residencial, donde el único edificio comercial era el de Artplan. También un miércoles siniestro, en que un asombroso número de nubes negras encapotaba el cielo. Final de la jornada, pocos empleados en la agencia. En el séptimo piso del edificio, dispuestos a marcharse, estaban Roberto Medina, Lionel Chulam, uno de los vices, Solange, en aquel entonces mujer de Rubem Medina, Rose Carvalho, Lea Penteado y el director financiero Oscar Silvano. Los cuatro vieron al presidente de la empresa y a Chulam entrar en el ascensor camino de la planta baja.

—¡Hasta mañana, hasta mañana! —se despidió de todos, sonriendo, el empresario.

—Yo misma —recuerda Rose— me preparaba para marcharme cuando doña Solange me pidió que le hiciese una fotocopia. En cuanto encendí la máquina, oí el ruido de los tiros.

Frente a la gasolinera, una carrera enloquecida. Pandemónium, caos, un verdadero tumulto. Gente que corría para todos lados, coches que hacían maniobras, transeúntes que huían, una moto caída en la esquina.

—Salía de la sede de la agencia, en la Lagoa —cuenta Roberto Medina—. Me dirigía a casa con Lionel Chulam, eran las ocho y veinte de la noche. Entramos en un Fiat, conversábamos sobre política, cuando de repente vi un montón de hombres con chalecos negros de la policía irrumpiendo en la esquina del edificio. Bastante gente, unos veinte hombres. Se nos vinieron encima, abrieron la puerta de mi coche, todos con ametralladoras. Mi primera impresión fue que se trataba de gente de la policía intentando protegerme de algo, pero me sujetaron, me sacaron a la fuerza del coche y me llevaron a otro.

Sin saber cómo actuar, Jorge, el guardaespaldas de Roberto Medina, disparó hacia arriba con el propósito de asustar a los bandoleros. ¿Para qué? Se inició un terrible tiroteo. Asustados, en el séptimo piso del edificio, Rose y Oscar Silvano se acercaron automáticamente a la ventana.

—Abajo era un campo de batalla. Un horror. La acción de los maleantes fue muy rápida, pero llegué a ver dos coches, un taxi parado, una moto a cada lado de la calle y unos tipos de negro metiendo a

Roberto en un vehículo. Luego, las motos y el taxi arrancaron —recuerda Oscar Silvano con toda claridad.

—Me empujaron, mejor dicho, me tiraron en el suelo del coche —recuerda Roberto Medina—. Uno de los maleantes, entonces, entró por la ventanilla, es decir, el coche ya había arrancado y uno de los secuestradores tenía la mitad del cuerpo fuera del vehículo; entonces el portero de otro edificio le disparó un tiro, pero la bala pasó muy cerca de mí, dio en la carrocería.

Después de que Jorge disparó hacia arriba, la vida de Roberto Medina corrió peligro. Algunos de los secuestradores, asustados, se echaron encima del guardaespaldas, que tuvo que entrar en la agencia disparando hasta que consiguió escapar por el ascensor. Una bala, que hasta hoy no se sabe de qué arma salió, si de la de Jorge o la de alguno de los maleantes, agujereó el pasamanos de aluminio del primero al segundo piso de Artplan.

De repente, el guardaespaldas se asomó por el séptimo piso de la agencia, atónito y desaforado, empuñando el arma.

—¡Se han llevado a Roberto! ¡Se han llevado a Roberto!

Parecía una pesadilla. Cinco minutos después, Rose atendía una llamada telefónica. Era alguien del grupo de secuestradores.

—A ustedes... no se les ocurra salir... Pueden dejar que todo el mundo salga de la agencia, pero ustedes tres se quedarán ahí y solo saldrán cuando volvamos a telefonear, ¿entendido?

Organizados, los maleantes designaron a los que tenían que quedarse en el edificio: Rose, Lea y Silvano. Pero no sabían que Solange también estaba allí.

Por otra parte su marido, Rubem Medina, estaba en Brasilia, en una sesión extraordinaria. Estaría hasta la madrugada en el pleno. Ya no pudo volver esa misma noche, porque el último vuelo de la Varig había despegado a las 21 horas. El diputado necesitó un taxi aéreo para viajar desde la capital de la República hasta la casa de su hermano, adonde había ido su mujer.

A esas alturas, Lea, Silvano y Rose esperaban un nuevo contacto de los secuestradores. Contacto que no llegó a producirse. Los tres no se fueron de Artplan hasta las cinco de la mañana.

Nunca se borrará de la memoria de Roberto Medina aquel fatídico día 6. Un operativo criminal preciso, casi perfecto. Quien lo había planificado tenía información privilegiada, pistas y detalles provenían de alguien que conocía bien sus hábitos.

Cuatro desconocidos, dos por delante y dos por detrás, llevaron a Medina a un lugar yermo y no menos desconocido. Un séquito de secuestradores detrás, en coches y motos. En un determinado tramo del trayecto, se cambiaron los vehículos, para despistar a la policía. Hasta la llegada al cautiverio, que quedaba en Realengo, zona oeste de Rio, el publicista sufrió bastante maltrato. Lo amenazaban, y le daban culatazos con los revólveres en la cara, en la cabeza, en la espalda.

El secuestro de Medina se convirtió en la acción más osada que hubiera planeado el Comando Vermelho. Entre los responsables, figuraban algunos de los criminales más buscados del país, tales como Francisco Viriato, el Japonés; José Cornélio Rodrigues Ferreira, el Preá[12]; Mauro Luiz Gonçalves de Oliveira, el Maurinho Branco; y el profesor de Educación Física Nazareno Barbosa Tavares, ex monitor del presidente João Baptista Figueiredo y que, poco tiempo atrás, prestaba asesoramiento al entonces gobernador Moreira Franco.

Cuando llegó al cautiverio, Roberto Medina, con traje, fue metido en un cuarto de aproximadamente tres metros por tres. Lo encerraron allí dentro y lo enjaularon como a un animal. El cuchitril estaba totalmente vacío, con una ventana basculante. A los tres días lo cambiaron de sitio, para que no se comunicase con otras personas, pasase un papel para el otro lado o algo por el estilo. Medina no pensaba en nada de eso, mucho menos en aquella situación de terror. Aun así, lo trasladaron a un cuartucho peor, donde lo único que había era suelo, paredes y un armario enorme, que obstruía la visión por la ventana.

En sus primeros minutos en la casa, Roberto Medina fue asaltado. Dos maleantes se metieron en el cuarto y lo desvalijaron, robándole su reloj Rolex y la pulsera de oro que usaba. Sin embargo, en menos de una hora apareció en el recinto, por primera vez, Maurinho Branco.

---

12 Apereá, nombre guaraní de un mamífero roedor, de unos 30 centímetros de longitud, sin cola, parecido al conejo, pero con boca de rata y de un mismo color todo el cuerpo (N. del T.).

Raramente aparecen en el cautiverio líderes del operativo. Mentor del secuestro, Nazareno no estuvo en ningún momento en el mismo lugar que su rehén. Dirigía las negociaciones y exigía rescate con mano de hierro, pero delegó el contacto con la víctima a Maurinho Branco, delincuente de alta peligrosidad y su brazo derecho.

Bajo, ni gordo ni flaco, bien parecido, con una buena cabellera, Maurinho Branco, que se vestía con elegancia, en cuanto se presentó ante Medina le preguntó:

—¿Dónde están el reloj y la pulsera?

Con miedo de acusar a uno de los comparsas, lo que podría agravar su situación en cuanto Maurinho se fuese, Medina dijo:

—No lo sé.

—Lo sabe, sí. Y escúchame bien: yo soy un secuestrador, no un ladrón. Mañana te devolveré todo, puedes creerme.

Dos días después, Maurinho Branco volvía, moviendo las manos.

—No pude recuperarlos, ya los habían vendido.

A esas alturas, a Roberto Medina le importaban muy poco los objetos, pero Maurinho Branco insistía en hacerse pasar como amigo, dar la imagen de comprensivo. Con abultados antecedentes policiales, el criminal fue el único interlocutor del publicista en el cautiverio, pieza decisiva en los días más tensos vividos por Medina.

—Él se iba y volvía por la noche. Era el único que hablaba conmigo. Mostraba una formación especial, pero estaba visiblemente desequilibrado.

Los días siguientes al secuestro, muchos periodistas acamparon en la puerta de Artplan. Ninguno de los empleados habló, pero nadie se sentía en condiciones de trabajar. Fueron mañanas y tardes de angustia y desesperación. El quinto día, entonces, un taxista, que prestaba servicios para la agencia, llamó para decir que la prensa había salido corriendo de una manifestación que se organizó en cuanto comenzó a circular la noticia de que, finalmente, habían encontrado el cuerpo de Roberto Medina.

—En ese momento me derrumbé —recuerda Rose Carvalho—. Me deprimí, me quedé asustada. Ese amigo nuestro llamó muy preocupado, con la intención de solidarizarse. Gracias a Dios, era un bulo.

Mientras Medina penaba en el cautiverio, Artplan recibía miles de telefonazos, fax y cartas de solidaridad, no solo de Brasil sino también de todo el mundo. Personas de las religiones más diversas declaraban estar en permanente vigilia de oración, cada una según su fe, rogando por la vuelta del empresario. No obstante, había una minoría enferma, que soltaba versiones absurdas, inhumanas, hablando horrores.

—Intentaban debilitarnos. Eran oportunistas pobres de espíritu, que se hacían pasar por los secuestradores, narraban atrocidades para pedir dinero, pero lo hacían todo tan mal que no nos engañaban.

Solo, encerrado en el cuarto, Roberto Medina se deprimía. Lloraba, sufría, se acordaba de la mirada de Junior, de las sonrisas de Rodolfo, de los primeros pasos de Roberta, pensaba en su madre, en su padre, que estaba mal de salud y que, seguramente, con la noticia del secuestro, empeoraría. "¿Podrá resistir el viejo un golpe más?". No sabía la respuesta. No tenía a quien preguntárselo.

Cuando necesitaba ir al cuarto de baño, golpeaba la puerta, dos tipos malencarados se la abrían y lo obligaban a usar una especie de "corredor polaco" lleno de delincuentes armados con ametralladoras. Dentro, abatido, Medina rezaba para que pasase esa tormenta, que terminase de alguna forma, de la mejor forma posible.

—Es una terrible tortura quedarse todo el tiempo pensando que en cualquier momento te van a ejecutar.

Formaba parte del juego alterar su estado psicológico. El hecho de que Maurinho Branco se hiciese el bueno y los otros lo tratasen mal era una inteligente estrategia de la organización. Así, la capacidad de reacción de Medina era casi nula. Indefenso, el empresario se pasaba horas y días debilitado, tumbado, encogido en un rincón del cuartucho.

Para ahuyentar la monotonía, algunos criminales buscaban formas retorcidas de crueldad para minar la moral de la víctima.

—Yo veía allí a personas de toda clase. Hasta gente implicada en aquello por dificultades sociales, pero que, en el fondo, soñaba con salir del mundo del crimen. Sin embargo, había también personas desequilibradas y algunas que eran francamente perversas, malas por naturaleza.

Estas últimas presentaban trastornos de personalidad que les impedían sostener ciertos valores como, por ejemplo, la compasión. Para ellas, la vida de un rehén significaba solo un beneficio económico. Trataban al secuestrado como si fuese tan solo una mercancía.

Toda la santa noche lo atormentaban. Medina se preguntaba: "¿Acaso moriré hoy?". Cuando Maurinho Branco no estaba, uno de los maleantes, el peor de todos, alias *Ratinho* (Ratoncito), practicaba la ruleta rusa con él. Insistía en apuntarle a la cabeza con un arma con la intención de desestabilizarlo cada vez más. De espaldas, el empresario no podía ver si había puesto o no balas en el revólver. Solo oía girar el tambor.

Misterio, suspense, terror. Una vez apareció ante él un "fantasma", un tipo enorme, de voz grave y tono fúnebre, provisto de un pañuelo blanco que le ocultaba la cara. En el suelo, el empresario oyó decir al "alma en pena" que moriría "mañana", que no pasaría del día siguiente. Puro terrorismo; mucha crueldad.

—No me di cuenta en el momento, solo cuando salí até cabos. Hoy estoy seguro de que aquel fantasma era Miguelão.

Con un metro noventa y ocho de altura y cerca de cien kilos, el moreno claro Miguel Jorge, apodado Miguelão, era conocido de la familia Medina. Trabajaba para Rubem en épocas de campaña. Organizaba a los encargados de las campañas electorales en suburbios y favelas y dirigía grupos de guardaespaldas para políticos y empresarios.

—En mi opinión, el Comando Vermelho tenía un operativo de secuestro montado en Rio —teoriza Medina— y, en ese operativo, seducía a gente pobre, pero con cierta proximidad a políticos y empresarios, para que se informasen sobre ciertas personas. Creo que Miguelão transmitió datos importantes sobre mí y, para sacar alguna ventaja, posiblemente económica, se implicó en el secuestro.

Mucho más aterrador que el "fantasma" estuvo Maurinho Branco el día en que tuvo que tratar con la víctima el monto del rescate.

—¿Cuánto dinero tienes, Medina?

—A lo sumo, un millón de dólares. Usted puede conseguir esa cantidad de mi familia con muchas dificultades, pedirán prestado, sacarán de la empresa, pero creo que pueden obtener esa suma como máximo. Más que eso, no.

—¡No me vengas con blablablá, estás mintiendo!

—En absoluto.

Trastornado, Maurinho Branco le asestó un fuerte puñetazo que magulló la cara del empresario. Al producírsele un hematoma en el ojo,

Medina cayó hacia atrás, dio con la cabeza en el armario, sangró, y luego tres maleantes lo amarraron con fuerza. Otro de ellos, con una sonrisa diabólica, apareció en el cuarto con un hacha roja enorme y, macabro, dijo que estaba dispuesto a descuartizarlo. Medina, claro, se desesperó; el hacha parecía pesada y con mucho filo. Aun así, se mantuve firme en el millón de dólares como la mejor opción para la banda.

—Hasta entonces, siempre me mostré pacífico. Solo después de aquel puñetazo en la cara los enfrenté. Les grité, me desgañité no por miedo, sino con rabia. Después, débil, sin moverme, me mantuve pasmado durante casi dos días. La visión de aquella hacha horrorosa me dejó en estado de choque.

Con el importe inicial de 5 millones de dólares reducido de forma considerable, los criminales se aturullaron. Pasadas 48 horas, Maurinho Branco entró en el cuartucho para una nueva conversación con el rehén.

—Sigues con el cuento de que solo tienes esa cantidad de dinero...

—No es que insista, no. ¡Solo tengo ese dinero! No va a conseguir sacarnos más que eso.

Después de un tiempo de reflexión, Maurinho Branco concluyó:

—Hago un trato contigo, Medina. Voy a investigar a fondo si lo que me dices es verdad. Si no tienes más que esa pasta, voy a acabar con quien me contó que tenías más. Pero, si en realidad tienes más, te mato aquí mismo.

—¡De acuerdo! Me parece estupendo.

Pasaron dos días más y, al volver, Maurinho Branco se lamentó:

—Es verdad que no tienes tanto dinero. Voy a matar al tipo que me dijo que sí.

Roberto Medina no imaginaba, cuando intentó salvarlo, que el delator era su conocido Miguelão, ese hombre traicionero.

—¡No lo haga, no! ¡Basta de muertes! ¡No mate a nadie, vamos!

—No te metas en esto. Pero déjame que te diga una cosa, Medina. Estás en condiciones de conseguir más. Tu familia puede. Haz un esfuerzo, que estoy seguro de que podéis conseguirlo, ¿de acuerdo? No te hagas el listo con nosotros.

En ese momento, Roberto Medina usaba solo unas bermudas que el grupo le había dado. El traje comenzaba a oler mal a causa del sudor y de no ducharse. Sin camisa ni calcetines, el empresario temblaba tumbado en el suelo frío. Algunas veces se atrevía a hacer algunas flexiones para calentarse. Como consecuencia del esfuerzo, aliado a la pésima alimentación, se quedaba absorto varias veces, hibernando de forma casi inhumana.

No comía bien. Rechazaba los platos mal preparados y fríos de espaguetis —horribles, un engrudo— con agua, lo que no hacía más que agravar su cuadro clínico. En consecuencia, Maurinho Branco se preocupaba cada vez más por la víctima. Al fin y al cabo, si en el momento del secuestro la persona se convierte en una mercancía, el eje de la negociación gira en torno a la entrega de esa mercancía en perfecto estado, como en una transacción comercial. A causa de Roberto Medina, Maurinho Branco llegaría a enfrentarse con el peor de los compañeros que "cuidaban" del publicista.

—Una vez, uno de los criminales, *Ratinho*, estando completamente drogado me encadenó con alambre de espinos. Sentí un dolor tremendo, y no había motivo para ello. Quedé todo lleno de arañazos y heridas. Aquella misma noche, para mala suerte de él, la mujer de Maurinho Branco visitó la casa por sorpresa y, probablemente, le contó a su marido lo que me habían hecho.

Maurinho Branco se puso hecho una fiera y se dirigió derecho hacia mi celda, en la que entró empuñando su arma.

—Pero, Medina, ¿qué ha pasado? ¡No me dirás que te han encadenado!

—No me encadenaron, claro que no —dije intentando despistar.

—Ah, sí, claro que te encadenaron. ¡Hijos de puta!

Sin perder tiempo, Maurinho Branco se le echó encima al culpable. El individuo, que aparentaba tener 30 años, irritado, llegó a apuntar con el arma al líder de la operación, pero no se atrevió a disparar. Los dos intercambiaron unos cuantos gritos. En aquel momento, Maurinho Branco lo expulsó del operativo. Roberto Medina se sintió aliviado. Siempre que Maurinho se iba, Ratinho hacía de las suyas. Torturaba por maldad, o por puro placer.

Es impresionante la capacidad de supervivencia que tiene el ser humano, mecanismo solo comprobado cuando el individuo se encuentra en las condiciones más adversas.

—No nos creemos capaces, pero lo somos. Yo pasaba días sin comer y no sentía dolor, no me ladraba el estómago, nada. Como si, desde el primer día del secuestro, mi cuerpo se hubiese programado por sí solo para lo peor: humillaciones, privaciones, mala alimentación. Y mira que soy un hombre frágil desde el punto de vista de la salud. Era como si me hubiesen acoplado un sistema especial dentro de mí.

El "sistema especial" lo dejaba vivo, pero la familia necesitaba pruebas concretas. Roberto Medina las dio, respondiendo a preguntas que les hacían a los delincuentes, respuestas que solo él podía dar, solo él las sabía. Una vez le dejaron que escribiera algo. El publicista garabateó un poema en un trozo de papel. La poesía giraba en torno a una gruta, silenciosa y lúgubre gruta. En consecuencia, su familia recorrió casi todas las grutas de la ciudad, creyendo que Roberto había lanzado una pista.

Todo secuestro lo es siempre de una vida querida, y eso provoca una gran conmoción entre los parientes y amigos de la víctima. Vicepresidente de Artplan, Lionel Chulam fue uno de los que más ayudaron como intermediarios. No obstante, le correspondió a Rubem Medina dirigir la negociación. El diputado pidió una excedencia en su puesto de Brasilia para instalarse en la casa de su hermano.

Como Abraham estaba mal de salud y no soportaría tanto terror, casi todas las llamadas telefónicas se le hacían a Rubem. Él y Paulo Marinho, que trabajaba con Roberto en el nuevo proyecto de Rock in Rio, salían en busca de notas, cintas de vídeo y objetos que los secuestradores escondían en rincones de la ciudad, pruebas cabales de que el publicista seguía vivo.

—Me acuerdo de un vídeo que busqué en la iglesia de São Judas Tadeu, en Cosme Velho, detrás de la imagen de una santa. En él, mi hermano estaba encadenado, muy barbudo y con tiritas en la cara, delgadísimo y con sangre que se le escurría de la frente, además de una ametralladora o algo parecido apuntado a su cabeza —recuerda Rubem Medina—. Uno de los secuestradores sacaba un revólver y disparaba dos o tres veces contra él. Afortunadamente, el arma no tenía balas.

Satisfecho con el comportamiento del empresario, al octavo día Maurinho Branco se sentó en el suelo e intentó darle a la víctima la sopa.

—Toma, anda. Tu familia se está esforzando y necesitas alimentarte, Medina, para seguir vivo y bien de salud.

Muy delgado, el publicista, que hasta entonces hacía huelga de hambre, tomó un poco. Fue la primera vez que aceptó comida, que tuvo ganas. Sin embargo, solo comenzó a alimentarse mejor del décimo día en adelante, gracias a una de las secuestradoras, Rose Peituda. Una tarde, la muchacha entró en el cuarto para conversar de manera civilizada con el rehén.

—De esa manera vas a morir...

—Mira, si me consigues un bocadillo de queso, lo como.

—Pero yo no puedo preparar uno aquí para ti.

—En la calle, anda, en la calle. Trae uno de la calle, por favor.

—No puedo.

—Entonces no como.

Poco después, la criminal volvía de la panadería más próxima. Y a partir de ese momento, alrededor del mediodía, volvía con un bocata que, metido en una bolsa, era la comida diaria más decente de Medina.

El pasado de Maurinho Branco no condecía con sus actitudes en relación con Roberto Medina. En secuestros, el criminal tenía el antecedente de actuar como un animal: pegaba mucho, llegaba a ser sanguinario. Con el mentor de Rock in Rio, sin embargo, el único momento de agresión fue aquel puñetazo en la cara que le asestó uno de los primeros días. El resto del tiempo resultaba irreconocible por su suavidad en el trato.

—Cuando él aparecía, se sentaba en el extremo del cuchitril, frente a mí, y se dedicaba a preguntarme hechos y pasajes de mi vida. Pedía que le contase historias, como la de la contratación de Frank Sinatra. También me preguntaba muchas veces si podría mantenerse, vivir como un bandolero en los Estados Unidos.

Frente a Artplan vivían un reportero de la revista *Veja* y otro de la Red O Globo. Con ocasión del secuestro, la cadena llamó a la agencia a los pocos minutos, preguntando qué había ocurrido. Creían que habían asaltado la sede. Lea Penteado contó que un grupo de delincuentes se había llevado al presidente de la empresa. No ocultó información, pero pidió que no la divulgasen, pues la vida del publicista corría peligro.

Hasta el sábado, día 16 de junio, ningún medio de comunicación publicó nota alguna sobre el secuestro. El domingo, sin embargo, *Veja* registró detalles del caso. El director de la revista, José Roberto Guzzo, creía que esconder la noticia solo beneficiaba a los secuestradores.

De acuerdo con la ley brasileña, el secuestro es un crimen de acción pública: su investigación no depende de la voluntad de la víctima o de sus familiares. Sin embargo, los medios de comunicación, en su mayor parte, siempre atendieron las peticiones de la policía y de las familias de las víctimas, cuando estas entendían que la divulgación de un secuestro podía agravar el riesgo de vida del rehén. La opción por el silencio nunca fue cuestionada hasta aquellos años finales de la década de 1980. Todo cambiaría a partir de Roberto Medina.

En cuanto se difundió la información, quien más lo sufrió en su propia piel fue el secuestrado: amenaza tras amenaza, golpes en la cara, patadas en el cuerpo, miradas feroces. Los maleantes, furiosos, le decían que su familia no había cumplido con su palabra. Un detalle: María Alice, mujer del publicista en aquel entonces, llegó a pedirle al gobernador Moreira Franco que la policía no se implicase. No obstante, después de que la noticia se difundió en el principal semanario del país, los policías tuvieron que sumergirse en el caso, les gustase o no.

Maurinho Branco se arriesgaba a pasar frente a los quioscos de periódico para analizar la reacción de las personas a propósito de la desaparición de Roberto Medina.

—La gente te quiere mucho —decía y al rato iniciaba su interrogatorio, cambiando de tema con una velocidad increíble—. ¿Y la experiencia de Rock in Rio? Yo no pude ir al primero, pero iré al próximo, seguro.

—¿De qué habla? Ya no haré ningún otro Rock in Rio.

—Ah, claro que sí.

Medina cuenta que Maurinho Branco servía incluso para eso, para inyectarle ánimo, hacerle creer que todo iba a salir bien, que la historia se acabaría bien siempre que llegasen a un acuerdo sin traiciones.

—Si yo sobrevivo, escúchame, te voy a entregar, aunque todo eso no sirva de nada. Pero si yo muero, tío, hay órdenes expresas para que te mate en el acto. Así que lo mejor es que reces bastante para que yo siga vivo.

El importe que exigieron los secuestradores fue realmente, al principio, los 5 millones de dólares que proclamaba Miguelão. En cuestión de horas, el importe ascendió a 10 millones y bajó, no obstante, enseguida, de nuevo a la mitad. Al séptimo día del secuestro, el 12 de junio, el Banco Central autorizó a Artplan a comprarle a una institución bancaria estadounidense 1,5 millón de dólares, monto destinado a pagar parte del rescate.

El día 18, la familia Medina reveló que los criminales habían bajado el importe de 5 a 2,5 millones gracias a la intervención del bandolero cearense Francisco Viriato, *el Japonés*, uno de los fundadores del Comando Vermelho.

A los 43 años, el Japonés era uno de los criminales brasileños más terribles. Había matado a su mujer delante de su hija de 16 años, insistiendo en que la muchacha presenciase los últimos momentos de agonía de la acusada de traición. Condenado a un siglo de prisión, el Japonés era uno de los principales jefes del CV, durante mucho tiempo el jefe supremo.

Durante seis meses, entre finales de 1987 y comienzos de 1988, el Japonés había trabajado como chófer y encargado de la seguridad particular de la mujer de un correligionario de Moreira Franco. La noche del 14 al 15 de junio de 1990, esa mujer, desesperada, llegó a encontrarse con el Japonés en el presidio Bangu I. A petición de la familia Medina, negoció con el reo la reducción del rescate a 2,5 millones de dólares, alegando que una cantidad más alta sería imposible en poco tiempo.

Si los amigos ayudaban como podían, ¿qué decir de Rubem Medina? Los secuestradores le mandaban recoger un mensaje dentro del Túnel Rebouças, bajo una piedra, a las seis de la tarde. El diputado tuvo que recoger otro debajo de un quiosco de periódicos de la Leopoldina. Se tumbó en el suelo, se ensució las manos con fétidas heces de perro, pero encontró el mensaje. En él, la firma de un psicópata dando nuevas instrucciones, las últimas, por añadidura. Tenía que llevar el día 19 de junio los 2,5 millones de dólares en un maletín y esperar en el coche, que otro vehículo aparecería frente al Monumento a los Muertos de la Segunda Guerra, en el Aterro do Flamengo, a las 20 horas. "Cualquier trampa, despídase de su hermano".

Rubem Medina efectuó el pago en persona. Él y su cuñada tuvieron que quedarse quietos dentro de su Alfa Romeo, en un rincón de la calle, a la espera de la llegada de los secuestradores. Estuvieron a punto de que los asaltasen otros delincuentes, pero lograron entregar el maletín a la hora fijada.

Momentos de tensión. Un coche comenzó a frenar con suavidad hasta parar al otro lado de la calle. Los guardianes del monumento percibían la atmósfera extraña, coches con luces bajas, y lo veían todo pero, cobardemente, no hacían nada. Salieron del vehículo dos hombres armados hasta los dientes y caminaron, resueltos, en dirección al Alfa Romeo del diputado: un tipo muy fuerte, otro medio *playboy*, ambos desconocidos. Cruzaron con cuidado la calle, entraron en el coche, mandaron a Rubem y a María Alice al asiento trasero, el que parecía ser el jefe se puso al volante y los cuatro siguieron avanzando. Pasado un viaducto, se detuvieron un poco más adelante. Enseguida, el otro coche se puso a la par. Y, en una escena dramática, Rubem y María Alice abrieron el maletero y trasladaron los 2,5 millones de dólares.

Al día siguiente, ningún rastro de Roberto Medina, ninguna noticia, el miedo que se acentuaba; se tenía la impresión de que habían pagado por nada. Hasta que el jueves, día 21 de junio de 1990, después de dieciséis días de cautiverio, el publicista finalmente fue liberado.

A los 41 años, pero envejecido, el empresario había recuperado la libertad alrededor de las 18.30. En la Praça da Bandeira, los secuestradores lo entregaron a los periodistas Albeniza García, de *O Dia*, y a Jorge Luiz Lopes, de *O Globo*. Estos llevaron a Medina hasta una iglesia en el centro, donde los policías Elson Campello y Luís Mariano, que investigaban el caso, aguardaban su llegada. Desde allí, el publicista fue en un coche de la policía derecho hasta el edificio donde vive, en la Barra da Tijuca. Afeitado y con el mismo traje que usaba en el momento del secuestro, Medina llegó a casa poco después de las ocho.

¿Final feliz? Ojalá...

CRIMEN HEDIONDO

En 1989, Maurinho Branco fue liberado del presidio Ari Franco, donde cumplía una condena de 30 años, gracias a un permiso falso que le presentó al director de la penitenciaría un supuesto oficial de Justicia que, en realidad, integraba el Comando Vermelho. Menos de un año después, le correspondió al delincuente, en persona, recoger el maletín con el millonario rescate del secuestro de Roberto Medina.

Cuando liberó al publicista, el criminal estaba elegante como nunca: pantalones de lino, camisa y zapatos blancos. Sabiendo que por fin recuperaría su libertad, Medina solo le pidió la oportunidad de darse una ducha —la primera en más de dos semanas—, además de una cuchilla de afeitar.

Poco después de soltar al empresario, Maurinho Branco irrumpió en la habitación de Medina con un gavilán. Puso al ave en el brazo del publicista que, asustado, lo ahuyentó. El bandolero cogió de nuevo el animal y lo colocó entonces en una bolsa, ordenando que lo sujetase. En cuanto comenzó a debatirse, Medina volvió a soltar el ave. Entonces

Maurinho salió por un instante del cuarto, y al volver trajo al gavilán metido en una jaula.

—Escúchame: si le das este animal a alguien, mataré a tus hijos. Quieras o no, tienes que quedarte con él.

—¿Cómo?

—Vuélvete. Tienes que quedarte con él. Ahora siéntate, que te voy a explicar algunas cositas.

Medina prefirió no dudar. Se llevó el ave a su finca en Miguel Pereira, donde el gavilán moriría de vejez en el año 2000.

En cuanto a las "cositas" que Maurinho Branco necesitaba explicarle, Medina escuchó reglas, órdenes que tendría que seguir a rajatabla si quería mantenerse con vida:

—No podrás exponer ante los medios cuestiones de opinión pública, ¿has oído? Y además nunca, ¿has entendido?, nunca podrás identificar el sitio donde has estado secuestrado, ¿de acuerdo? Si das alguna pista que traiga gente aquí, tu hijo estudia en tal lugar, tu mujer sale a tal hora, tu madre vive en tal edificio. O sea que si te haces el listo y cuentas algún detalle de aquí, mataremos a toda tu familia al día siguiente.

Maurinho Branco le dio incluso una opción a Medina:

—Puedes mandar que me maten. Si quieres acabar conmigo o detenerme, sin problemas, estás en lo justo. Tú eres el muchachito y yo soy el maleante. Tienes todo el derecho a intentar atraparme, es tu obligación. No te haré nada si quieres hacerme detener, pero si revelas detalles de aquí...

Incluso lo alertó:

—Necesitas cuidarte más, Medina. Compra un revólver, no hace falta siquiera que sepas disparar, porque con un arma puedes asustar a las personas. Escucha, el Comanda Vermelho no volverá a secuestrarte nunca más, ¿de acuerdo? Pero necesitas protegerte, ¿no te parece?

El criminal dejó escapar que habían estudiado durante bastante tiempo la rutina del publicista:

—Te analizamos durante dos meses y notamos que, desde el trayecto de tu casa hasta el trabajo, estás todo el tiempo leyendo. ¡Leyendo! Así, Medina, fíjate, no reparas en nada de lo que ocurre a tu alrededor, movimientos de gente extraña, no te das cuenta de nada.

A esas alturas, el empresario ya tenía conciencia de que su "amigo" de cautiverio respondía al apelativo de Maurinho Branco. Lo había descubierto en ejemplares del populachero periódico *O Povo na Rua*, que de vez en cuando los raptores dejaban en el suelo del cuarto de baño. No conocía, sin embargo, hasta qué punto era peligroso ese criminal ni, mucho menos, sus antecedentes. Pero tendría una mínima noción durante el trayecto de vuelta.

Tumbado en el suelo del coche, el publicista vivió sus últimos instantes de terror. Pusieron una alfombra sobre Medina, Rose Peituda sostenía un arma y, al pasar delante de una garita de policías militares, Maurinho Branco bromeó:

—¿Vamos a matarlos, a pegarles un tiro a esos "azulitos"?

—¡No, tío! —cortó la mujer—. No seas imbécil. ¿Te has olvidado de que vamos a entregar a este tipo? A ver si te comportas.

Cuando soltaron al empresario en la Praça da Bandeira, Albeniza García, la reportera de *O Dia*, quiso llevar a Roberto Medina en el coche del periódico derecho a la comisaría.

—Yo dije que no. Estaba exhausto, acabado, destruido, necesitaba descansar. Le dije que si seguía insistiendo iría, claro, pero la acusaría de haber participado en el secuestro. Ella desistió y me dejó en una iglesia. Después apareció un coche patrulla, mejor dicho varios, y en cuanto me subí a uno, en dirección a casa, los policías conectaron las sirenas. Aquel ruido infernal me molestaba. Pedí que las desconectasen: al fin y al cabo, el secuestro ya había terminado, basta, se acabó. No había ya razón para semejante aspaviento.

A partir del lunes, día 11 de junio, todos los días, a las 18 horas, los empleados de Artplan se reunían en la sala del presidente, donde se daban las manos en una conmovedora cadena de oración.

—Es curioso —recuerda Rose Carvalho—: el día en que fue liberado, sentimos su presencia allí. Confieso que me dio incluso algo de miedo, pensando que había ocurrido lo peor y que quien había estado con nosotros era su espíritu. Pero la noticia que luego recibimos, gracias a Dios, fue la mejor posible.

Noticia que, por añadidura, llegó de forma prodigiosa. En un momento incomparable, los teléfonos de la agencia, mudos desde hacía varias horas, empezaron a sonar y, como en el principio de *Time*, tema del grupo Pink Floyd, todos los timbres al mismo tiempo. Sin saber cuál atender primero, Rose hizo lo más obvio: descolgó el de su mesa. Era un amigo, para avisar de que la televisión estaba pasando *flashes* de la llegada de Roberto Medina a su edificio. La secretaria marcó inmediatamente el teléfono del jefe. Cambiándose de ropa para ir a la casa de su hermano y llorando de emoción, Rubem Medina dijo que ya lo sabía. También se había informado a través de la tele.

—¡Ay, qué contenta me puse! Pero, en aquel instante, me encontraba sola en el séptimo piso. No tuve a quien abrazar. ¡Acabé dándole un abrazo muy fuerte al encargado de la limpieza! —sonríe la siempre simpática Rose.

Cuando la "comitiva" que llevaba a Medina entró en su edificio, el empresario se dio cuenta de que lo esperaba una multitud. Unas cámaras de televisión estaban listas para transmitir la llegada en vivo. Minutos después, en casa, el médico de cabecera analizó al publicista y comprobó que, a pesar de los sinsabores sufridos durante el cautiverio, se encontraba razonablemente bien de salud. Sin embargo, se veía a Medina bastante asustado. De tan inseguro, no quería salir a la calle ni a las calles contiguas a su propio edificio.

—Me quedé unos quince días encerrado en casa. Solo salí cuando los reporteros que habían acampado frente a mi residencia se marcharon de allí.

Cuando reunió fuerzas para salir, Roberto Medina cogió un bastón de su colección particular —le encantaba hacerlos girar con una de las manos, en el mejor estilo Gene Kelly en *Cantando bajo la lluvia*— para dar su primer paseo por el barrio. Estaba muy contento por haber empezado a superar un trauma. A unos metros de su casa, vio a una pareja enamorada besándose. En el momento en que pasó delante de ellos, sin embargo, ¡flash!, la pareja le sacó una foto. Tranquilo, aunque sorprendido, Medina se volvió hacia los periodistas que fingían ser novios y dijo:

—¿Sabéis lo que estáis haciendo? Quitándome parte de mi libertad. Está resultando tremendamente difícil salir de casa, ¿sabíais?

Le pidieron disculpas. No obstante, al día siguiente salió una crónica en un periódico afirmando con toda certeza que Roberto Medina había recibido un tiro en la pierna durante el secuestro. Por ello necesitaba un bastón para caminar por los alrededores de su casa.

El día en que volvió a la agencia, el publicista convocó una rueda de prensa.

—Esta es la primera y última vez que hablo sobre este asunto —advirtió, con el auditorio de Artplan repleto. Buena parte de la edición del *Jornal Nacional* de aquella noche se ocupó de él.

Días después, cuando salir de casa ya no representaba un tormento, el empresario captó el lado bueno del episodio: el cariño de la gente. Fueron muchas las manifestaciones de solidaridad. Cierto día pasó frente a un edificio en obras y los albañiles lo aplaudieron con entusiasmo. En otra ocasión, en un restaurante McDonald's, las personas lo abrazaron con intensidad, algunos llorando. Cerca de un mes después de su regreso, en el aeropuerto, el publicista conoció a personas que rezaron y sufrieron pidiendo por su vida.

—El brasileño es realmente un pueblo increíble. No había lugar donde no sintiese su calor.

Eran tantas las personas que se acercaban que Artplan decidió contratar a ocho encargados de la seguridad para vigilar los pasos del presidente de la empresa: casi un ejército. Roberto Medina no soportó seis meses así. En una ida al dentista, en Copacabana, se sintió como encerrado en una jaula.

—Había un vigilante en la puerta, otro en el ascensor, otro de espaldas. Me dije: "Estoy preso, me han secuestrado". Salí de allí, los llamé a todos, los reuní y les di las gracias por todo, pero los despedí en bloque. Nunca más volví a salir con guardaespaldas. Ni blindé mis coches, ni puse cristales a prueba de balas en casa, ni cámaras en la agencia ni nada.

Explica el porqué:

—Quien no pasa por una situación así no logra entenderlo del todo. Solo quien vive ese drama comprenderá mi respuesta en toda su dimensión. Me sentí mal, salí eufórico, volví a sentirme mal y solo superé la peor fase por la alegría de estar vivo. No imaginaba que fuese tan bueno vivir. Pasé seis meses encogido, lleno de miedos, y después me di cuenta del privilegio que es haber vuelto a la vida. Sé que nunca va a ser posible olvidarlo, pero aprendí a usar aquella experiencia terrible para vivir mejor. Qué alegría tuve cuando volví del secuestro y, en casa, pude abrazar nuevamente a mis hijos...

Que son tres. A los 14 años, Roberta Medina supo administrar su dolor. No así el hijo del medio, de 15 años. Rodolfo Medina enmudeció durante algunos meses como consecuencia del trauma. Junior tuvo la peor reacción de todas. Atónito, su padre decidió tomar una actitud. Mandó a la familia a los Estados Unidos, pues, a pesar de la coacción ejercida por los maleantes al final del cautiverio, cuando le dieron reglas, se dedicó a menospreciarlas: estaba dispuesto a rebelarse. Su mujer en aquel entonces, María Alice, prefirió quedarse. Así, para no poner en peligro a sus familiares, el publicista, a regañadientes, se calló.

Y en Miguel Pereira cuidó con cariño el gavilán que le habían dado. Por añadidura, el ave sobreviviría a la muerte de Maurinho Branco y otros quince de los dieciocho bandoleros. Por los periódicos, Roberto Medina siguió el fin de cada uno de los delincuentes.

Solo dos horas después de secuestrado, la familia de Roberto Medina recibió el primer telefonazo de los delincuentes, quienes ordenaron que la policía y la prensa se apartasen del caso. Sin embargo, cuando *Veja* publicó la información, la policía intervino. Se mantuvo alejada solamente de la negociación sobre el rescate.

Confirmada la libertad del publicista, con él seguro en casa, los policías iniciaron una búsqueda de los secuestradores. Montado desde el día 18 de junio, el esquema preveía la movilización de 5 mil hombres en las zonas norte, sur y oeste de Rio, además de Baixada Fluminense, Niterói y São Gonçalo. Las fronteras del estado se cerraron para impedir la fuga de los maleantes.

Así desvelaron el súper operativo preparado para septiembre de 1990, cuyo objetivo era la liberación de algunos detenidos de Bangu I. El plan de fuga implicaba a Maurinho Branco. Con el dinero del rescate de Medina en sus manos, el bandolero alquilaría un helicóptero que, pintado con los colores de la aeronave de la policía militar, rescataría a los presos.

Maurinho Branco parecía ser francamente hábil. Al comienzo del secuestro, cuando a Roberto Medina le robaron el Rolex y la pulsera, el delincuente le dijo al publicista:

—No ha sido posible recuperar los objetos, pero de alguna forma ya lo compensaré.

En julio, días después de que el empresario volviese a trabajar, el presidente de Artplan recibió una llamada de Maurinho Branco avisándolo de que, como había acordado, le devolvería lo que le habían robado.

—No me dijo su nombre, pero le reconocí la voz. No avisé a la policía, pero alerté al personal encargado de la seguridad, varios vigilantes en aquel entonces. Después supe que Maurinho Branco, con el mayor descaro, entró en Artplan, dejó una estilográfica de oro con mi nombre grabado en la recepción y se marchó. Cuando salía, unos cuantos vigilantes salieron tras él, pero Maurinho, sagaz, subió a un autobús y huyó. Impresionante.

El mismo mes de julio, sin embargo, comenzaron las bajas. Preso en Paraguay, Alberto Salustiano Borges el Chocolate, fue el primer secuestrador del grupo que murió, el día 26, en una celda de Bangu I, ahorcado con tiras de una manta.

Dos días después, le tocó el turno a Miguelão, que venía manifestando su temor a ser el próximo. Un miércoles por la noche, después de recibir cuatro tiros en el suburbio de Vila Valqueire, herido, el hombretón no resistió la hemorragia y, a los 51 años, murió en el Hospital Carlos Chagas.

A otro de los secuestradores, José Cornélio Rodrigues Ferreira, el Preá, lo acabaron localizando por haber abandonado una moto en la escena del crimen. Por la matrícula llegaron a él, que la había alquilado por intermedio de otro maleante. Pillado en el límite entre Rio y Minas Gerais, Preá contó lo que sabía. Entregó a nueve compañeros y comunicó que quien había planeado el operativo era un individuo conocido como Profesor.

Nazareno Barbosa Tavares —que había nacido en el seno de una familia pobre en el suburbio de Benfica, conoció a João Baptista Figueiredo en 1979 y entonces se mudó a un ático en Leblon— frecuentaba regularmente la residencia oficial del último presidente militar. Al final del régimen, no obstante, acabadas las regalías, desempleado, tuvo que volver al suburbio. En las clases de gimnasia conoció a gente importante del tráfico de drogas en la favela del Arará, donde quien mandaba era el Japonés.

Gracias a la indicación de Preá, la división anti-secuestro detuvo a Nazareno el 13 de julio al amanecer, acusado de colaborar en el plan de extorsión a Medina. El Profesor confesó su participación en el crimen. Dijo que el operativo se había planificado en una fiesta en la casa de Robson Caveirinha, en el Morro del Pavão-Pavãozinho, zona controlada por el Comando Vermelho. En esa fiesta estaba Maurinho Branco, que se convirtió en el responsable de la dirección de los quince secuestradores implicados en el plan. En realidad, la banda se preparaba para atacar otro blanco: el dueño de la fábrica de tractores Sotrecq. Sin embargo, creyendo en Miguelão, Nazareno convenció a la cuadrilla de raptar a Roberto Medina, que tenía "la pasta gansa".

Con la parte que le correspondería, Nazareno se ocuparía de hacer campaña por su candidatura a diputado del estado. Qué dura es la vida real: el Profesor acabó en la penitenciaría Milton Dias Moreira, con una condena de 20 años a sus espaldas. No obstante, la policía mató a Nazareno y Maurinho Branco en extrañas circunstancias, aún hoy poco aclaradas.

Nazareno fue asesinado en 1997 al dejar la cárcel, cuando ya cumplía condena en régimen semiabierto. Maurinho, sin embargo, acabó fusilado en una acción de la Policía Federal en el Largo da Carioca, uno de las zonas con más movimiento de la ciudad, el día 7 de agosto de 1990. En uno de sus bolsillos, los policías encontraron un mapa del Bairro de Santa Teresa. En él, la dirección del padre de Collor y el nombre del colegio donde los hijos del entonces presidente, Arnon y Joaquim Pedro, estudiaban.

También el cerco a Maurinho por los federales había comenzado a mediados de julio, cuando un informante de la policía civil denunció al bandolero como responsable de la planificación del secuestro. Según algunos testigos, la policía mató a Maurinho sin que hiciese ademán de reaccionar. Solo afirmó, cuando lo interrogaron:

—Ok, estoy armado, sí, pero he perdido, sé que he perdido —alzó las manos, impotente, y le respondieron con una ráfaga de balas.

—Cuando vienes de estar secuestrado —explica Roberto Medina—, te importan mucho más las cosas que ocurren a tu alrededor. Lo que tuve que pasar me hizo mucho daño. Tenía motivos de sobra para salir sublevado contra aquellas personas. Es curioso, dicen que es el síndrome de Estocolmo[13], pero yo no quería que el principal maleante,

Maurinho Branco, muriese, porque en cierta forma fue él quien me permitió seguir vivo. Sé que es paradójico sentir una gratitud extraña por un mal tipo, que me hizo mucho daño.

La cresta de la impresionante ola de secuestros que asoló la ciudad de Rio de Janeiro se corresponde justamente con el largo cautiverio de Roberto Medina. El hecho fue tan relevante que, a partir de entonces, la prensa carioca se replanteó su línea editorial. O Globo, por ejemplo, anunció su disposición a dar información sobre los secuestros. El *Jornal do Brasil*, poco después de la liberación del empresario, también manifestó la intención de cambiar su política, afirmando, en una nota de la primera página:

> Al conocer la extensión de la red relacionada con él, el secuestro de Medina sirvió para mostrar que Rio de Janeiro es rehén del crimen organizado. Así, el *Jornal do Brasil* no está convencido de que el silencio se justifique por razones humanitarias.

El drama que vivió Roberto Medina fue también el desencadenante de que cualquier secuestro comenzase a tipificarse como crimen hediondo, no permitiéndose reducción de pena ni pago de fianza, además de confinamiento entre ocho y treinta años de prisión. Producto del clima emocional dominante, la ley se creó inmediatamente después del desenlace del caso.

---

13 El síndrome de Estocolmo es un estado psicológico en el que las víctimas de un secuestro, o personas detenidas contra su voluntad, desarrollan un vínculo solidario con su captor. Recibe ese nombre por alusión al famoso asalto de Normalmstorg, del Kreditbanken en Estocolmo, que duró del 23 al 28 de agosto de 1973. En ese acontecimiento, las víctimas seguían defendiendo a sus captores aun después de pasados los seis días de prisión física, incluso en los juicios.

EL *REAGE RIO*[14]

—Los secuestros anteriores al mío no me afectaron —confiesa Medina—. Era algo distante. Pero sufrí mucho por los que ocurrieron después: me quedaba imaginando qué les pasaba a las víctimas. Puedo decir que reaccioné muy mal a todos los secuestros que hubo después del mío.

Y al suyo también. Al fin y al cabo, Maurinho Branco le dio varias orientaciones, que Medina tuvo que aceptar a regañadientes durante muchos años.

Después de dos semanas en casa, cuando ya se estaba recuperado emocionalmente, el empresario reunió a la familia para comunicarles:

—Vosotros os vais a Miami porque yo voy a la calle, voy a decir lo que sé, a hacer lo que puedo, no voy a aceptar esto callado, no. Entre las primeras garantías de la Constitución está el derecho a ir y venir, a transitar. Y yo no tengo ese derecho. Fui secuestrado en mi agencia y, como los tipos os están amenazando, necesito que estéis lejos de aquí. Lo que haré puede llegar a ser peligroso.

---

14 Literalmente "Reacciona, Río" (N. del T.).

Conmoción en la familia. Muchas lágrimas y sentimientos después, Medina acabó desistiendo: ni su esposa ni mucho menos sus hijos querían vivir en otro país. El publicista se vio obligado a callarse, a cumplir el ritual que había impuesto Maurinho Branco. En caso de que la familia, amedrentada, hubiese aceptado viajar, Medina lo sabe, podría incluso haber muerto, pero en aquel momento no quería siquiera saberlo, necesitaba escupir aquello que lo atragantaba, atravesado en la garganta.

Y realmente podía morir. Uno de los portavoces de los Medina durante las negociaciones telefónicas con los secuestradores fue el político Juca Colagrossi. Después de la liberación del publicista, en cuanto el Comando Vermelho descubrió que la familia estaba en condiciones de reunir el monto deseado, Colagrossi fue considerado por la banda un "traidor". Tuvo que dejar el país, designado deprisa por Fernando Collor de Melo para la oficina del Lloyd, en Nueva York. Había recibido una foto suya al lado de la mujer y los hijos, cerca de casa, en cuyo reverso figuraba el siguiente recado: "Si hemos llegado tan cerca para hacer esta foto, podemos hacer mucho más".

En otras palabras, el crimen se extendía y crecía, situación que subleva a cualquier ciudadano como Roberto Medina.

—No tenemos conciencia de que podemos cambiar. ¡No obstante, si se comparan décadas, siglos, es evidente que hemos cambiado! Pero entre nosotros, en la vida cotidiana, no es posible tener esa noción. Así, pues, no se ve una voluntad colectiva de lo que se puede hacer. Acabamos quedándonos a merced de los acontecimientos.

El publicista, sin embargo, como lo demuestra su biografía, no es de esos hombres que se quedan viendo pasar el barco.

—Tenemos que tocar el timbre y pocos lo hacen. No es necesario, por ejemplo, espera a que llegue un cliente para pensar en una idea. El negocio es invertir. Pensamos las grandes ideas y después buscamos el cliente adecuado, capaz de llevarlas a cabo. Ese es el secreto: expandir, abrir la puerta. Empujar la puerta de la vida.

Medina continúa:

—En 1968, ¿cuál era la oportunidad que tenían los estudiantes de vencer a los militares? Ninguna. Aun así, salían, gritaban, se rebelaban, armaban jaleo. Hacían ruido, aparecían, mostraban lo que querían. Aquella resistencia fue, por cierto, fundamental para que el país recuperase la democracia. Hoy, la sensación de impotencia que el pueblo tiene con respecto a los descalabros de Brasil es terrible. En realidad, nosotros podemos hacer las transformaciones. No tenemos que esperar que se produzcan, pues de ese modo nunca se producirán...

Por esas y otras razones, Medina quería elevar la voz. Convocaría al pueblo para que saliese con él a la calle. Protestaría incluso ante el gobierno y lo procesaría por no haberlo respetado: tenía que multiplicar por lo menos por diez lo que había pagado a los delincuentes, a modo de indemnización.

Sin embargo, no actuó como un loco. Tuvo conciencia de que, si creaba un conflicto con el gobierno, de rebote desafiaría a los secuestradores. Por proteger a sus hijos se serenó, no creó problemas. No obstante, se convirtió en una norma de la redacción de todos los periódicos llamar a Artplan cada vez que se difundía la noticia de un secuestro, aunque las palabras del presidente de la empresa fuesen siempre las mismas:

—No tengo nada que decir.

Durante cinco años, Medina actuó así. Hasta que, en 1995, hubo un secuestro triple en Rio y, emocionado, el publicista no pudo soportarlo. En vez de encerrarse, empezó a participar con eficacia en tareas sociales.

Aquella misma noche, una reportera del *Jornal do Brasil* lo llamó por teléfono:

—Hola, don Roberto, lo llamo porque, si no llego a hacerlo, mi editor me lo va a reprochar... Sé muy bien que usted no hace declaraciones...

—No, no. Hoy quiero hablar.

—¿Sí? ¡Entonces vamos a conversar!

—No, no. Personalmente.

—Ah, imposible. Ya son más de las seis, dentro de poco el periódico cierra la edición.

—Entonces de acuerdo. Paciencia. Que tenga un buen cierre.

A los dos minutos, la muchacha volvió a llamar:

—El editor ha dicho que esperemos para cerrar. Voy a verlo en taxi.

Y lo que se dio en Artplan no fue exactamente una entrevista, menos aún una conversación, sino un desahogo. Al final los dos, Roberto Medina y la reportera se echaron a llorar.

Roberto Medina al lado de su hermano Rubem, del ex jugador de voleibol Bernard y del político Sergio Arouca en la "Caminata por la paz", la manifestación del movimiento *Reage Rio*, en 1995.

Cuarenta minutos después de que la periodista volviera a la redacción, nuevamente sonó el teléfono en la agencia. Era la reportera, eufórica.

—Señor Medina, mañana saldrá en la primera página del *JB*, ¿de acuerdo?

—¿Qué saldrá en la primera página?

—Lo que usted ha pedido.

—Pero ¿qué he pedido?

—Que la gente salga a la calle.

Sorprendido, el empresario colgó y, sin perder tiempo, llamó al periódico *O Globo*:

—Oiga, ustedes se enfadan siempre que digo algo solamente a un periódico...

Y reveló toda la historia. En cuestión de minutos, otro reportero subía a Artplan para una nueva entrevista. Al día siguiente, los quioscos mostraban dos cabeceras enormes con el mensaje del publicista pidiéndoles a las personas que tomasen las calles.

Feliz por la repercusión, el empresario le expuso todo de nuevo al, en aquel entonces, alcalde de Copacabana, Antônio Pedro Índio da Costa, amigo del empresario Eduardo Eugenio Gouvêa Vieira, cuyo hijo estaba en cautiverio. Después llamó a los sociólogos Rubens César Fernandes, del movimiento Viva Rio, y a Betinho, de Acción de la Ciudadanía contra la Miseria y por la Vida. Los tres acordaron unirse en un frente.

Conscientes de que los intentos individuales son meros paliativos, el trío entendió que el crimen organizado solo podía ser enfrentado con eficacia por un enemigo mayor que él: el Estado. Así, pues, Roberto Medina, Betinho y Rubens César organizaron un movimiento que, con solo veinte días de campaña, llevó casi medio millón de personas a la Avenida Rio Branco: el *Reage Rio*.

Fue la mayor manifestación promovida por la sociedad carioca desde la victoriosa lucha por la recusación del presidente Fernando Collor, en 1992. La "Caminata por la Paz" paró la ciudad el día 28 de noviembre de 1995. Una multitud de unas 300 mil personas se dirigió hacia Cinelândia vestida de blanco.

—Trabajé mucho en el *Reage Rio* —cuenta Medina—. Quería movilizar al pueblo para que demostrase a los políticos la indignación con aquella situación vergonzosa. Creo que salió bien.

A pesar de algunos momentos de pánico:

—Al principio creía que iba a morir. Cualquier movimiento extraño a mi alrededor me asustaba. Hubo alguien bastante sospechoso, que estaba cerca de mí y de repente se metió la mano por debajo de la chaqueta... Dios, qué susto, inmediatamente empujaron a esa persona hasta hacerla caer al suelo, pero no tenía nada y le pedimos perdón.

Como consecuencia directa del *Reage Rio*, en pocos meses comenzó a caer el número de secuestros en la ciudad. Medina participó activamente de la modernización de la división anti-secuestro y de la creación del marque-denuncia. Con la participación de la comunidad, aumentó el número de cautiverios desmantelados. La sustitución de policías antiguos y sin estímulo por gente más joven también fue fundamental. Los que se quedaron adquirieron entrenamiento y recursos tecnológicos. Los grandes empresarios, blanco preferido de los secuestradores, costearon parte de los gastos.

—Quiero decir lo siguiente: el día en que las personas dejen de refunfuñar sobre lo que sea, como los elevados impuestos o la violencia en la ciudad, y tomen las calles para demostrar, unidas, que no admiten la situación tal como está, todo puede cambiar. Todo puede cambiar, no: todo va a cambiar. Tenemos que dejar de echarle la culpa al Estado. El hecho es que tiene que haber dinero nuevo para las cosas esenciales de la población. Si no lo hay, mala suerte, se emite dinero, aunque genere inflación, porque tiene que haberlo, esa es la base de cualquier relación. Si no es así, el Estado no tiene autoridad para pedirnos nada. ¿Quiere saber una cosa? Pagamos nuestros impuestos, que no son pocos, y lo que tenemos, desde hace muchos años, es un Estado sin autoridad para pedirnos algo, porque básicamente nos ofrece las cosas que fundamentan la dignidad del hombre. Eso es absurdo, pero no es el fin del mundo. El problema es que las personas aún no han tomado conciencia de su fuerza, no han aprendido a reivindicar sus derechos de la forma más adecuada.

ROCK IN RIO 2

E s prácticamente imposible explicar el secuestro de Roberto Medina sin referirse a *Reage Rio*. Sin embargo, entre uno y otro episodio de la vida del publicista ocurrieron muchas cosas, incluso otro Rock in Rio.

Cuando se recuperaba del secuestro, aún en casa, el empresario recibió una llamada telefónica del presidente de la Coca-Cola en Brasil.

—Es evidente que usted ya no piensa en organizar un Rock in Rio 2, ¿no es así? —le preguntó o, mejor dicho, casi afirmó Jorge Giganti.

—Sí.

—¿De verdad?

—De verdad.

—Entonces —Giganti hizo una pausa—, entonces es evidente que ya no quiere volver a hacerlo...

—Claro que quiero.

Quedaron en almorzar en el Antiquarius, la primera salida de Medina de su casa después del trauma.

—¿Sinceramente? Creía que ya no querría organizar otro festival.

—No estoy muy lúcido, Giganti, ni muy seguro de que pueda hacerlo solo. Me parece un riesgo muy grande que ustedes se empeñen en hacerlo conmigo ahora.

—Pero yo creo que logrará hacerlo, claro que sí. Creo que será positivo para la Coca-Cola y también para usted.

—¿Para mí? Será estupendo para mí —Medina soltó una carcajada satisfecha, complacida—. Lo mejor del mundo será que corra de nuevo detrás de mi sueño.

Se pusieron de acuerdo. Y, así, poder atender las numerosas demandas y luchar por un nuevo festival fue de verdad excelente para Roberto Medina, que al cabo de un mes estaba en Los Ángeles: se pasó 45 días trabajando sin parar en tierra estadounidense. En otro país, respiró mejor, a pesar de las desconfianzas.

—Recuerdo que un periodista de la antigua TV Manchete se me acercó y me dijo que, tal vez por haberme librado recientemente de un secuestro, no entendía cómo yo podía estar tan bien. Le dije: "¿Cómo no voy a estarlo si estoy viendo de nuevo las flores, si mis hijos me dan cariño?".

Sin embargo, un Rock in Rio no se hace solo con flores y con cariño. Roberto Medina enfrentó muchas situaciones espinosas y problemáticas. Aunque el panorama económico no era favorable, el empresario logró sortear las dificultades, que no fueron pocas. Para empezar, la Ciudad del Rock había sido cerrada. La serie de shows debería emigrar de la Barra da Tijuca al estadio del Maracaná.

En Los Ángeles, Medina trabajó directamente con el inglés Gerry Stickells, radicado en la ciudad desde 1969. Stickells, que producía por segunda vez el festival, a los 58 años ya llevaba 28 de carrera. Sabía enfrentarse con la idiosincracia de los artistas. Judas Priest, por ejemplo, le dijo que solo entraba en escena con dos motos Harley-Davidson.

Otros colaboradores de Roberto Medina fueron Phil Rodríguez, fundamental en el contacto y contrato con artistas, y también Dody Cirena. Este último fue una pieza decisiva en la celebración del festival. Eligió a las estrellas con el presidente de Artplan. Director artístico y de producción, discutió el contrato con nada menos que catorce abogados de George Michael.

—Cada uno se ocupaba de un aspecto —sonríe Cirena.

Por añadidura, George Michel solo aceptó venir a Brasil cuando Roberto Medina lo sedujo mostrándole las bellezas del litoral sur-fluminense. Antes de viajar al exterior, el publicista, sagaz, había producido un vídeo de cinco minutos capaz de sensibilizar hasta al individuo más tosco.

Además de Stickells y Cirena, el creador del festival no prescindió en el equipo de una de las personas que más creyeron en su sueño en 1985. Léa Penteado se ocupó de las cuestiones ligadas a la prensa y la comunicación del espectáculo.

También trabajó para Medina Rafael Reisman[15]. Luchador, aún adolescente, el fotógrafo se trasladó de Brasilia a California. Vivió en una parada de autobuses en Beverly Hills, trabajó como guardés, cocinero, hasta que se encontró con Roberto Medina y, a partir de entonces, su vida cambió. Reisman comenzó sirviendo al visionario brasileño como chófer, en Los Ángeles.

—Necesitaba un chófer, él era estudiante y se ofreció. Me preguntaba todo, iba a las reuniones, siempre estaba atento, aunque callado. En el Maracanã, vendió fotos Polaroid, ahorró un buen dinero y se convirtió en empresario.

Medina recuerda que fue Reisman quien le pidió que contratase a Faith no More.

—Siempre ponía *Epic* en el coche. Parecía no haber otra canción en la cinta.

Un mes y medio antes, un mes y medio después. En total, durante noventa días Roberto Medina negoció contrataciones en territorio extranjero. La banda Poison fue sustituida por los antipáticos Guns n´Roses, una de las mayores atracciones del festival. Medina estuvo a punto de renunciar a Prince a causa de sus exigencias. El cantante, que quería una limusina para circular por Río, doscientas toallas disponibles en los camerinos, agua mineral francesa y un piano de cola en la suite, hacía hincapié en que se prohibiese la venta de bebidas alcohólicas a la hora de su show. Como si eso fuese poco, al desembarcar en Brasil, en cuanto llegó al hotel, alegando que la ciudad era violenta, solicitó la compañía

---

15 Dueño de Rafael Reisman Produções, que propició en 2005 la presentación de Lenny Kravitz en la playa de Copacabana.

de cincuenta vigilantes de seguridad. Medina lo complació solamente en la exigencia del agua mineral y de la limusina.

—Esto no es la Isla de la Fantasía, ¿en qué están pensando? —se rebeló frente a los *managers*.

Con ocasión del segundo Rock in Rio, surgió la posibilidad de traer a Pink Floyd a Brasil. Los vientos soplaban a favor: en aquel momento, el grupo aceptaba participar en festivales. El cachet era altísimo, pero sostenible. No obstante, para traer los equipos haría falta un Jumbo. La operación empezaba a volverse inviable.

—Llegué a ver uno de esos aviones en Rusia, allá era más barato. Sin embargo, para que ellos montasen el equipo, Rock in Rio iba a tener que dar un giro en su organización. Necesitaría tres días para el montaje y dos para quitar toda la parafernalia del escenario. Renuncié. Incluso porque ningún presupuesto soportaría el coste del transporte del equipo. No podía haber acuerdo.

Esta vez la Ciudad del Rock, mucho menor, fue construida en solo 35 días. El Maracaná fue remodelado especialmente para acoger a 700 mil personas en nueve noches. Y no solo eso: dos escenarios móviles y dos telones de 9 metros de altura por 7 de ancho;

Roberto Medina dirige las obras en el Maracanã: el estadio más grande del mundo albergó el Rock in Rio 2 en el verano de 1991.

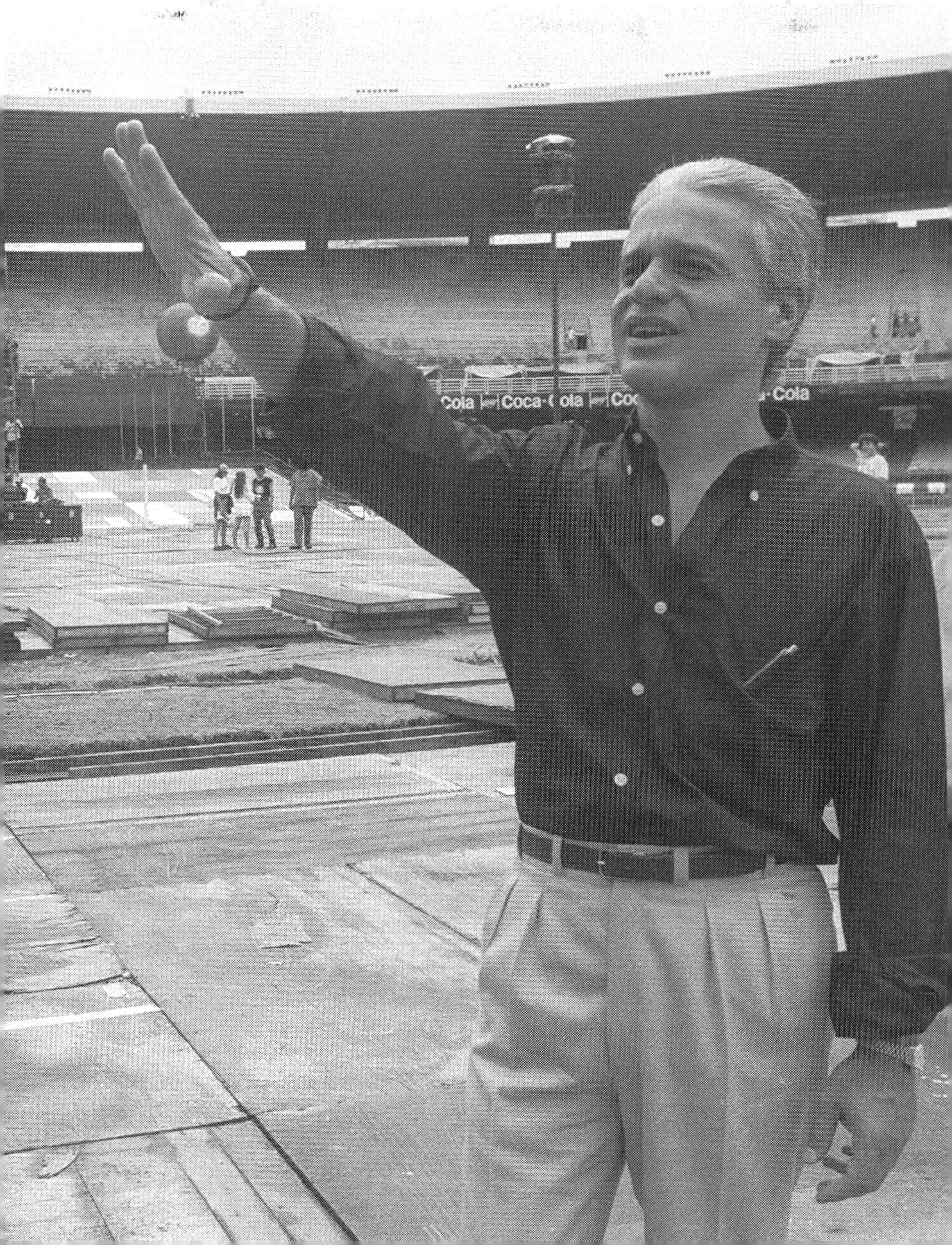
Coca-Cola

15 toneladas de reflectores y 500 de aparatos de sonido; 600 toneladas de estructura metálica; cuatro generadores importados que consumían 20 mil litros de aceite diesel: toda esa energía circulando por 5 kilómetros de cables. ¿Más números? Cincuenta policías civiles, 647 agentes de la Protege rondando diariamente en las proximidad del que fue el mayor estadio del mundo; tres puestos médicos —uno en la gradería, otro en el campo y el último en los bastidores; cincuenta médicos, sesenta y dos enfermeros, cuatro ambulancias y un helicóptero—. Todo preparado para que el público se divirtiese en un ambiente seguro. Todo listo para mucha música, gritos y pasión.

El Maracaná tuvo que pasar por cuatro inspecciones técnicas. A pesar de que los informes concluían que el estadio se encontraba en mal estado, Roberto Medina montó Rock in Rio 2 con toda la megaestructura necesaria para un espectáculo de aquella magnitud. Sin embargo, a diez días de la apertura del festival, un juez lo suspendió. En 24 horas, el presidente del Tribunal de Justicia de Rio dejó la medida sin efecto y liberó el estadio con una condición: instalar 72 pilastras de hormigón bajo las graderías para reducir las vibraciones provocadas por los 500 mil vatios de sonido.

—Hicimos una obra innecesaria solo para tranquilizar a la gente —afirma Medina.

El segundo festival trajo a 22 artistas internacionales y 18 nacionales. Más ecléctico que la primera edición, reunió a Colin Hay con Information Society, INXS con Joe Cocker, Run DMV con Santana, Capital Inicial con Ed Motta, Paulo Ricardo con Titãs.

Robert Plant, inmortal vocalista de Led Zeppelin, alegó que tenía faringitis y canceló su presentación. Envió un certificado médico desde Londres, pero entre bastidores se habló mucho del miedo del artista a volar en época de guerra[16], principalmente en compañías aéreas de Inglaterra, que había enviado soldados para luchar contra el Irak del tirano Saddam Hussein.

Con ese clima de temor en el aire, el festival, queriéndolo o no, sirvió de escaparate para difundir por los continentes mensajes de paz y emotivos llamamientos a la preservación del planeta. Una lluvia torren-

---

16 Estaba a punto de estallar la guerra del Golfo, en Oriente Medio, como consecuencia de la invasión de Kuwait por Irak.

cial, no obstante, impidió a la Orquesta Sinfónica Brasileña abrir el festival con una obra inédita que mezclaba hitos históricos del rock, de Little Richards a Cazuza. Aun así, el primer día de Rock in Rio, después de un sueño profundo de seis años, albergó a 100 mil entusiastas, que aplaudieron al *rastaman* Jimmy Cliff, contratado a último momento para sustituir a Gal Costa.

En esa segunda edición, INXS protagonizó el show más largo: dos horas y veinte. En cuanto a la presentación de Prince, el artista respondió a las expectativas. A los 31 años y con 40 millones de discos vendidos en el mundo, el cantante subió al escenario con dos horas de retraso y una guitarra más extravagante que el símbolo que adoptaría más tarde como nombre. No obstante, emocionó al estadio con una estridente versión de *Purple rain*.

A Prince se le había habilitado una sala extra de color morado en el camerino, iluminada con velas púrpura y equipada con aparatos de musculación. De las doscientas toallas blancas, el ídolo no llegó a usar cincuenta. Aún hoy, Medina utiliza en casa las que sobraron.

Otro momento significativo del festival: la interpretación de *Careless whisper*, con un impecable George Michael. Por añadidura, el cantante le había pedido a la producción comida *kosher*[17] dos horas antes del show.

—Ya sobre la hora, me pidió 28 platos con carne *kosher*, preparada en presencia de un rabino —recuerda Amin Khader—. ¿Dónde los iba a conseguir? Afortunadamente, tuve la idea de llamar a una sinagoga, que nos proporcionó el rabino. Después supe que, de los 28 platos, su equipo solo consumió dos.

Aun así, como premio por la amabilidad de haber reeditado un dúo con Andrew Ridgley, George Michael y su equipo de setenta personas descansaron en el Atol das Rocas, en Búzios, después de las presentaciones: cortesía de Medina.

Santana llamó a Djavan como invitado e hizo que la multitudinaria asistencia cantase *Oceano*. Además, como Lulu Santos en el primer Rock in Rio, quien no quiso abandonar el escenario en 1991 fue el guitarrista mexicano.

---

17 Alimento preparado según los preceptos judaicos.

—Le gusta, le encanta tocar —cuenta Medina—. Si el público lo permite, aplaude, se deja llevar, Santana se queda. Le parece incluso natural no irse. Como reconocimiento al placer de la multitud.

Los australianos de A-HA no comprendieron el éxito que tenían aquí. El grupo de *Take on me* y *Stay on these roads* propició una noche muy concurrida, repleta de adolescentes. El veterano Serguei, ignorado por las grandes compañías discográficas, cantó *Summertime*, repertorio de su ex novia Janis Joplin, en medio de la gente. Resultado: no tardó en firmar contrato con la BMG.

Joe Cocker demostró ser un icono y la dulzura de Lisa Stansfield encantó. Sin embargo, no faltaron protestas. Lobão fue recibido por los "metaleiros" con una lluvia de pitidos e improperios. Lo obligaron a salir del escenario seis minutos después de haber entrado.

Ese día, 23 de enero de 1991, Roberto Medina también sufrió con el pesado grupo del "metal". Al llegar al Maracanã, presintió que el estadio estaba tomado. Frente al portón 18 había gran aglomeración de camisas negras y cadenas. El público, que quería entrar a toda costa, y no había más entradas en venta, notó su presencia. Culpándolo por haberse agotado las localidades, muchos no se resignaron e intentaron volcar el coche que conducía al mentor del festival. Los guardias de seguridad tuvieron que empujar a los rebeldes mientras el chófer aceleraba.

—El estadio Mário Filho puede incluso considerarse el mayor del mundo. Pero es pequeño para un festival como Rock in Rio. En la Ciudad del Rock cabían doce Maracanás —declara Medina.

A pesar de ser un grupo de *hard rock*, muchos "metaleros" estaban allí para escuchar a Guns N´Roses, que eran en aquel entonces la más importante banda del planeta.

Entre guardias de seguridad, técnicos, fotógrafos oficiales del grupo y amigos, los estadounidenses llegaron a Rio con una caravana de 45 personas. En su primer paso por la ciudad, el vocalista Axl Rose, tal vez la gran estrella del festival, se irritó con los curiosos y arrojó objetos desde la habitación del hotel donde el grupo se hospedaba, en la zona sur carioca. Nada que aplacase la excitación de los fans, sino todo lo contrario. El domingo en que se presentó, mil quinientos de los dos mil libros importados vendidos en la Livraria do Rock versaban sobre la trayectoria de Guns, la fiebre del momento.

En la primera aparición de la banda en América Latina, el 20 de enero de 1991, era la segunda vez que el festival acogía al público más numeroso. Más de 120 mil personas bailaron y gritaron al son de *Welcome to the jungle* y *Paradise City*. No se hacían idea del apuro que había pasado Medina para lograr que sus integrantes se presentasen aquella noche.

El grupo empezó a plantear que no tocaría a última hora. Mientras se probaba el sonido, estaba prohibido tomar imágenes del ensayo, según el acuerdo establecido en el contrato, pero la Globo insistió en grabar a Guns. Los empresarios de la banda se pusieron a agredir físicamente a los cámaras de la cadena, que lograron escapar del estadio sin devolver la cinta. Luego, los estadounidenses se negaron a tocar, alegando incumplimiento de contrato. Roberto Medina intercedió y, a tres horas del show, llevó al empresario de la banda a la Rede Globo, donde Boni, en vez de devolverla, inutilizó la cinta delante de él. Así, hubo show.

Y qué show: el grupo estaba en su mejor momento. El guitarrista Slash agitaba la cabellera en los solos de *Sweet child o'mine* y del tema de la película *El padrino*. Axl Rose corría de un lado para el otro del escenario con el torso desnudo y unas bermuditas de licra con los colores de la bandera de Estados Unidos. La vieja estética de la década de 1970 a todo vapor: pelos largos, tatuajes, puro rock'n'roll. El Maracaná golpeando las puertas del cielo.

Festival retransmitido en vivo para 55 países, con cerca de 580 millones de telespectadores, la reedición de Rock in Rio generó 168 millones de reales como media espontánea nacional e internacional. A Roberto Medina no le caben dudas de que un negocio así es espectacular para los patrocinadores. Jorge Giganti, el presidente de la Coca-Cola, en una rueda de prensa, poco antes del Rock in Rio 2, confesó que, si el festival se hubiese suspendido en aquel momento, su empresa ya habría obtenido beneficios.

Pero el festival se hizo y el público presenció otro mega-espectáculo. Setenta horas de música, 18 mil camisetas vendidas, 17 mil discos, cintas y CDs, 130 mil perritos calientes, 60 mil *mousses*, 98 mil bocadillos, 22 mil sellos con efigies, de Cazuza a Raul Seixas, 88 mil porciones de pizza, 12 mil libros, 815 bolígrafos y 19 mil tarjetas postales. Se utilizaron 43,5 mil rollos de papel higiénico, lo que corresponde

El público llena las gradas y el campo del Maracaná
el día 20 de enero de 1991: primera presentación de Guns N´Roses en Brasil.

a cuatro veces la distancia por carretera entre Rio y São Paulo. En total, se recogieron 250 toneladas de basura por día.

Había también, en la Ciudad del Rock improvisada, un *playcenter* y cuatro centros comerciales con quince tiendas cada uno. Era posible incluso visitar un museo del poeta Cazuza, muerto en 1990 como consecuencia del sida, el mismo mal que afectó a Freddie Mercury.

Al contrario de lo ocurrido en 1985, el 50% de la tecnología y de los miles de profesionales implicados en la realización del festival eran brasileños. Gente que ayudó a hacer del estadio una gigantesca nave espacial. El Rock in Rio 2 acabó siendo el festival de la tecnología.

El proyecto para iluminar el Maracaná, transformándolo en un ambiente futurista, contó con 3 mil reflectores, de los cuales 480 era faros de avión estratégicamente coloca-dos en el techo del estadio. La luz quedó a cargo de la empresa estadounidense Samuelson que proporcionó una gran demostración de tecnología psicodélica y sus consiguientes efectos de rayo láser.

Dody Cirena comprobó que, a lo largo de los seis años que transcurrieron entre el primer

Rock in Rio y el segundo, hubo un claro virtuosismo técnico de los ingenieros de sonido y luz de las bandas nacionales.

—En el primero, ellos eran pilotos de avioneta y les dimos un Boeing. Ahora ya se mostraban familiarizados con la tecnología extranjera.

Aunque la inversión había sido mayor, Rock in Rio 2 no alcanzó el mismo grado de satisfacción del público. Las personas sentían la falta de la gran fiesta que había sido el primer festival. El Maracanã no se había impregnado en ningún momento del clima Woodstock.

—No tuvo la misma magia —reconoce Medina—. Para ser sincero, no me gustó. Su energía... no me gustó. Era un *casting* excepcional: Prince, George Michael, Guns N´Roses, Joe Cocker, Santana, atracciones de quitar el aliento, pero para mí era un *show*, una serie de *show*s, no Rock in Rio. Rock in Rio, para mí, es la Ciudad del Rock. Mucho verde, montañas, aquella emoción de abrir los portones y ver a las personas corriendo, tumbándose, besando el césped. Ningún estadio permite tal comunión.

En el primer festival, el empresario perdió dinero. En el segundo, quedó hecho. ¿La razón? Había compromisos firmados y el gobierno de Rio, a pocos meses de la apertura, renunció a dar su contribución. Un detalle: era uno de los principales patrocinadores. Para peor, los cachets eran abusivos, tal vez por culpa de la guerra.

—No llegué a obtener ganancias, pero tuve oportunidades fantásticas de atraer nuevos *business*. Si el segundo Rock in Rio no propició el mismo romanticismo del primero, al menos ampliamos el *know-how* en tecnología. Al conseguir hacer una retransmisión perfecta para Londres y Nueva York, pusimos a prueba nuestra capacidad —vibra al contarlo Roberto Medina.

En una conversación informal con Ricardo Boechat, su amigo personal, el publicista le oyó decir al periodista:

—Usted puede incluso haber perdido dinero, pero tenga en cuenta lo siguiente: solo ahora ha construido una marca.

Sí, en 1991 Rock in Rio dejaba de ser un episodio para transformarse en una marca. La más importante en el ámbito del entretenimiento en toda América Latina y una de las más valiosas del mundo actual.

Rock in Rio

16

EL ÁRBOL DE NAVIDAD DE LA LAGOA

Reunir fuerzas, seis meses después de un secuestro, para producir un nuevo Rock in Rio ilustra a las claras quién es ese hombre que, con ideas, sueños y arrojo, escribió algunas de las páginas más importantes de la historia de la creatividad en Brasil.

Con la vasta experiencia que carga en los hombros en el ámbito de la propaganda, las promociones y el marketing político, Roberto Medina ha acumulado informaciones, conocimientos, ha superado límites, pero se ha expuesto mucho. Derribado, volvió a levantarse. Y, después de lo que ocurrió en 1990, ya no logró mirar la miseria y la criminalidad dentro y fuera del país sin pensar en la responsabilidad social de cada ciudadano.

Hoy se siente en el deber de ayudar. Carioca, se propone el bienestar de su ciudad. A pesar de revelar en su currículum obras nacionales, intentó siempre respaldar a su Rio de Janeiro querido. Cuando se dio el *boom* de la propaganda en el país, muchas agencias cariocas buscaron el promisorio mercado paulistano, pero Artplan hizo lo contrario, pretendiendo ser aún más fuerte de lo que era.

—A mí me satisface trabajar con placer, viviendo bien y en la ciudad que amo. Si quisiera, me iría a São Paulo y haría más dinero —asegura Roberto Medina, recordando que su agencia creció el doble después de abrir una filial en la Tierra da Garoa.

Si Rio y sus inagotables fuentes de inspiración son la clave decisiva, en Artplan la osadía fue siempre el santo y seña. En 1987, la agencia se convirtió en la primera del país en informatizarse: adquirió un ordenador hoy obsoleto que ocupaba casi toda una sala. Señal de que preveía el futuro antes que las demás.

Por todo lo que representa en el mercado, un profesional creativo de Artplan no puede limitarse a los frijoles con arroz. Hace falta pensar en algo diferente, llegar a unos medios de comunicación y conseguir una promoción inusitada. Cuando cumplió 30 años, la agencia cambió su razón social de Artplan Publicidade a Artplan Comunicação. Adoptaba definitivamente lo que, desde el principio, había representado siempre su rasgo distintivo.

—Artplan es la agencia que hace de la propaganda más que un comercial o un anuncio. Hace un acontecimiento.

En la Navidad de 1995, la promoción Disneymania Barra Shopping sensibilizó a los cariocas. Artplan y el mayor *shopping* de América Latina negociaron con la Disney World los shows tradicionalmente presentados en sus parques temáticos, y los ciudadanos de Rio sintieron un poco de la magia del mundo Disney sin tener que coger un avión.

Justo a la entrada del *shopping*, el castillo de la Cenicienta, el mayor ya hecho fuera de los parques de Disney, encantaba a niños y adultos. Una arena con capacidad para 8 mil personas albergaba tres shows diarios. El consumidor que gastase más de 70 reales ganaba dos entradas para asistir al show y participaba en un concurso por un viaje de once días a Miami y Orlando, con derecho a visitar los parques. La mecánica se reveló todo un éxito. Generó un aumento récord de ventas, con ciertas tiendas que agotaron su *stock*.

No obstante, la Navidad particular de Medina aquel año fue triste. Abraham Medina se despidió del mundo terreno, del país y, principalmente, de su amado Rio de Janeiro, a los 78 años. Falleció en la clínica Pró-Cardíaco, víctima de un aneurisma abdominal seguido de trombosis.

La revista *Manchete* atinó con el titular: "Rio pierde a un eterno apasionado". La crónica recordaba las iniciativas de Abraham, tratado como "agitador cultural" de la ciudad:

—Boni era mi *cameraman*, y Walter Clark, *office-boy* en *Noche de gala*.

Roberto Medina perdió a su padre un domingo y, peor aún, la víspera de su cumpleaños. Cumplío entonces 48 años sin festejos, recordando los momentos vividos al lado de su héroe, muchos de ellos en Miguel Pereira, ciudad fluminense en la que Abraham, honrando su nombre, es venerado como un personaje bíblico.

Desde que nació, Roberto Medina mantuvo una relación directa con la región. Creció jugando en el campo, andando en coche con su padre, jugando al fútbol con sus amigos, siempre sano, colaborando con los vecinos, matando gallinas, divirtiéndose. En momentos de introspección, cabalgó varias veces, sin rumbo ni dirección, con un chico menor que él, pero que luego se convertiría en campeón brasileño.

Roberto se daba cuenta de cuánto le gustaba el lugar a su padre. Abraham Medina reconstruyó la plaza de la ciudad; colaboró en la construcción del hospital; junto a los gobiernos federal y estatal, hizo esfuerzos por la pavimentación de la carretera que conecta el municipio con la Via Dutra; construyó el Museo Francisco Alves en 1982; creó dos clubes.

Para los empleados de la empresa Rey de la Voz, creó una colonia de vacaciones hollywoodiana en Miguel Pereira. El personal se divertía gratuitamente todos los fines de semana: sauna, piscina, salón de juegos, con todas las comodidades. Hasta hoy, y desde que cerró la tienda, cerca de doscientos ex empleados de Rey de la Voz se reúnen en comidas de camaradería en un restaurante-churrasquería una vez por año. Autodenominados "Los embajadores del rey", festejan la amistad que nació y creció gracias a Abraham.

—Esa es la relación que papá logró que tuviesen los empleados con la tienda —se enorgullece Roberto Medina—. Rey de la Voz no era exactamente una empresa, sino una huella de amor.

Es complicado sortear los recuerdos, y el de los momentos vividos con su padre, más difícil todavía. Abraham era muy intuitivo. Convivir con él fue una facultad para Roberto Medina. Pero, a partir de aquel día 20 de agosto de 1995, la figura del patriarca solo decoraría la casa a través de los trazos de Oswaldo Pereira. Fundador y director del Museo Nacional de Bellas Artes, Pereira, uno de los pintores brasileños más premiados, firma el perfil de Abraham Medina, uno de los cuadros más hermosos del apartamento donde vive su viuda, Rachel.

Hay también un busto de Abraham frente a Sofitel, el antiguo Rio Palace, en la playa de Copacabana. En diciembre de 2000, el concejal Índio da Costa consiguió que una avenida próxima a la Ciudad del Rock, en el Recreio dos Bandeirantes, cambiase el nombre de Arenápolis por el de Abraham Medina. Se lo merecía. El comunicador, a ejemplo de Assis Chateaubriand y Roberto Marinho, entre otros, había llegado a recibir, en vida, de la Asociación Brasileña de Anunciantes, el premio Libertae, creado con el objetivo de reconocer a las personas que, por el conjunto de su obra, hayan contribuido de modo excepcional a la elevación de la calidad de la comunicación brasileña.

En las vísperas del nuevo milenio, el padre de Roberto, Rubem y Rui se convirtió en tema de *samba-enredo*. La escuela Académicos de Santa Cruz llevó al sambódromo "Abraham Medina en Noche de Gala", cuyo estribillo enalteció la calle Marquês de Sapucaí.

A pesar de la nostalgia y de los constantes recuerdos, Roberto Medina no se dejó abatir después de la muerte de su padre. Transformó el dolor en vida. Entendió que ahora le correspondía a él, más que nunca, seguir adelante con su legado. Dignificando la ciudad más maravillosa del mundo.

En 1996 tuvo otra idea genial. Pensando a lo grande, como Abraham, creó una nueva tarjeta postal para Rio de Janeiro.

Cliente de Artplan, Bradesco Seguros y Previsión demostró interés en hacer una propaganda institucional que fortaleciese su imagen frente a los cariocas. Solicitó una campaña navideña, teniendo en cuenta que la época afecta de forma directa a la emoción de las personas. El objetivo era desear una feliz Navidad especial a la ciudad. A partir de ese *briefing*, imbuido de espíritu innovador, Roberto Medina no proyectó una campaña sino un regalo para Rio.

Crear vínculos afectivos del consumidor con la marca era el desafío. El publicista, entonces, se preocupó por superar a los medios de comunicación convencionales. En un restaurante, sentado con el director de Bradesco, tuvo la idea de hacer un árbol de Navidad gigante, que flotase en la Lagoa Rodrigo de Freitas. Lo garabateó en una servilleta arrugada, sin noción si el peso soportaría, pero creyendo que sí.

—Desde que comencé con mi padre, entendí que muchas veces la propaganda tiene un límite, no tiene a donde ir, no tiene ya qué decir para lograr retornos expresivos a las inversiones. En esos casos, es preciso inventar, hacer lo que nunca se ha hecho, crear cosas mayores que lo imaginado, pero basándose en un fundamento racional y seguro.

—Para felicidad general de la ciudad, el árbol flotó, con 55 metros de altura, y miles de lamparillas con efectos computarizados. En toda la orilla de la laguna, hubo shows, representaciones teatrales, corales y luces intermitentes. En las ventanas, las decoraciones navideñas más bonitas competían en un concurso. La inauguración fue una fiesta. Miles de personas aguardaban ansiosas cuando, en un instante mágico, el gigantesco ornamento se iluminó. Encantado, el pueblo lo adoptó como el símbolo del fin de año carioca.

Hace una década, se realiza la Navidad de Bradesco Seguros. El árbol sigue encantando y emocionando a las personas, que se multiplican en torno a la laguna. Todos los años, el equipo de producción se estimula para superar las ediciones anteriores. Así, el árbol se renueva de manera permanente, recibiendo elementos diferenciados que sorprenden incluso a quienes suelen presenciar el rito que, por añadidura, ya se lo reconoce como la tercera fecha conmemorativa más importante de Rio, solo superada por el carnaval y el *réveillon*.

Anualmente, Bradesco Seguros invierte 2 millones de reales en el proyecto. Es complejo pues lleva tres meses concluir la construcción del árbol. Cerca de mil quinientos profesionales se implican en el montaje. Sostenido por ocho flotadores de 16 mil kilos cada uno, el conjunto suma 410 toneladas en total. Escenógrafo desde la primera aventura, el portugués Abel Gomes se vale de 26 mil metros de tubo luminoso para alcanzar los efectos deseados.

En 1999, el árbol, entonces con 76 metros, entró en el *Guiness Book* como el mayor adorno flotante del mundo. Actualmente, el colosal adorno

mide 82 metros, el equivalente a un edificio de 27 pisos. La energía consumida tiene capacidad para alimentar 150 pisos de dos habitaciones. Solo la base, la plataforma que lo sostiene, una superficie de 700 metros cuadrados, podría servir de estacionamiento para setenta Fiats Palio.

—Parecía una locura, pero resultó —recuerda Medina—. La Navidad de Rio, desde hace años, empieza y termina cuando el árbol se ilumina y en el momento en que se apaga. Las personas llevan a sus hijos a verlo, los turistas van a visitarlo, los medios de comunicación lo tratan casi como a un ser animado. Ya forma parte del calendario navideño brasileño, y cada edición genera siempre una enorme expectativa.

En la Navidad de 2005, la noche de la inauguración del árbol, Roberto Medina se emocionó como en ninguna otra edición del espectáculo. El ballet de las aguas y los fuegos sincronizados con la música le hicieron recordar a su padre. La mente del publicista viajó hacia una escena vivida en su infancia: la imagen de Abraham asomando en la laguna en una barquita, en compañía de su madre, a la espera de los abrazos que se daría con sus hijos.

Aquella noche, Abraham no había inaugurado sino una estrella, gigante y también flotante. La zona sur de Rio, en esa ocasión, asistió a la mayor quema de fuegos de la historia de la ciudad, fuegos que brotaron de la base de la estrella para dibujar otra aún más grande en el centro de la laguna.

—En su tiempo, eran increíbles las cosas que hacía.

Una inspiración que viene te toca, te sensibiliza y con dolor se marcha, en el momento en que, diez años después de la muerte de su padre, el Árbol en la Lagoa se iluminó —y estaba más hermoso que nunca, con chorros de agua lanzados desde la base—, los ojos de Roberto Medina se humedecieron. Un amigo le tocó el hombro como si adivinase sus pensamientos.

—Tu padre debe de estar sonriendo en el cielo. Hoy, la fiesta que has hecho es su cara.

La Navidad de Rio, comenta Roberto Medina, empieza y termina cuando el árbol se ilumina y en el momento en que se apaga. Las personas llevan a sus hijos a verlo, los turistas van a visitarlo, los medios de comunicación lo tratan casi como a un ser animado. Ya forma parte del calendario navideño brasileño, y cada edición genera siempre una enorme expectativa.

Las buenas ideas recorren el mundo. Con 62 metros de altura, dos millones de bombillas, 17 kilómetros de tubo luminoso y 320 metros de neón, el árbol de Navidad Millennium BCP/SIC se ha convertido en el más importante no solo de Portugal sino de toda Europa. Al destacar el paisaje lisboeta con la fuerza de su brillo, atrae a cerca de 500 mil visitantes, colocando a la capital lusitana en el centro de las atenciones del viejo continente.

El árbol creado por Roberto Medina para los portugueses, en 2004, fue la imagen-símbolo que recorrió las televisiones en la Navidad europea. Hoy, el monumento se ha internacionalizado aún más. Emociona todos los diciembres, año tras año: no solo en Lisboa, sino también en Varsovia, Polonia.

EL HOMBRE DE LOS GRANDES HECHOS

La segunda edición de Rock in Rio, en 1991, no sació los deseos del público. Los fans de la música querían más. Roberto Medina se cansó de recibir peticiones, llamadas para un nuevo festival. De tanto oír Rock in Rio, Rock in Rio, Rock in Rio, decidió: "De acuerdo, muy bien, voy a organizar otro Rock in Rio para vosotros". Y, en 1997, creó el Rock in Rio Café, un Rock in Rio permanente, abierto los 365 días del año.

La arquitectura de la casa temática deslumbraba, con las curvas de la construcción remitiendo a la famosa guitarra del sello o marca. Hecha toda de vidrio y acero, era visible la osadía del proyecto. En una inversión del orden de los 7 millones de dólares, casi doscientos obreros dieron todo de sí en 272 días de obras, en una superficie total de dos mil metros cuadrados.

Por dentro, todo el servicio de la casa estaba informatizado, con mandos electrónicos controlados por sensores infrarrojos instalados en dieciséis puntos del techo. Paredes móviles, menús en forma de guitarra, ochocientos reflectores, 4.850 lámparas, sesenta cajas con una potencia final de 20 mil vatios. Entre los accesorios que embelesaban a los más fanáticos, una guitarra tocada en un solo por Scorpions en 1985, el traje blanco usado por George Benson, un pañuelo turbante de Santana y un plato de la batería de Faith No More. Cuando abría la *boîte*, a las 22 horas, un telón exhibía imágenes de los dos Rock in Rio al son de un himno del festival, en medio de fuegos que crepitaban dentro de una cúpula de cristal.

Atrayendo a cerca de 50 mil frecuentadores por mes, el Rock in Rio Café pronto se convirtió en el sitio de moda de la noche carioca. Prueba del reconocimiento de la marca entre el público joven, expandió fronteras, abrió franquicias en Salvador y Porto Seguro.

—Los principales motivos que tuve para invertir en el Rock in Rio Café fueron mantener la marca viva y crear una especie de catedral del festival, mientras no hubiese posibilidad de repetirlo —revela Medina—. Los turistas que llegaban a Rio exigían eso. Necesitaban una referencia del acontecimiento.

Gracias a ese espíritu dinámico, Medina siempre revitaliza a Artplan cuando lo exige la situación.

—El modelo clásico de propaganda tiene los días contados —afirma el presidente de la agencia—. Para el cliente, lo importante son los *links* con promociones, eventos, patrocinios, Internet, todo junto.

El proyecto *Un millón de amigos* es un ejemplo. Primera campaña de gran magnitud patrocinada por centros comerciales en el país, gracias a su prestigio social contó con la adhesión del cantante Roberto Carlos, que cedió, sin cobrar derechos de autor, la canción *Eu quero apenas*. La campaña invitaba a los consumidores a depositar regalos en gigantescos árboles instalados en diversos *shoppings*. Desde noviembre hasta el día 23 de diciembre habría entregas semanales de los juguetes en las entidades beneficiarias, siempre con la tierna presencia de Papá Noel.

La canción y la campaña emocionaron a los clientes. Con más de 96 mil juguetes donados, resultaron beneficiadas 552 entidades asistenciales que albergaban a 60 mil niños. Erasmo Carlos llegó a mandar una carta elogiando el hermoso trabajo de Artplan.

Creaciones emotivas como esa hacen de Roberto Medina una figura querida por los brasileños, más aun por sus amigos. En agosto de 1999, el transeúnte que echase un vistazo desde la calle a la recepción de Artplan pediría que lo pellizcaran, para estar seguro de que no estaba soñando. Al final, don Quijote y su caballo Rocinante aparecieron en carne y hueso para celebrar el cumpleaños del presidente de la empresa, en una fiesta que reunió a toda la agencia. Los empleados quisieron obsequiar a Medina a lo Medina, o sea de forma creativa. Optaron por contratar a un actor para representar a don Quijote, personaje en el que el publicista siempre ha querido inspirarse. En una escena incomparable, a plena luz del día, un caballo blanco de la hípica galopaba dentro del edificio de la agencia, en la Fonte da Saudade.

Al año siguiente, la Asociación Brasileña de la Industria de Hoteles designó su consejo de notables. Una selección de personalidades de diversas áreas, todas capaces de sugerir ideas que contribuyesen a la buena imagen de Rio de Janeiro: nombre como Hans Stern, Arnaldo Niskier, Zico y Roberto Medina.

ROCK IN RIO
POR UN MUNDO MEJOR

C uando logró traer a Sinatra a Brasil, Roberto Medina tuvo la
certeza de que, con buena voluntad y determinación, el brasileño alcanza lo que quiere. Cinco años más tarde, en el primer
Rock in Rio, se dio cuenta de lo tenue que es la frontera entre el sueño y la
realidad. Con la experiencia del segundo festival, realizado en 1991, el
empresario decidió promover algo aún mayor, pero en el recinto donde se
había hecho el primero, la Ciudad del Rock. Quería hacerlo además con
una motivación que lo forzase a avanzar por caminos tortuosos una
tercera vez. Transformado como consecuencia del secuestro, encontró
fuerzas para proponerse la concreción de un proyecto social deslumbrante.

La primera vez que Medina oyó a alguien hablar sobre el papel de
la propaganda en un mundo más justo fue en una conferencia de
Oliviero Toscani, el fotógrafo italiano responsable de la polémica
campaña de Benetton[18]. El brasileño salió de allí replanteándose su

---

18 Oliviero divulgó la multinacional Benetton con imágenes chocantes como el incen-
dio de un coche bomba, barcos de refugiados, ríos contaminados con petróleo, etc. La
foto más dura mostraba a un enfermo terminal, víctima de un cáncer producido por el
consumo de tabaco.

carrera como publicista, preguntándose a sí mismo lo que venía haciendo para las personas en su condición de ciudadano. Al final, ¿qué sentido tiene para un empresario ganar mucho dinero si el mundo en que vive es peligroso para sus hijos?

—Durante dos años me dediqué a analizar y cuestionar lo que la propaganda y yo, como hombre de comunicación, podríamos hacer para cambiar las cosas. Los empresarios siempre están pensando en su balance de cuentas, pero el verdadero balance está fuera de su empresa, es el balance del mundo. Y el mundo no va bien. Estamos dejando que el tejido de este planeta fantástico se desgarre de manera impresionante. Era hora de hacer algo para cambiar la situación. De ahí la idea de Rock in Rio-Por un mundo mejor.

El festival comenzó a tomar forma durante un paseo matinal por el barrio. Medina tuvo la idea de hacer mucho ruido con un silencio general de tres minutos. Mutismo total en todo el país, incluso en las emisoras de radio y en las cadenas de televisión.

Como ocurre siempre que viene a su mente una gran idea, Roberto Medina tuvo necesidad de contársela con urgencia a alguien, incluso para comprobar si era realmente buena. Llamó por el móvil a Rubens César Fernandes, del movimiento Viva Rio, que confirmó que el objetivo era excelente, con una salvedad:

—Si es que se puede hacer...

Con el silencio materializado en su mente, Medina necesitaría catapultar un proyecto que conquistase la adhesión de la población y de los empresarios, algo grandioso, que viabilizase la necesidad de los minutos de mudez. Interrumpió el ejercicio y acudió a la agencia, para discutir la idea y encontrar el modo de ejecutarla.

A todo el mundo le gustó, claro, pero la realidad siempre nos echa un cubo de agua fría. No sería muy difícil lograr que parasen los canales de televisión, concluyeron, pero era prácticamente imposible acallar a las radios, miles por todo Brasil. Aunque hubiese dinero para ello, el tiempo de negociación haría inviable el intento.

En el peor de los casos, sin las radios, aun así la idea del silencio sonaba interesante. Pero no tendría el mismo impacto. Roberto Medina, entonces, salió de la reunión derrotado, fastidiado consigo mismo, con su gente, con el mundo entero. Pasó exaltado por la mesa de su asistente, Mariana (hoy su mujer y madre de la hija menor, Raíssa), y se lamentó:

—¡Solo el presidente de la república podría ayudarme a resolver este asunto!

Furioso, se encerró en el despacho para trabajar. Pasados unos minutos, Mariana le pasó una llamada importante:

—Es el presidente.

—El presidente, ¿qué presidente? —preguntó Medina, creyendo que era el director de los *media*, juguetón, haciéndole una broma.

—¿Qué presidente va a ser! ¡Fernando Henrique!

En el mismo instante cayó en la cuenta. Mariana había entendido que él quería de verdad pedirle ayuda al jefe del Ejecutivo. Sin saber qué decir, el publicista cogió el teléfono y, pensando rápido, en una fracción de segundo, ya sabía cómo actuar.

—Presidente, tenemos una idea muy buena para todo Brasil y quería ver si usted nos ayudaría a realizarla. ¿Puede usted recibirme?

—De acuerdo. Salgo mañana para Rio. ¿Puede reunirse conmigo en el palacio?

Al día siguiente, a la hora fijada, Fernando Henrique Cardoso lo recibió. Medina le explicó que pretendía revivir Rock in Rio, pero de otra forma. El festival sería un "gran laboratorio de marketing social" y destinaría el 5% del dinero recaudado a programas educativos. De ese monto, el 70% se donaría a Viva Rio, que auxilia a jóvenes de 30 comunidades necesitadas en la capital carioca, y el resto se destinaría a la Organización de las Naciones Unidas para la Ciencia, la Educación y la Cultura y a la Unesco.

El ámbito elegido para recibir los recursos era el de la educación de chicos en situación de riesgo, jóvenes entre 17 y 29 años, de bajos ingresos, que habían superado la edad habitual de ir al colegio y no tenían formación para enfrentar el riguroso mercado de trabajo.

Fernando Henrique escuchó la propuesta, le gustó la idea y le preguntó de qué manera podía ayudarlo.

—Pienso que cada uno debe ayudar de la forma que puede y está a su alcance. Con la experiencia que he acumulado en los otros festivales, sé que el arma que yo tengo es la música. Es un excelente medio para llegar a las personas. Si logramos hacer ese silencio, presidente, vamos a llegar a todo el mundo. Pero no tengo capacidad para pedir a casi 4 mil radios que se plieguen a la medida. Si usted hace que dejen de emitir durante tres minutos, yo mismo me ocupo de la televisión.

—¿Y cómo va a hacer para lograrlo?

—Presidente, escúcheme lo que le estoy diciendo. Si usted se ocupa de las radios, yo me encargo de los canales de televisión.

En aquel momento, aún no tenía idea de cómo actuaría, pero necesitaba demostrar convicción. Y así fue. Fernando Henrique prometió parar la *Hora do Brasil* durante 180 segundos el día de la apertura del festival, y el quijotesco Roberto Medina pudo avanzar con todo ímpetu hacia la realización de un nuevo sueño imposible.

Aunque fuera de los *media* desde hacía diez años, Rock in Rio seguía presente en la memoria de los que presenciaron sus primeras ediciones. Un producto fascinante, una marca innegablemente fuerte y de mucho éxito, sinónimo de entretenimiento, el festival se enriquecería ahora con un proyecto con una vigorosa propuesta social. Más que un show de rock, un gran movimiento que, por medio del silencio y de la acción, haría que 92 millones de personas parasen para reflexionar sobre lo que cada uno puede hacer por un mundo mejor.

—El gran déficit social que existe en nuestro país puede ser cubierto por las empresas socialmente responsables —sentencia Medina—. Veo que la propaganda desempeña una función social muy mal aprovechada por el capital salvaje. El empresario solo se preocupa por el lucro, absorbe al máximo lo que tiene a su alrededor, se olvida del compromiso con la sociedad y así, ayuda a construir un futuro catastrófico. Hechos y campañas que movilicen a multitudes son y serán importantes en ese proceso de cambios que viviremos en el nuevo siglo. Transformaciones que podrán hacer de nuestro país una gran potencia.

El publicista asegura: la empresa que invierte en lo social se beneficia dos veces. El consumidor acepta pagar incluso un poco más caro el producto y las personas que reciben ayuda se convierten en nuevos clientes.

—Será un triunfo concienciar a las grandes corporaciones nacionales e internacionales de que la empresa que participe va a ganar más dinero y proporcionar una identificación mayor de su marca con el consumidor. La ecuación es simple: o la empresa deja que todo se degenere y cada año haya un delincuente más en las calles, o se incluye en el proceso de cambio de la sociedad y cada año crea un nuevo consumidor.

La primera empresa que llegó a entenderlo fue la América On Line. Como principal patrocinadora, ayudó a resucitar el sueño de miles de jóvenes, siendo de fundamental importancia para que el proyecto, aún sin madurar, siguiese adelante.

—Si alguna empresa quisiese comprar una cuota de patrocinio cinco años antes, por ejemplo, no se lo podríamos vender —dice Medina—. Para empezar, era necesario la presencia de un patrocinador *master*, que entrase con el mínimo de dinero necesario.

Al cabo de pocas semanas, el proveedor liberaba los primeros 20 millones de reales.

—Creemos en Medina. Él sabe lo que hace —confió Manoel Amorim, presidente de la AOL brasileña.

¿Y en cuanto a los demás patrocinadores? Una vez definido que un nuevo festival solo se produciría aunado con un proyecto social, Roberto Medina tenía conciencia de que transmitir ese concepto a posibles colaboradores no sería fácil. Poco antes de salir a la lucha, creó en Artplan un vídeo de 10 minutos cuya primera parte llevaba al espectador a una reflexión.

El relato de la filmación incluía una voz que simbolizaba a Dios, voz que se refería al mundo concebido y lo que el hombre había hecho y venía haciendo con él. Imágenes fuertes, chocantes y bien editadas que causaban impacto. El vídeo, que mostraba la importancia de que las empresas ligasen sus marcas a proyectos sociales para atenuar las dificultades del mundo, hizo que Rock in Rio 3 se convirtiese en una realidad.

El cachet fijado de 20 mil reales para las atracciones nacionales indicaba que la participación en el festival debía ser vista más por el idealismo que por las cifras. En junio de 2000, el crac Ronaldinho sorprendió en la conferencia de prensa de presentación del proyecto, al entregar un cheque de un millón de reales para el programa social. La AOL y Artplan entraron en la onda y donaron el mismo valor al Viva Rio. El dinero se destinó a la educación de mil quinientos jóvenes, que así pudieron concluir la formación fundamental por medio de un curso suplementario de nueve meses aprobado por el MEC. Como si eso fuese poco, se construyeron, en diferentes comunidades necesitadas de Rio, varias salas con ordenadores con capacidad para treinta alumnos.

En julio de 2000, a seis meses del festival, Roberto Medina vivía un ritmo frenético de reuniones de negocios. La meta era colocar un gran número de jóvenes en las aulas antes incluso del comienzo de Rock in Rio.

—¿Qué empresa no quiere asociar su imagen a una causa como esta?

En diciembre, Rock in Rio-Por un mundo mejor ya era noticia diaria en los principales medios de comunicación del país y del mundo.

—Olviden Woodstock —clamó Medina en una rueda de prensa en Beverly Hills, durante el lanzamiento del festival ante los medios estadounidenses—. Sin querer parecer arrogante, el próximo Rock in Rio será el mayor acontecimiento de música del mundo.

SIETE DÍAS DE SUEÑO

Cuando imaginó Rock in Rio-Por un mundo mejor, Roberto Medina, aparte de la cuestión social, se preocupó mucho por la parte estética. Quería no solo una celebración de la música y de la paz, sino también una fiesta de la belleza, de lo agradable, de lo plásticamente funcional. Sabía que solo sería posible en un escenario confortable y progresista, que permitiese una convivencia saludable; en una Ciudad del Rock construida a partir de una arquitectura futurista, que desafiase las formas, las dimensiones y los espacios de los modelos de festivales pasados:

—Necesitaba crear el ambiente para que, en los siete días de festival, el público se sintiera envuelto en un embriagador torbellino de sonidos e imágenes y celebrase lo bello. Un escenario acogedor que permitiese soñar. Creamos una Ciudad del Rock definida como la "Disney World del futuro" por los fanáticos de la música, gente que se quedó absorta frente al gigantismo del Escenario Mundo, a la visión futurista de la Tienda Electro, a la patria estampada en la Tienda Brasil, al rústico ambiente acogedor de la Tienda Raíces y a la arquitectura altruista que estimulaba el debate y la solidaridad de la Tienda Mundo Mejor.

El festival de 2001 ganó más en audacia. Se hicieron cerca de dos mil esbozos para dar alas al sueño de Medina. Rock in Rio estaba más globalizado que los anteriores y dividido ahora no solo en uno, sino en cinco escenarios. El principal era el Mundo, sitio donde se exhibían las mayores atracciones. Durante el intermedio entre esos shows, se oía mucha música en las otras tiendas, como Raíces, imperio de la *world music*.

—Vi muchas cosas para poder elegir bien. Vi a todos los seleccionados. El trato con Roberto Medina era de total libertad, no hubo ninguna interferencia – asegura el director artístico del festival, el productor Toy Lima, ligado al jazz.

La Tienda Brasil, a su vez, estaba destinada a presentaciones solamente de artistas brasileños de los géneros más variados, de Penélope a Paulinho Moska. La Tienda Electro hacía ilusión a los adoradores de música electrónica, mientras que la Tienda Mundo Mejor ofrecía conferencias y debates de personalidades mundiales. Gente representativa, personas de la importancia de Maurice Strong, subsecretario general de la ONU, del premio Nobel de la Paz José Ramos Horta, del escritor Paulo Coelho y del teólogo Leonardo Boff, entre otros. Roberto Medina explicaba uno de los porqués de la tienda:

—El tránsito al tercer milenio es una época de reflexión para el mundo, así como lo fue para nosotros, brasileños, en 1985.

Las gigantes dimensiones de la Ciudad del Rock absorbieron la mano de obra de casi cuatro mil personas. Solo en aspectos de infraestructura, mil doscientos obreros y doscientos técnicos de 130 empresas. Cada día de espectáculo, estaban registradas 17 mil personas para trabajar, prestando servicios en las áreas de producción, seguridad, limpieza, asistencia médica, comercialización de productos y otras. Había cerca de quinientos maquilladores distribuidos por el recinto.

Todo gigante, enorme, a la altura del sueño, Treinta y tres kilómetros de tela, 500 toneladas de acero. Para el montaje de las cuatro tiendas y del Escenario Mundo —de 40 metros de altura y 88 de la embocadura de la escena—, la organización contrató a 35 atletas de escalada. Las grúas subían a los trabajadores hasta el tope, donde esos hombres intrépidos instalaban luces, fijaban los mástiles de sustentación, montaban lonas. En un mes, algunos llegaron a perder diez kilos.

A finales de noviembre, no era raro que aparecieran turistas chinos, rusos, todos provistos de cámaras fotográficas, en su afán de registrar el nacimiento del gigante. Como dice Robert Kreimer, ingeniero que diseñó y proyectó las instalaciones de la Ciudad del Rock:

—Construir todo en cinco meses fue un récord, dada la complejidad de la obra.

La casa de Rock in Rio quedó lista treinta días antes de que el festival comenzase. Todo el equipo de la producción, a partir de entonces, empezó a trabajar, a operar desde allí. Por añadidura, faltando poco para la apertura del festival, Roberto Medina llamó a su hija Roberta para conversar seriamente. Le anunció que ella coordinaría sola el desarrollo del espectáculo.

—¿Cómo? —se asustó la joven—. ¿Cómo voy a poder hacerlo sin experiencia?

—Bien, el proyecto está listo. La Ciudad del Rock, construida. Los artistas, contratados. En fin, tú tendrás mi experiencia cuando te haga falta, pero recuerda: cada festival es un nuevo momento, cada uno es diferente del anterior. No me cabe duda de que te las arreglarás.

Roberto adora a la chica.

—Ella es mi jefe. Obstinada... Y es quien controla el dinero —se enorgullece—. Quien frena muchas de mis ideas cuando se pone en riesgo el presupuesto de la empresa.

Tal como su padre, Roberta Medina lleva en la piel Rock in Rio. Fue la niña más joven que participó de la primera edición. A los 6 años de edad, se perdió en el solar que aún no se había convertido en la Ciudad del Rock. Cuando la encontramos, lloraba sin parar. Hoy sonríe.

Su carrera comenzó en 1995, cuando, a los 17 años, como asistente de dirección, entró en el equipo que creó la promoción navideña Disneymania, del Barra Shopping. Dos años después se ocupó de la campaña, también de Navidad, de Bradesco Seguros: el Árbol de la Laguna. A los 22 años, en 2001, tuvo que anular la matrícula en la facultad por una causa más que justa: dedicarse en cuerpo y alma al tercer Rock in Rio.

Su día de trabajo comenzaba a las 8 y terminaba a las 2, buena parte en reuniones. Coordinadora general del festival, Roberta Medina dirigía a una multitud. Responsable de mantener la Ciudad de Rock en pie y funcionando perfectamente, circulaba por el campo con dos radios, móvil, inalámbrico, chequeándolo todo: si los escenarios estaban listos, si había luz de más o de menos en una de las tiendas, si el sonido estaba ecualizado, si el tráfico fluía...

—Mi función era montar un gran rompecabezas –sintetiza—. Tuve a algunos de los mejores productores de Brasil en mi equipo, compuesto por centenares de obreros, ingenieros, electricistas, técnicos de sonido. No habría podido hacer nada sin ellos.

Sin embargo, demostró firmeza y competencia cuando tuvo que actuar con rigidez. Después de haber contribuido a la selección de los artistas nacionales del festival, en el momento en que cinco bandas brasileñas del primer escalón se retiraron, cogidas de la mano, de Rock in Rio, Roberta no dejó que ello afectase al nivel de las atracciones.

Director del marketing, Rodolfo Medina también ejercía de jefe en 2001.

—Tengo la absoluta seguridad de que mi hijo hará historia en la comunicación brasileña. Él es el ejecutivo, el dictador de la casa. Es el señor de la verdad —bromea el padre.

Y la hora de la verdad acababa de llegar. Estaba a punto de comenzar el mayor show de la Tierra. El gobierno de Rio lanzó un decreto reduciendo las obligaciones en las oficinas públicas del estado, para que los empleados pudiesen ir a la apertura del festival o meditar durante tres minutos sobre qué hacer por un mundo mejor.

Festivo municipal y regional, con el cielo pintado de verde y amarillo por aviones de la Escuadrilla del Humo, si la vida hubiese comenzado en aquel instante, sería demasiado bella y excitante. Diez años después, se volvía realidad el momento tan soñado por millares de brasileños y se difundía, además, por el mundo. La Radio Maxicum,

predilecta de los rockeros de Moscú y de San Petersburgo, ofrecía como premio viajes a sus oyentes para asistir al festival.

La nueva edición de Rock in Rio se abrió el viernes 12 de enero de 2001, a las 19 horas, con un silencio conmovedor. Radiobrás se adhirió al movimiento e interrumpió la emisión. En total, 3.232 radios brasileñas mudas. Lo mismo que las televisiones.

—Tres minutos fuera del aire, en televisión, es un largometraje. En la tabla de control, ese tiempo saldría por el doble. Señal de que las cadenas de televisión habían entendido la propuesta. Dialogamos con 522 retransmisoras. Para ver la capacidad que tenemos de hacer que un sueño se concrete.

La banda sonora del primer día se dedicó al público adulto. La Orquesta Sinfónica Brasileña, con diez años de retraso, finalmente pudo dar a conocer su suite rockera: lo más interesante fue que el público, bien dispuesto y contento, pidió un bis. Luego el músico zairense Ray Lema abrió el show, seguido por brasileños por encima del bien y del mal.

—Me parece horrible participar de festivales, pero Roberto Medina me convenció con su propuesta de hacer tres minutos de silencio por la paz en el mundo – revela Milton Nascimento, que cantó *Imagine*, de John Lennon, junto a Gilberto Gil.

Después del dúo de brasileños, James Taylor volvió a pisar el escenario de su redención. Cuando resonaron los primeros acordes de *You've got a friend*, el estadounidense hizo que el público volviese dieciséis años atrás en el tiempo. Por fin, la apoteosis: bajo una bonita luna, en medio de los suspiros de las mujeres, el guapo Sting complació a los espectadores al tocar inolvidables éxitos de The Police.

La infraestructura de Rock in Rio se reveló perfecta. En 1998, un show de U2, en el autódromo de Jacarepaguá, había creado un atasco en el tráfico de la ciudad. Al año siguiente, la tercera edición de Woodstock había terminado en actos vandálicos en los Estados Unidos.

—Tres colaboradores míos estuvieron allí y me lo confirmaron, no había organización alguna —se irrita Roberto Medina.

Al contrario de ahora, cuando un moderno proyecto para los sistemas de telefonía, electricidad, agua, desagües, transporte, alimentación y seguridad revelaba a ojos vistas su eficacia.

El clima en la Ciudad del Rock se enfebreció definitivamente el sábado, día 13 de enero. Cassia Eller, en pleno auge, cantó un éxito de Nirvana, mostró los senos, escupió en el suelo, extremó actitudes. Antigua musa de Blitz, Fernanda Abreu enloqueció al público al llamar a Evandro Mesquita al escenario: nuevas aclamaciones al son de *Você não soube me amar*. Barão Vermelho apareció avasallador. Uno de los mejores shows brasileños del festival, puso en apuros a Beck y Foo Fighters, en una noche que terminó con Michael Stipe, de REM, seduciendo a todo Brasil con su carisma y simpatía. El vocalista llegó a brindar dirigiéndose al público con caipiriña y, de los grandes éxitos del grupo, la única que no cantó fue *Shine happy people*.

El domingo, 14 de enero, le correspondió a los fans de Guns N´Roses. Nada podía ser más contundente que Axl, ni siquiera Oasis, de los hermanos Gallagher, presentación que precedió a la de los estadounidenses.

—Pudimos traer a Axl Rose de vuelta a Rio gracias a la ciudad, que lo dejó fascinado desde la primera vez que estuvo aquí, y porque se trataba del mayor festival de música del mundo —justificó Medina.

No le fue tan bien a Carlinhos Brown. El bahiano, que había pedido 120 litros de agua sin hielo para él en el camerino, la recibió en abundancia por parte de los fans del grupo californiano.

—Es un grupo de *playboys* criado a base de *Toddy*[19] —declaró, después de su incómoda presentación. El percusionista llegó a interrumpir el show a causa de la cantidad de botellas de agua que le arrojaba el público.

Ira y Ultraje a Rigor rescataron el tono años 80 que Axl Rose necesitaba. Saludado como Jesucristo reencarnado, el vocalista de Guns dio a la multitud lo que ella quería: viejos éxitos. Fue su primer show en siete años. El ídolo perdió la voz en la cuarta canción, pero llegó con garra hasta el final. Ovacionado por 200 mil personas, declaró amar a Brasil innumerables veces. Roberto Medina quedó impresionado con su actuación.

—Confié en el carisma de Axl y di en el clavo.

Pero el auditorio tuvo que esperar más de cuarenta minutos desde la salida de Oasis hasta la entrada de Guns N´Roses. Estrés, tardanza,

---

19 Una bebida de chocolate.

tensión en el público, mucho tiempo sin show. Axl había decidido ver al grupo inglés por la tele, desde la suite del hotel, en Copacabana. No subió al helicóptero rumbo a la Ciudad del Rock hasta después del bis. En el aire, la ciudad le pareció hermosa y decidió dar una vuelta completa por Rio camino de la Barra, lo que desesperó a la organización.

Bastaron los tres primeros días para que el festival se consagrase como el mayor fenómeno de marketing de las últimas décadas en Brasil, tan grande era la sofisticación de la comercialización de los espacios que ocupaban las empresas patrocinadoras. La edición de *The New York Times* del 17 de enero destacó con elogios Rock in Rio.

Como consecuencia del acontecimiento, la pareja Sandy y Junior ofreció un show de producción. Pero, con *playback* o no, la atracción de la noche *teen* fue Britney Spears: según la Asociación Brasileña de la Industria de Hoteles, hizo que los hoteles de la ciudad se llenasen por completo. Tito Ryff, secretario regional de Desarrollo Económico y Turismo, aseguró que el festival movilizaba 52 sectores de la economía, desde vendedores ambulantes hasta hoteles de lujo, desde talleres mecánicos hasta transporte aéreo.

La Ciudad del Rock a tope:
el último día fue el más concurrido
de la tercera edición del festival.

Incluso por ello, el show tenía que continuar. Temida hasta el punto de limitar la venta de entradas, la tradicional noche del *heavy metal*, viernes 19 de enero, fue esta vez pacífica. O casi. El grupo Queens of the Stone Age solicitó a la producción treinta toallas negras en el escenario durante el show, además de diez pares de calcetines también negros. Sin embargo, llegada la hora de la actuación, Nick Olivieri entró en el escenario. Después de exhibirse a pelo, el juez Siro Darlan ordenó detenerlo. El Juzgado de Menores acabó deteniendo y amonestando al vocalista y bajista.

La mayor atracción de la noche, no obstante, fue el sexteto Iron Maiden. Hasta el antológico guitarrista de Led Zeppelin, Jimmy Page, vino a Brasil, por invitación del grupo, a verlos actuar. A gusto con la vida y con el público, el vocalista Bruce Dickinson se impuso. En su quinta aparición en el país, la banda aprovechó la multitud de fans para grabar un DVD de dos horas con muchos "golpes" (altos, se entiende).

La noche del sábado, 20 de enero, el canadiense Neil Young brindó a la ciudad un feliz cumpleaños inolvidable. Para muchos, el icono ofreció el mejor show del festival. Al lado de la fiel banda Crazy Horse, ruidos, electricidad, sencillez y fascinación. *Hey, hey, my my*, una experiencia sensorial y emocional. En suma, un espectáculo para dejar huellas en la mente de los rockeros brasileños de varias generaciones.

El último día recibió el mayor número de público. El domingo, 21 de enero, la Ciudad del Rock cubrió su capacidad máxima. Todo fue válido para despedirse de Rock in Rio al son de Capital Inicial, Silverchair y Red Hot Chili Peppers. Lo único que no le gustó a Roberto Medina fue la angustia que mucha gente pasó en los accesos de entrada.

—Estaba demasiado lleno. Nunca más organizaré una actuación con 250 mil personas en la Ciudad del Rock. A lo sumo, 150 mil. Para que todo sea más confortable.

En resumidas cuentas, fue un éxito. El público disfrutó entusiasmado de 150 atracciones musicales en 161 horas de música en total. La gente circuló no solo por la Tienda Mundo Mejor, sino también por las demás. En la Tienda Brasil, por ejemplo, hubo poquísimas pitadas, y hasta incluso shows arriesgados, como los de Tom Zé y Jair Rodrigues, acabaron en una atmósfera al borde de la devoción. Perfecta integración entre artistas y público hubo también en la Tienda Raíces, donde mostraron su trabajo artistas de 54 nacionalidades.

La abundante lluvia en las vísperas del festival generó temor. En septiembre, la asesora Léa Penteado había advertido a Medina acerca de la existencia de la Fundación Cacique Cobra Coral, entidad esotérica que preveía mucha agua para todo el mes de enero. El espíritu del cacique, no obstante, sería capaz de alejar las nubes de la Ciudad del Rock si esa fuese la voluntad de los organizadores. Al escucharla, el publicista pensó que Lea estaba delirando. Sin embargo, como nada tenía que perder, a pocos días del comienzo del festival, le pidió que llamase para que fuese a Rio a ver a un tal Osmar, representante de la fundación.

Osmar llegó desde São Paulo con *laptop* y todo, y, mostrando una gama de mapas meteorológicos, dijo que era posible alejar la lluvia por medio del viento, según el trabajo del cacique. Medina le preguntó cuánto costaría ese "trabajo".

—Diez mil reales.

—Le pago dos ahora y, si realmente no llueve, le entrego el resto.

—¡De acuerdo!

Sin embargo, al tercer día del festival, Osmar se acercó al empresario con una expresión diferente:

—Don Medina... Creo que mañana va a caer una llovizna, pero es cosa rápida, pasajera.

—Si cae, no le pago. ¡Es lo que hemos pactado, Osmar!

El representante sudó frío. Se alejó y, al volver, minutos después, otras fueron sus palabras:

—Muy bien, relájese, he logrado alejar el aguacero. ¡Va a llover en toda la Barra, pero aquí no!

Y realmente llovió en varios puntos de Rio, pero no cayó ninguna gota en las adyacencias de la Ciudad del Rock.

—A partir de entonces —cuenta Medina—, para cualquier espectáculo abierto que se realice, contrato a la fundación. ¡El cacique ya forma casi parte de la empresa!

No obstante, llovieron caprichos entre los bastidores de las estrellas. Medina, como hombre experimentado en esas lides, se ocupó de cubrir las necesidades de la producción alquilando cinco mil toallas, comprando ocho mil botellas de agua mineral y casi tres mil latas de cerveza. Construidos 44 camerinos, les correspondió de nuevo a Amin Khader y a Ingrid Berger dedicarse a atender las exigencias de los artistas.

Milton Nascimento pidió una cama para dormir antes de su presentación: pereza. James Taylor, por su parte, quería leer todos los días los periódicos *The New York Times, News Today* y *Los Angeles Times*: un problema, porque las publicaciones llegaban a Brasil con algunos días de retraso. Como él desembarcó en Rio el 11 de enero, se presentó el día 12 y se marchó la noche siguiente, la producción tuvo que recurrir a la magia para cumplir con lo prometido.

¿Y Guns N´Roses? El *popstar* Axl demandó lujo y refinamiento en el camerino: 24 rosas blancas de tallo largo y otras dos docenas rojas; las botellas de champán Crystal tenían que servirse en cubos de plata y copas de cristal; en la mesa, cubiertos de plata y toallas de lino; agua, solo volcánica, comprada en Hawai; la sofisticación se completaba con dos cajas de chocolate Godiva.

Cada día de festival llegó a acoger hasta seiscientas personas en los camerinos, entre bailarines, coreógrafos, técnicos, maquilladores, peluqueros. Solamente Sandy y Junior entraron en la Ciudad del Rock con doscientas personas en el equipo. Para el bienestar de las estrellas, Roberto Medina montó una academia de gimnasia de 33 mil metros cuadrados entre bastidores. Había veinte bicicletas para *spinning*, dieciocho profesores bilingües, bañera de hidromasaje y demostraciones de capoeira. No faltó una zona especial para *tai chi chuan* y un espacio zen o, mejor dicho, un centro de terapias holísticas que ofrecía, gratuitamente, sesiones de aromaterapia, *shiatsu*, lectura de aura y equilibrio de chacras. Para los que preferían gastar adrenalina de otra forma, el enorme *backstage* contaba hasta con una pista de *cooper* de un kilómetro y medio de extensión.

CREANDO ESPERANZA

L a edición 2001 dejó claro hasta qué punto Rock in Rio enaltece la imagen y el ego de Rio de Janeiro. Durante siete días, un millón 235 mil personas estuvieron en la Ciudad del Rock, trece veces más que el total de visitantes que recibe el Corcovado, como media, durante enero, el mejor mes de turismo en la metrópoli.

Para el pueblo, incluso, el festival no resultó caro. Por 25 reales, las personas podían llegar al lugar al mediodía —la Tienda Electro abría a esa hora— e irse a las tres de la mañana. Disfrutaban de cuatro tiendas y contemplaban a los grandes artistas en el escenario principal. Según el Ibope, para el 95% del público Rock in Rio valió la pena. El 96% de las personas admiraron las dependencias, un 90% aseguró que volvería en caso de una nueva edición y el 83% aprobó el *casting*. Desde la perspectiva de la producción, también se superaron todas las expectativas de Roberto Medina.

—En la segunda edición, en 1991, el 50% de la tecnología y de los profesionales estaba compuesto por brasileños. Ahora, el 100% del equipo era nacional. O sea que dimos prueba de tener la mayor organización del mundo. Hicimos el mayor y mejor festival organizado en el planeta, desde las condiciones técnicas, que impresionaron a los especialistas extranjeros, hasta la infraestructura montada.

La Ciudad del Rock era digna del primer mundo. Su iluminación contó con dos millones de vatios de energía, luz suficiente para una ciudad de 50 mil habitantes. Sin hablar de que, tratándose de tanta gente, se registraron pocos enfrentamientos. Punto a favor para el servicio de orden, discreto, y para el servicio médico, eficiente. Había un mini-hospital de 200 metros cuadrados con veinte camas y tres puestos médicos con diez cada uno, además de siete UVI móviles y helicópteros para los traslados. Ochenta profesionales del ámbito médico estaban diariamente de guardia.

El mayor festival de música de todos los tiempos fue un fenómeno magnífico en todos los aspectos. Para quienes gustan de los números, en la tercera edición de Rock in Rio se consumieron 600 mil litros de cerveza, 435 mil de gaseosas sin alcohol, 910 mil botellas de agua, 280 mil vasos de zumo, 105 mil energizantes, 630 mil bocadillos, además de 20 mil porciones de lasaña por día.

El 14 de enero, el periódico *O Globo* publicó que Rock in Rio era una especie de "escaparate de patrocinadores". Varias empresas aprovecharon para lanzar productos en el festival, en una inversión cercana a los 25 millones de dólares. Los dos *shoppings* en la Ciudad del Rock, cada cual con 25 tiendas, se llenaron todos los días. El Extra, red de hipermercados del Grupo Pão de Açúcar, tuvo que recurrir a empleados para organizar las colas que se formaban fuera de su tienda de discos.

—Vendimos un 20% más que nuestra mejor tienda, en la Barra da Tijuca —recordaba Roberto Mariano, director de operaciones de la empresa.

Incluso quien no era colaborador sintió el reflejo del festival en su caja. La Varig/Rio Sul registró también un aumento del 20% en la venta de billetes del puente aéreo Rio-São Paulo durante los días previos al festival. La tasa de ocupación de los aviones, que en esa época alcanza el 74%, llegó al 100% en la mayor parte de los vuelos que partieron de la Ciudad Maravillosa el lunes posterior a Rock in Rio, día en que la mayoría de los turistas volvió a São Paulo.

—Fue mejor que el *réveillon* —reconoció Edevaldo Chechetto, gerente de la empresa.

La venta de los setenta productos licenciados con la marca Rock in Rio rindió 800 mil reales en *royalties* para Artplan y una facturación de 10 millones para abastecedores y minoristas. Pocos días después del acontecimiento, Rodolfo Medina afirmó:

—Quien más ha ganado ha sido la marca. Hemos logrado reforzarla y consolidarla.

Las estimaciones apuntaban a la venta de 60 mil gorras, 15 mil jarras, 20 mil vasos, 450 mil camisas, 3 mil gafas, 21 mil toallas y 25 mil cuadernos con el logotipo de Rock in Rio.

La organización había cedido a Viva Rio una tienda en el festival. Con ella, la institución de Rubens César contabilizó 100 mil reales en ventas de camisetas confeccionadas por cooperativas de favelas y barrios pobres.

—Tuve un tremendo estímulo —reconoce Medina—. Era muy bueno saber que estaba trabajando y, al mismo tiempo, cambiando la vida de millares de jóvenes. Los ánimos se redoblaban.

El festival ocupó los medios de comunicación prácticamente todo el tiempo. Diariamente se acreditaban dos mil periodistas nacionales e internacionales. La cobertura de la prensa solo era comparable a la de una Copa del Mundo. El sitio web de AOL transmitió los shows en vivo para 152 mil espectadores, un récord en América Latina. Durante enero, el proveedor recibió un flujo 380% mayor en relación con el mismo periodo del año anterior.

Acontecimiento con excelentes resultados, de los 12 mil productos licenciados por la Coca-Cola en la Ciudad del Rock, 7 mil se evaporaron en tres días de festival. La organización Unimed, que no había patrocinado sino apoyado el festival, empezó a vender dos veces más planes de salud que antes.

Para resumir, el tercer Rock in Rio promovió de forma positiva a Brasil y a Rio de Janeiro en todo el mundo. Si se gastaron 25 millones de reales en publicidad, la promoción espontánea en los medios giró en torno a los 40 millones de dólares. La revista *Audience*, del Reino Unido, dedicó siete páginas al festival en febrero. *The New York Times* publicó en la sección de Arte y Cultura un extenso reportaje sobre Roberto Medina.

Según las cuentas de la Asociación Brasileña de las Agencias de Viaje, el movimiento turístico trajo al municipio un incremento de 300 millones de dólares.

—En 2000, la industria del entretenimiento facturó 7,5 billones de dólares y dejó para las arcas públicas 650 mil millones en todo el mundo. El problema es que el gobierno cree que los viaductos son más importantes que el entretenimiento – protesta Medina -. La gran conclusión a la que llegué fue que las empresas pueden hacer una publicidad más eficaz si se conectan con una causa que conmueva. Además de la filantropía, hay negocio. Todo el mundo sale beneficiado.

Después de perder dinero en el primero y recuperar lo invertido en el segundo, Roberto Medina obtuvo finalmente beneficios, lo que sirvió para ayudar a la agencia a cerrar el ejercicio fiscal de 2000 con una facturación apabullante.

—Artplan sale de esta iniciativa como la mayor empresa de espectáculos del mundo —se regocija Medina.

Los números comprueban el espectacular movimiento de la agencia. En tres meses, 67 películas exhibidas casi 7 mil veces en los canales de televisión y más de 500 en cines. Se crearon también 298 anuncios de periódico y 346 anuncios de publicidad en el exterior.

—Producir tantas piezas diferentes en un lapso de tiempo tan corto comprueba que tenemos un equipo bien preparado y con capacidad de superarse. Comprobamos que Artplan es una agencia completa.

Resultado directo del buen trabajo, la empresa brasileña, justo después de Rock in Rio, fue contratada por la ONU para encarar un proyecto dirigido a los niños que viven en zona de conflicto bélico.

En julio, casi seis meses después del festival, la Ciudad del Rock se convirtió en escenario de la entrega de diplomas de la enseñanza básica a trescientos estudiantes del proyecto Por un mundo mejor. Fueron nueve meses de clases a las que asistieron 2.212 jóvenes entre 17 y 29 años, que recibieron el diploma reconocido por el Ministerio de Educación.

Rock in Rio había contribuido con más de dos millones de dólares para la fundación Viva Rio y para la Unesco. Setenta aulas y 35 de informática se construyeron a favor de la población más necesitada.

Roberto Medina insistió en llevar ordenadores a los jóvenes de las favelas. En esa ocasión, seis o siete de ellos, humildes, se acercaron al publicista.

—Queríamos agradecerle por hacer lo que hace, dándonos esta oportunidad.

Conmovido, Medina respondió:

—Mira, quienes me estáis dando esa oportunidad sois vosotros. Soy yo quien debe agradeceros. No he venido aquí a ofreceros una oportunidad, voy a explicaros lo que he venido a ofrecer...

Y se confesó frente a los muchachos, revelando que había crecido en el Barrio Peixoto, jugando al ping-pong con sus amigos de la favela Tabajara:

—En mi tiempo, ya había diferencias socioeconómicas entre los que vivían en el asfalto y en el morro, pero no había miedo. Una de las cosas que me emocionan, dejadme que os lo diga, es que crecí viendo que, para Navidad, existía el hábito de poner zapatos y calcetines en la ventana, a la espera de los regalos. Como yo tenía muchos amigos en la favela, me enteraba al día siguiente de que Papá Noel no había aparecido, ya que ellos no habían recibido ningún regalo. Lo más bonito es que, aún sin recibirlos, al año siguiente se veían de nuevo en las ventanas los zapatos y los calcetines.

Los ojos de algunos jóvenes brillaron.

—Lo que estoy intentando deciros, chicos, es que antes no había forma de que los padres comprasen juguetes, y hoy tampoco, pero antes había esperanza y hoy ni siquiera eso. Esos ordenadores que os he traído no son solo una oportunidad, sino una esperanza. Una señal de que el asfalto quiere ayudar, contribuir de alguna forma, hacer algo por vosotros. Gracias por dejarme ayudaros de la mejor manera que puedo. Sin esperanza ya no tiene sentido vivir.

DREAM FACTORY COMUNICAÇÃO

—Si solo fuese para hacer un festival más de música —cuenta Roberto Medina—, no lo haría ni por todo el dinero del mundo. La organización desgasta demasiado, consume mucho tiempo y energía. En el primer Rock in Rio perdí diez kilos. En el segundo me puse enfermo, en cama. Una vez que pasa la tormenta del festival, tardo algún tiempo en recuperar mi ritmo habitual. Todas las funciones cotidianas parecen demasiado pequeñas frente a la dimensión gigantesca implícita en la tarea de organizar un acontecimiento de semejante estructura y envergadura.

Con la tercera edición, Por un mundo mejor, el empresario llegó a cansarse, pero no enfermó ni perdió peso. Se sentía a gusto con la vida. En 2000 había iniciado una relación sólida con Mariana Ferreira, su ex asistente en Artplan. A los 53 años, no fue fácil seducir a esa guapa mujer.

—Fue más complicado conquistar a Mariana que producir Rock in Rio —sonríe Medina.

Después del festival, otra alegría. El publicista pudo sentirse seguro de que su familia llevaría adelante la saga iniciada por Abraham.

En cuanto a Rodolfo Medina, no hay duda de que encontró en su hijo a su sucesor en Artplan.

—Será el presidente de la agencia a partir de 2007. Es mucho mejor que yo en las cuestiones operativas de la empresa.

Vicepresidente de marketing y comercial de la agencia, Rodolfo participó en el desarrollo de Rock in Rio Café antes de trabajar en Rock in Rio propiamente dicho, en 2001. Responsable de la venta de patrocinios y de la instalación de tiendas en el festival, asumió los nuevos negocios de la agencia con la misión de reestructurar, modernizar y desvincular la imagen de Artplan del mundo del entretenimiento.

Por otra parte, el *live entertainment* desde mayo de 2001 responde al nombre de Dream Factory Comunicação. Roberto Medina creó la nueva firma para gestionar los grandes eventos que produce en el país. Como premio por el excelente trabajo realizado en el Rock in Rio 3, su hija Roberta se convirtió al principio en directora ejecutiva.

—Roberta concreta los aspectos de la producción y yo me quedo libre para crear, tener nuevas ideas, que es lo que me va —explicaba el patriarca.

Con la experiencia acumulada en los últimos veinte años, el modelo de Dream Factory es el mismo de las empresas internacionales que actúan en ese sector, como la estadounidense SFX y la mexicana CIE. La productora trabaja para el mercado como un todo, sin exclusividad con la Artplan. Independiente, puede atender sin problemas las demandas de cualquier otra agencia de publicidad, en caso de que se lo soliciten.

—Podemos incluso trabajar en colaboración. Ellos aportan el contenido, o sea los artistas que han contratado, y nosotros la administración. Los Rock in Rio prueban que hacemos eso mejor que nadie —exclama el publicista.

Y a Roberto Medina le hizo muy bien ver a su hija dirigiendo un equipo de cincuenta personas. Demostrando un increíble ímpetu, Roberta se reúne con los notables de la cultura de Rio y llega a dedicarles hasta diez horas por día. La joven controla la tensión que generan los plazos, se relaciona con desenvoltura con la compleja red de patrocinadores y analiza costes de producción. Exigente consigo misma, tiene una actitud zen en el liderazgo: cree que las personas deben trabajar siempre felices.

—Al principio, me preocupaba. Llegaba a preguntarme: ¿Acaso estoy aquí solo por decisión de mi padre?

La respuesta es no. Diplomada en Publicidad por la PUC, en 2003 Roberta Medina, a los 24 años, se convirtió en vicepresidente de la productora. Nada mal para quien ya mostraba en su currículum, además de la coordinación de los árboles de Navidad anuales de la laguna, acontecimientos importantes, como el calendario de actividades *Rio Corazón de Brasil*, catálogo de promoción de la ciudad de Rio de Janeiro.

En ese proyecto, ideado por Roberto Medina y patrocinado por Coca-Cola, por primera vez el Pão de Açúcar, una de las más famosas postales de la ciudad, adoptó un decorado especial. Para el montaje de las lámparas se contrató a alpinistas profesionales. Todas las noches, los cariocas podían apreciar el ballet de luces, efectos especiales que dibujaban formas de colores en el cielo. Realizó el espectáculo Syncrolite, de Dallas, la mayor empresa de iluminación del mundo, que se había ocupado de la luz de la apertura y de la clausura de los Juegos Olímpicos de Atlanta, en 1996. De paso, para emocionar aún más a las personas, muchos autobuses municipales recibieron como adorno intermitentes, lo que proporcionó una atmósfera de sueño a los ciudadanos de Rio.

Consecuencia de un movimiento de reestructuración de la agencia, en abril de 2003 Artplan dejó su edificio histórico en la Lagoa y se trasladó a la Barra da Tijuca. En un espacio lineal de 700 metros cuadrados, con una estructura horizontal, la empresa aumentó la integración operacional y física entre los empleados, lo que vuelve aun más ágiles los procesos. Y comenzó a llamarse Artplan Mais Comunicação.

—La propia historia de la agencia muestra que nunca hemos pensado solamente en publicidad, sino en la comunicación como un todo —explica Rodolfo Medina.

Y esa aafirmación quedaría reforzada a través de la internacionalización de la marca Rock in Rio.

ROCK IN RIO-LISBOA

Promover otra edición de Rock in Rio en Brasil ya no era un desafío para Roberto Medina. Lo excitaba, sí, la posibilidad de llevar su marca al exterior en un evento que pudiese resultar económicamente viable.

—Hay una dosis de desafío cuando comienzas, pero después de 1991 yo no veía nada extraordinario en la historia de Rock in Rio. Hasta que me di cuenta de que era una forma fantástica de hacer marketing social y realicé el tercero, en 2001. Creo que el marketing social es el gran desafío de la sociedad moderna. Estamos globalizando desastres, pero tenemos que globalizar también posibilidades —afirma el publicista.

La idea de llevar Rock in Rio a Lisboa comenzó a delinearse cuando, durante la tercera edición del festival, un empresario brasileño que actúa en Portugal buscó a Roberto Medina en la Ciudad del Rock. El mentor de la actividad ya estaba pensando en internacionalizar la marca. Incluso porque se había vuelto imposible, en el aspecto económico, remontar el festival en Brasil, con el dólar cotizado a tres reales.

Medina le dijo al empresario luso-brasileño que, si conseguía apoyo en el ayuntamiento, viajaría a Portugal para iniciar las conversaciones. En pocos días, uno de los concejales de Lisboa, Pedro Pinto, voló a Brasil y, en enero de 2001, al conocer el proyecto, se entusiasmó.

De visita en la capital portuguesa, Roberto Medina conversó con autoridades locales y recibió el apoyo necesario para desarrollar el proyecto. Presidente de la Cámara —pero con estatus de alcalde de Lisboa—, Pedro Santana Lopes declaró que se empeñaría en lograr que la ciudad atrajese la atención a través del festival. Firmado el protocolo, Medina acudió en busca de los patrocinadores. El festival adquiría forma. Al cambiar de sede, pero no de lengua, por primera vez en la historia Rock in Rio se convertía realmente en un producto exportable.

Durante una rueda con la prensa portuguesa, en julio de 2003, Roberto Medina dio la noticia oficial de la realización de Rock in Rio-Lisboa. Se celebraría pocos días antes de la Eurocopa 2004, el campeonato europeo de selecciones, que aquel año tendría su sede justamente en Portugal. El hecho era extraordinario. Con muchísimos turistas de paso por el país, sería aún mayor la visibilidad del festival.

—Portugal tiene que dejar de pensar en pequeño, con el mercado europeo a su vera —dijo el brasileño iniciando la rueda de prensa—. Este es un día importante para la música y también para Portugal.

Al enfatizar la importancia de Rock in Rio para el incremento del turismo en el país, recordó que el festival es una mina de oro para cualquier ciudad. Según él, atraería a turistas de toda Europa, además de generar una repercusión internacional.

—Rock in Rio-Lisboa será retransmitido para más de 700 millones de personas de por lo menos cuarenta países. Será un privilegio para Portugal convertirse en escenario de tal acontecimiento. En Europa, donde las distancias entre los países son pequeñas y la proximidad de otros continentes es aún mayor que en Brasil, la difusión del espectáculo fuera de sus límites será aún más visible.

La estructura del festival sería básicamente la misma de la última edición, con una división entre el Escenario Mundo y, en vez de cuatro, tres tiendas: Raíces, dedicada a la *world music*; Electro, volcada en la música electrónica; y Mundo Mejor, foro de conferencias y debates.

La versión portuguesa del festival también tendría como eje rector la cuestión social: en la apertura, tres minutos de silencio en favor de la paz; y parte de los fondos recaudados —entre el 2 % y el 5 % de los ingresos de taquilla— entregado a la Plan International Childreach, organización que ayuda a niños de 45 países en vías de desarrollo en todo el mundo. Primer "embajador" del festival, el cantante portugués Rui Veloso, considerado el Roberto Carlos lusitano, entregó a la fundación, antes incluso de comenzar el Rock in Rio-Lisboa, un cheque por valor de 250 mil euros, monto del apoyo de los patrocinadores.

El mega-festival recibió también el incentivo de la ONU, por medio del programa de las Naciones Unidas para el Desarrollo. Con tal apoyo y el de otras organizaciones, Rock in Rio-Lisboa alcanzaba un impacto mayor que cualquier otro acontecimiento musical en la historia antes incluso de empezar.

Creada en 1984 para la primera edición de Rock in Rio y hasta hoy éxito en Brasil, la campaña de publicidad "Eu vou" [Yo voy] comenzó a circular en Portugal a partir de noviembre de 2003. A esas alturas, el festival ya tenía fecha y lugar de celebración: los días 29 y 30 de mayo y 4, 5 y 6 de junio de 2004, en el espléndido Parque da Bela Vista.

—En Portugal, después de llegar al aeropuerto, vi el parque y decidí en cinco segundos. Le dije a mi mujer: "Es aquí, lo vamos a hacer".

El "aquí" en cuestión queda en el centro de Lisboa. Escenario privilegiado, por la proximidad al aeropuerto, la zona del Parque da Bela Vista corresponde a casi 200 mil metros cuadrados. A petición de Roberto Medina, el ayuntamiento lisboeta construiría allí la Ciudad del Rock, con el propósito de albergar un festival diez veces mayor que aquellos a los que estaban acostumbrados los portugueses.

El antiguo palacio de la Bela Vista fue reconstruido manteniendo las estructuras originales. Al contrario de lo que se pueda imaginar, la Cámara invertía no solamente en el festival sino también en la propia ciudad. Muy diferente de la Ciudad del Rock brasileña, todo lo que se construyese —sistemas de telefonía, electricidad, agua e Internet— quedaría en el lugar, en beneficio de la población.

—Ese espacio fue un hallazgo. Es una zona estratégica, tiene aeropuerto y metro juntos. ¡Es increíble que nadie haya pensado en él! —se sorprende Medina—. Lo que se está haciendo aquí superó lo que yo esperaba. Generamos empleos y el espacio adquirió una vida nueva. El lugar estaba abandonado, perdido. Creo que ellos se sienten felices y yo también.

Lugar hermosísimo, al fondo del Parque da Bela Vista es posible admirar el río Tajo y, mirándolo, el valle circundante.

—¡Esos bosques, el césped y la iluminación portuguesa tipo anfiteatro son un negocio! Creo incluso que la Ciudad del Rock de aquí es mejor que la de Rio. La brasileña es plana y la sensación, por tanto, es más fría. La de aquí tiene el mismo tamaño, pero no es plana. No permite que 250 mil personas vean el mismo escenario, pero al menos 100 mil pueden ver el Escenario Mundo sin ningún problema.

Algunos de los mejores profesionales brasileños se trasladaron a Portugal en 2004. Siguieron organizando el festival personas bastante experimentadas, lo que garantizaba una calidad muy superior a todo lo que ya se había hecho hasta entonces en Portugal. Por detrás de todo el engranaje, tres empresas: Artplan, Dream Factory y Better World[20]. La última, también perteneciente al grupo, fue creada por Medina en Portugal, especialmente para el proyecto Rock in Rio-Lisboa.

—Siempre he soñado con globalizar la marca, aprovechar la experiencia, todo lo que aprendemos. Si somos compradores, ¿por qué no exportar tecnología, vender propiedad intelectual, invertir el proceso y cobrar por nuestra inteligencia, por nuestra creatividad? Es la primera vez que Brasil exporta un concepto, un *know-how* de entretenimiento —afirmaba vibrante el publicista, portada de la revista estadounidense *Billboard*, la "biblia" del rock, en diciembre de 2003.

Considerado en Portugal como el "hombre que ha venido a revolucionar el universo del marketing", el empresario se dio cuenta en Europa de que Brasil es un país sumamente sofisticado en *show business*.

---

20 A finales de año, por primera vez, Better World se ocuparía de montar el Árbol de Navidad Millennium BCP/SIC, en Lisboa.

—El problema de Brasil es el bajo poder adquisitivo. La entrada cuesta 10 euros, mientras que en Portugal cuesta cinco veces más. Sin hablar de que el cachet para un grupo extranjero es mayor para viajar a Brasil que para venir aquí.

Muchos se preguntaron por qué el festival no se llamaba Rock in Lisboa. Roberto Medina tiene la respuesta a flor de boca:

—Rio de Janeiro es una marca mundial, Brasil está de moda, tenemos un producto único. Aún no sabemos cómo vender bien todo lo que tenemos, pero la base existe y es bastante competitiva. Brasil es una excepción en un mundo lleno de guerras, desavenencias y desconfianzas. Si sabemos cómo venderlo, vale oro en todo el mundo. Pero, para ello, tenemos que exportar nuestra capacidad de innovar, de arriesgar, de ser diferentes de todos los demás —recalcaba, afirmando que la difusión de la marca implicaba la divulgación de Rio en Europa, lo que era muy importante para los brasileños.

En una discreta tercera planta en el centro de Lisboa, una oficina. Varias salas, gente entrando y saliendo, teléfonos que no paraban de sonar. Con más de treinta personas, entre brasileños y portugueses, funcionaba allí el QG Rock in Rio-Lisboa, el centro de operaciones del festival. Lunes muy largos, sin hora de finalización de las reuniones; reuniones esas en que todos hablaban de sus departamentos, estableciendo interrelaciones dentro de la empresa, es decir, uniendo la producción con el marketing, con la sección comercial, con la artística. Era posible encontrarse con Roberto Medina intercambiando ideas, repartiendo sonrisas, o acudiendo a reuniones.

—Mi preocupación actual es la diversificación de informaciones y de decisiones importantes que tengo que tomar.

Como resume la directora de contenido del festival, la periodista y ex secretaria de Actos del ayuntamiento de Rio de Janeiro, Lea Penteado:

—Trabajar con Roberto Medina es fascinante. Él no se presenta como dueño absoluto del proyecto. Como todo hombre talentoso, tiene la generosidad de permitir que todos los del equipo expongan sus opiniones. Al final, componemos "ese rock" con muchas manos. Creo que este es uno de los motivos del éxito en todo lo que hace. Medina piensa en grande, con amplitud, piensa con y para todos.

Habituado a grandes negociaciones y difíciles soluciones de problemas, ningún ambiente es capaz de perturbar al empresario. Aun con bastante trabajo, a Medina le quedaba tiempo para dar unas brazadas en la piscina del hotel, por más que sintiese la falta de los paseos en la playa o por las calles de su barrio en Rio de Janeiro. Disfrutaba también de maravillosas noches de sueño.

—Si no fuese así, no reuniría fuerzas para producir.

Y producir demasiado bien. Toy Lima, director artístico de la Tienda Raíces, se emocionó con la participación de Peter Gabriel en el festival. No creyó que el jefe hubiera logrado contratar al intérprete. Ex líder de Génesis y considerado el padre de la *world music*, Peter Gabriel no participa en festivales, salvo en el suyo, el WOMAD (World Music, Arts and Dance).

—¡Es sorprendente! Creo que muchos profesionales no se arriesgarían ni siquiera a invitarlo si conociesen ese hecho —exclama Toy Lima—. Hay que tener osadía para arriesgarse sin miedo a recibir una negativa, como ha hecho Medina.

Mayor que Peter Gabriel, Roberto Medina logró ofrecerles a los portugueses lo imposible. Por primera vez en la historia, un *beatle* se presentaría en el país. Trabajando en secreto la contratación, Paul McCartney se manifestó de acuerdo para actuar en el Rock in Rio-Lisboa una de las últimas semanas. El festival ganó un día más para que el público apreciase un espectáculo único e inédito, proporcionado por uno de los hombres que han revolucionado la música.

—No fue una decisión fácil añadir un día extra al festival, teniendo en cuenta toda la logística que ello implicaba. Aun así, decidimos encarar ese desafío, sobre todo porque Paul McCartney es una leyenda —rememoraba el empresario.

Medina se reía también cuando comentaban que Guns N´Roses era su banda exclusiva. Decían que él era el único hombre del mundo capaz de hacer que Axl Rose subiese al escenario. La actuación del grupo estadounidense estaba fijada para cerrar la noche del 30 de mayo.

—Fue la primera banda que contraté. Guns tiene una conexión con el festival.

Sin embargo, el último día de marzo, el grupo suspendió su presentación: había estallado la crisis por la salida del guitarrista Buckethead. Axl Rose pidió disculpas a sus fans en una carta enviada a la organización del evento:

"El festival y su historia tienen un gran significado para mí y, sinceramente, no me gusta la sensación de que me haya sido arrebatada la oportunidad de ser el primer artista extranjero en tocar en tres ediciones", rezaba el comunicado.

La organización tuvo que acudir a otro grupo. No obstante, como la legión de fans de Guns es enorme en todo el mundo, y muchos solo irían al festival para volver a ver a Axl Rose, pudo devolverse o cambiarse para otro día el dinero de las entradas del día 30.

La elección de la época del año para la celebración del Rock in Rio-Lisboa no fue aleatoria. El final de la primavera europea atraería a muchos turistas a Portugal dado que se disputaría el campeonato continental de selecciones. Por otro lado, gracias a la gran afluencia de gente, no solo las autoridades portuguesas sino también los organizadores de los espectáculos tenían que reforzar el servicio de seguridad. ¿La razón? El temor a atentados, principalmente después del ataque terrorista en Madrid, el 11 de marzo, que causó casi doscientos muertos.

—Preparamos la mayor estructura jamás hecha para un festival de música —afirmó Álvaro Ramos, director de producción de Rock in Rio-Lisboa, a propósito del servicio de seguridad.

En total, mil doscientos agentes policiales y vigilantes particulares, quinientos profesionales de la salud, entre médicos y enfermeros, además de once ambulancias, un hospital, cuatro puestos médicos y un equipo entrenado para localizar explosivos dentro y fuera del área de la Ciudad del Rock.

—Con la estructura de proyectos como la Eurocopa o Rock in Rio, en que tienes detectores de metales, vigilantes y policía del Estado, es probable que ocurra algo en un tren, en un autobús, en la calle o en un edificio público, mucho más que en el propio recinto del espectáculo —declaró Medina, en desacuerdo con la idea de que una gran aglomeración humana en espacios cerrados es blanco potencial de acciones terroristas—. Estaba presenciando un partido de fútbol en España, con ocasión de los atentados, había 90 mil personas en el estadio y no ocurrió nada. El mundo hoy, lamentablemente, está sometido a ese tipo de cosas. En cualquier país, en cualquier lugar y a cualquier hora, puede producirse una catástrofe. Pero tenemos que seguir adelante. Hablamos mucho de terrorismo, pero ¿existe mayor terrorismo que dejar que se muera la mitad de los habitantes del continente africano? ¿Qué terrorismo puede ser mayor que la violencia que imponen los traficantes a América Latina? Eso no sale en las primeras páginas, pero es cien veces peor que cualquier otro acto. Si prestásemos atención a los disparates económicos, tal vez no nos sentiríamos tan afectados por ese terrorismo que se oculta tras razones religiosas pero que, en el fondo, se produce a causa de las diferencias sociales.

UN DÍA ÚNICO EN LA VIDA

DE LOS PORTUGUESES

Era una gran responsabilidad, admite Roberto Medina. Pero al mismo tiempo había placer, por la conciencia de estar haciéndolo bien.

—Sentía que el sueño se estaba haciendo realidad. En diversos aspectos, era una tarea bastante complicada irse con ese proyecto a otro país y volverlo viable. Afortunadamente lo conseguimos.

Medina sabía que en Portugal la energía del pueblo sería tan importante como el artista que subiese al escenario.

—Esa energía es única. Vivir la atmósfera de la música, del ambiente, de las personas flirteando, comprando, comiendo y divirtiéndose es algo especial. Quien vive eso nunca lo olvida.

Y no es posible olvidarse de catorce horas de fiesta por día. La Ciudad del Rock abría las puertas a las dos de la tarde y no cerraba hasta las cuatro de la mañana. Además de shows y conferencias, había espacio para la práctica de deportes radicales como escalada y *skate*. En una atmósfera familiar, muchos padres llevaron a sus hijos a Rock in Rio-Lisboa, para que finalmente disfrutasen del festival con el que siempre habían soñado. La dimensión del acontecimiento superaba a cualquier otro espectáculo musical ya realizado en la capital lusitana.

Hasta la fecha remitía a la cábala. Portugal conmemoraba los 30 años de la Revolución de los Claveles, que había derrocado la dictadura en el país, imposible ocasión más propicia para divulgar el concepto de un mundo mejor.

El holandés Maurice Keizer, responsable de los derechos de transmisión del festival, reveló que, en la mayor cobertura televisiva jamás hecha de un acontecimiento de ese tipo, llegaron setenta shows a casi sesenta países, algunos tan distantes como Nueva Zelanda, China e India. Keizer destacó el hecho de que una de las mayores cadenas estadounidenses, la Columbia Broadcasting System (CBS), hubiese adoptado la estrategia de transmitir el festival a la hora de máxima audiencia, para entre 15 y 20 millones de espectadores.

Desde el punto de vista de la taquilla, Sting y Paul McCartney dispararon en ventas. Las entradas costaban 53 euros. Una vez más el dilema: ¿precio caro o barato?

—A mí me parece barato —opinó Medina—. Todo es relativo en la vida. Cuando vas a un show, pagas 30 o 35 euros para disfrutar de un solo artista. Aquí vas a pasar catorce horas, ver cinco artistas en el escenario principal, cuatro en la Tienda Raíces y cinco pinchadiscos en la Electrónica. Vas a comer, beber, pasear, enrollarte en una fiesta y, para eso, vas a desembolsar cerca de 190 reales. Hay que entender que este es todo un gran proyecto, que solo puede pagarse a un precio compatible. Tiene que haber un valor mínimo para el producto que se ofrece. Es necesario un buen servicio. Aquí, se prueban las comidas y prohibimos que se cobren precios diferentes a los de la calle. Existe una preocupación por todos los detalles. Es una elección. Yo podría haber optado por un proyecto menos ambicioso y cobrar 30 euros. Algo mayor cuesta más. En compensación, las personas que vengan tendrán un día único en su vida.

Su hija Roberta Medina fue más allá:

—Rock in Rio no es solo un festival. Es una propuesta única de convivencia.

En las vísperas del evento, Roberto Medina estaba entre entusiasmado y exhausto. Las encuestas apuntaban que el 99,7% de la población portuguesa sabía qué era Rock in Rio, con un 86% que apoyaba su realización.

No era para menos. Se invirtieron en el proyecto 25 millones de euros: cinco solo en publicidad y patrocinios; seis en cachets. Había ochenta generadores y setecientos baños para el público. El Escenario Mundo tenía 70 metros de embocadura, el ancho de una cancha de fútbol. Allí, cada día, un grupo portugués, otro brasileño y tres extranjeros se turnaban, a excepción del viernes, día 28 de mayo: mejor dicho, noche de Paul McCartney.

Tres semanas antes de cumplir 62 años, el cantante estuvo muy animado en el escenario; fueron dos horas de sinergia. En un show que quedará grabado durante mucho tiempo en la memoria de los portugueses, el inglés emocionó a Lisboa al brindar un agradecimiento especial al país que lo había inspirado para escribir la letra de su canción más famosa.

—Muchos años atrás, estuve aquí de vacaciones. Viajando de Lisboa al Algarve, escribí la letra de esta canción... —dijo y entonces se entonaron los primeros acordes de *Yesterday*.

Por añadidura, fue su show más *beatle* desde la separación del grupo. Entre las 35 canciones que interpretó el compositor británico, 24 pertenecían al famoso cuarteto de Liverpool. En el repertorio, *We can work it out, Drive my car, All my loving, Long and winding road, Penny Lane, Get back, Let it be* y una apabullante *Helter Skelter*. Se produjeron efectos espectaculares durante *Live and let die*. Y un coro de 46 mil voces resonó tanto en *Yellow submarine* como en *Hey Jude*, canción elegida para cerrar la presentación de forma apoteósica.

Como Macca ganó, con todo derecho, un día extra, la apertura oficial de Rock in Rio-Lisboa se hizo el sábado, día 29 de mayo de 2004. El público, estimado en 53 mil personas, aplaudió *Así habló Zaratustra*, de Richard Strauss, en una actuación de la Orquesta Metropolitana de Lisboa acompañada por los músicos de Rui Veloso y por la banda brasileña Afro Reggae. Se hicieron entonces los tres minutos de silencio, en una ceremonia sin precedentes en Portugal. El mar de pañuelos agitados simbolizó el deseo universal de paz.

A continuación, para cerrar la apertura oficial del festival, Rui Veloso y Gilberto Gil interpretaron *Imagine*, seguido de una mezcla de las canciones más conocidas de la historia del rock. Luego, el público pudo deleitarse finalmente con el festival propiamente dicho. Apreció el show romántico de Rui Veloso, aplaudió al ministro de Cultura brasiieno, el cautivador Gilberto Gil, vibró con el sonido maduro de Ben Harper and The Innocent Criminals, el *hard rock* de los años setenta de los Jet y la maestría de Peter Gabriel, que asumió su papel de principal estrella del día.

The Foo Fighters sustituyeron a Guns N´Roses el domingo. Seether, Evanescence, Kings of Leon, Charlie Brown Jr. y Xutos e Pontapés contagiaron a los 51 mil asistentes que, aun sin Axl, se dirigieron a la Ciudad del Rock.

El lunes, Roberto Medina ya no tenía dudas: el festival estaba siendo un éxito.

—El público está emocionado por lo que representa Rock in Rio-Lisboa. A los portugueses les resultaba complicado entender el concepto de un festival diferente como este pero, después del primer fin de semana, veo que las personas están sorprendidas, impactadas por la magnitud del acontecimiento.

La semana siguiente, el viernes le tocó el turno al *heavy metal*. Moonspell, una banda portuguesa, dejó paso a Sepultura. Slipknoy, Incubus y Metallica cerraron la noche, frente a 60 mil camisas negras. El sábado, la otra cara de la moneda: en un día dedicado al público *een*, Nuno Norte y João Pedro Pais, Daniela Mercury, Sugababes, Black Eyed Peas y Britney Spears conformaron el menú que saborearon unos 70 mil adolescentes.

La última noche de Rock in Rio, el día 6 de junio, atrajo la mayor cantidad de público. Cerca de 100 mil personas asistieron a los shows. Quien aparecía un día hacía lo posible por estar en el siguiente. Alucinado, cogía el móvil y mandaba a un amigo o a un pariente que fuese al Parque da Bela Vista. Así se llenó, se fue llenando cada vez más y, el último día, la Ciudad del Rock estaba repleta.

En la Tienda Raíces, la brasileña Daniela Mercury compartió el escenario con la cantante de fados Mariza. De forma inusitada, Fafá de Belém se presentó en la Tienda Mundo Mejor. En el Escenario Mundo, Ivete Sangalo llamó al público para animar la fiesta. Luís Represas, Pedro Abrunhosa, Alejandro Sanz, Alicia Keys —en su primera presentación en tierras portuguesas— y Sting hicieron shows más "tranquilos". Sting, para variar, dejó al público en trance con los viejos *hits* de The Police: la gente cantó *Roxanne* con enorme entusiasmo.

Avivando el entusiasmo:
la cantante Ivete Sangalo
anima la fiesta la noche del
lanzamiento de
Rock in Rio-Lisboa.

Y hubo incluso una despedida de gala. Con un total de 240 atracciones en 470 horas de shows, el primer Rock in Rio organizado en Lisboa movilizó a 385 mil espectadores en seis días de festival: a pesar de la amenaza terrorista, pues cuando los organizadores vendían cerca de cuatro mil entradas por día, el número cayó drásticamente a menos de cien, después de la tragedia de Madrid.

—Presentamos uno de los mayores acontecimientos musicales jamás vistos —dijo Medina—. El público, más numeroso que el del mítico Woodstock, de 1969, solo fue superado por las tres ediciones anteriores de Rock in Rio, las de Brasil. Ese festival es mayor que cualquier otro de los que se celebran en Europa.

Es verdad. Mayor que el británico Glastonbury, tradicional, pero que atrae a cerca de 110 mil personas, y mejor que el danés Rosekill. Tanto que aquel mismo domingo, por la mañana, se selló un acuerdo con las firmas de Roberto Medina, representantes de las empresas patrocinadoras y del ayuntamiento de la capital portuguesa. Sin titubear, el trío decidió una nueva edición del festival para 2006.

—Rock in Rio ha venido para quedarse en Lisboa —declaró Roberto Medina en una rueda de prensa—. El festival continuará aquí —aseguró.

2004 fue el momento de traspasar fronteras. Rock in Rio llegó a Europa y se consagró como uno de los mayores acontecimientos musicales del mundo. Perfeccionándose siempre, en Lisboa llegaron a notarse grandes cambios en el festival, principalmente en lo que se refiere a la organización, impecable desde el severo servicio de seguridad —con dos controles completos, de cuerpo y de metales— hasta la ágil limpieza dentro de la Ciudad del Rock después de cada noche de shows.

Todo funcionó a la perfección, desde la atención en los bares y quioscos repartidos por el lugar hasta el servicio de atención médica. No hubo incidentes graves. Por el contrario, el público entendió el espíritu del festival. La mejor prueba fue la zona para discapacitados: un éxito. La creación de esa área permitió a las personas —gente con una pierna rota o algún problema transitorio, ciudadanos con parálisis cerebral y otros tipos de deficiencia— decir "Eu fui" [Yo he ido], como ha señalado Lea Penteado.

—Fue emocionante escuchar a los familiares o amigos que los acompañaban diciendo que pagarían lo que hiciera falta para verlos con esa felicidad en el rostro. Es en esos momentos cuando nos damos cuenta de hasta qué punto la vida puede ser realmente mejor sin mucho esfuerzo.

El presidente de la Cámara Municipal, Pedro Santana Lopes, aseguró que valió la pena la inversión efectuada porque permitió la difusión de la imagen de Lisboa en el exterior. La suma invertida rondaba en torno a los 540 millones de reales. Responsable de emplear directamente a 18 mil personas, Rock in Rio se reveló como un fenómeno de comunicación. Los propios grupos que se presentaban se quedaban con la boca abierta con la infraestructura del festival.

—Los festivales tradicionales gastan en promoción entre 300 y 400 mil euros, mientras que Rock in Rio invierte mucho más —ilustra Medina—. El festival invirtió un millón y medio de euros en comunicación; las emisoras oficiales del evento, tres y medio; los patrocinadores, 4 millones y pico. Es decir: hubo un monto de comunicación con la marca Rock in Rio de cerca de diez millones de euros, lo que nunca se ha dado en el mundo.

Los resultados no podían ser otros.

—Ivete Sangalo no tenía demasiada difusión en Portugal —cuenta el empresario—, Hoy llena cualquier pabellón de 20 mil personas. Clara es su capacidad. Pero el festival incentivó bastante su carrera europea.

Con el segundo Rock in Rio-Lisboa fijado para los días 26 y 27 de mayo y del 2 al 4 de junio de 2006, Roberto Medina anuncia que le entusiasma la posibilidad de una edición intercontinental.

—Pretendo hacer algo aún mayor. Como hombre de marketing, solo puedo decir que es evidente que eso va a ocurrir. Quiero consagrarme a ello y convocar a los grandes operadores de los medios de comunicación del mundo para que se impliquen en este proyecto. Será otro escalón. No sé hasta qué punto es sueño o realidad. Lo único que puedo decir es que no suelo soñar algo que no consiga realizar.

LA COPA DEL MUNDO

DEL ROCK

Después de haber leído tantos episodios, uno más increíble que otro, después de entrar en cada sueño, uno más inverosímil que el siguiente, puede incluso no parecerlo, pero Roberto Medina, créame, es un hombre muy sencillo. Sencillo, discreto y afable. Sus hábitos cotidianos son los siguientes: se despierta a las ocho y media y dedica un rato a "calentar la mente"; después se levanta con un humor "de perros". Entonces se sienta al borde de la piscina y hojea el periódico: antes, el *JB*; ahora, *O Globo* y la *Folha de São Paulo* al menos dos veces por semana. Su revista predilecta es *Veja*, tanto la edición de Rio como la nacional. Le gustan los libros de ficción. Le atrajo la lectura de *El alquimista* y, al elogiar la obra durante una entrevista para un gran periódico carioca, se ganó la amistad del autor, el hoy consagrado internacionalmente Paulo Coelho.

Después de la lectura matinal, Medina sale de casa en busca del verde de las calles de su urbanización o del mar en la rambla de la playa, para entrenarse. Se ha acostumbrado al asedio del público. Ve el hecho como algo natural.

—Usted no debería haber hecho un Rock in Rio en Lisboa. Rock in Rio tiene que ser aquí... —escucha repetidas veces.

El fin de semana es, para él, la ocasión propicia para nadar. Roberto Medina nunca ha fumado y, en cuanto a la bebida, disfruta solo de un buen vino en las cenas con los amigos más allegados. Su vida nocturna es sencilla; no aparece siquiera en estrenos, ni en preestrenos.

—No voy hasta el segundo día. A no ser que se trate de un gran amigo mío. ¿Sabe por qué? Es que el segundo día, sin reporteros, quieto, en mi rincón, disfruto lo que me apetece. No soporto los estrenos porque los medios te distraen del espectáculo. Y el espectáculo, en aquel instante, merece toda la atención.

O sea que Medina hace lo contrario de lo que exige la etiqueta del mundo de la propaganda. Su sencillez es notable, a pesar de su influencia social.

—Amo a mi país. Solo intento transmitir esperanza, crear una sonrisa en el alma de las personas.

Soñador, osado, obstinado, Roberto Medina cree en las ideas que la razón pone en duda; inventa lo inimaginable. Según su diccionario, los problemas existen para ser superados, el "no" puede convertirse en "sí" y el error de hoy es la lección indispensable para el éxito de mañana.

En el balance de las vidas —la suya y la de la empresa, la Artplan— se destaca no solo el hecho de que ambas ya han consolidado su sitio en la historia de la publicidad brasileña. Medina molesta sin querer molestar, por la luz propia que irradia cada vez que aparece. Muchos que no lo conocen piensan que se trata de un individuo presuntuoso, insoportable, inalcanzable para las personas comunes. A veces, cuando ofrece un asado en su casa, al sentarse en el suelo para escuchar historias, nota que algunos lo miran como diciendo:

—¿Tú? ¿Sentado en el suelo?

No logra ocultar su satisfacción cuando eso ocurre. Odia que lo vean con distancia y que lo encaren con reservas. Al fin y al cabo, nunca se propuso como meta alcanzar el renombre que ha logrado.

—Lo veo como resultado de los sueños grandiosos que he podido, con mucho esfuerzo, concretar. Para ser sincero, preferiría el anonimato, si pudiese continuar haciendo lo que hago. Pero, como eso no es fácil de conciliar, en algunos momentos me veo obligado a exponerme.

Roberto Medina tiene conciencia del poder de su imagen en el éxito de sus iniciativas. Y lo mejor:

—He descubierto que, cuando menos quieres exhibirte, más luz te dan las personas en los momentos en que apareces, cuando más lo necesitas.

Hablando de luz, Roberto es judío, pero no es discriminador.

—No soy muy religioso. Me interesé cuando era joven por la lengua hebrea, hice *bar mitzvah*[21] , ayuno hasta hoy durante el Yom Kippur, el Día del Perdón, y en el Shabat enciendo velas, tradición que heredé de mi madre, más rigurosa en este aspecto. En definitiva, soy judío a mi manera. Un rabino no quiso que mi hijo Rodolfo fuese considerado judío porque la madre no lo era. Logré la autorización a través de una gestión organizada por medio de Israel, y solo así fue circuncidado y pudo hacer *bar mitzvah*.

El empresario prefiere aglutinar lo que hay de mejor en todas las religiones.

—Admiro la historia del pueblo judío, pero la vida de Cristo también.

Otra insatisfacción del empresario: los compañeros de profesión.

—La mayoría de los publicistas se miran demasiado el ombligo, piensan que tiene la solución para todo, pero en realidad la propaganda es solamente una de las herramientas de la comunicación. Llegó un momento en mi carrera en que me di cuenta de que esta es algo mucho más abarcador y con posibilidades más atrayentes. Fue cuando comencé a orientarme hacia el ámbito de los espectáculos. El propio Frank Sinatra era un anuncio comercial que se transformó en espectáculo. Ese mundo era natural para mí. Desde pequeño vi a mi padre haciéndolo, y pude entender con claridad cómo aquello daba impulso a sus negocios.

Para Roberto Medina, la propaganda sola sabe a poco.

—El desafío es hacer de la propaganda un acontecimiento. Hacer que la ciudad mire e incluso que se detenga. Ese es mi ADN. Cuando me piden un anuncio, no logro verlo aislado. Puedo incluso no tener presupuesto para hacer todo el proyecto, pero lo preveo todo. Me fijo atentamente en el marketing, pienso en el punto de venta. Creo que el

---

21 Ceremonia que señala la mayoridad del niño, a los 13 años.

publicista debe practicar más la humildad en relación con una de las áreas de la comunicación que desempeña. A veces, la creatividad no está solo en la idea, sino en el negocio que se puede hacer, y el negocio es mirarlo todo. El publicista debería dedicarse más a eso, tenerlo interiorizado. El propio Rock in Rio viene de ese procedimiento.

Por añadidura, los actuales moldes del espectáculo lo apasionan.

—En 1997, las personas me pedían otro festival. Ya se habían celebrado el primero y el segundo, y todos los días, en el *shopping*, o en el cine, las personas se acercaban para plantear ese deseo. Yo pensaba: "Sí, Rock in Rio va a volver, pero ¿volver por qué? ¿Para qué? ¿Dónde está el desafío?". Como digo, embarcarse en un mega-proyecto como este requiere metas. Es una gran responsabilidad responder a una ciudad, administrar una ciudad. De repente estás controlando a un millón y medio de personas, un pequeño país, con comidas, bebidas, transporte. Después de Rock in Rio 2, lo confieso, la idea de un festival para 10 millones de personas no me sorprende. No me daría miedo, no dudaría. La idea me parecería positiva, pero nada más que eso. Solo que un día lo pensé un poco más: en la medida en que consigues una movilización de un millón y medio de personas, además de otros 90 millones por la televisión, tienes que plantearte una causa superior a esa. Y surgió la idea de "Por un mundo mejor", que perseguiré a lo largo de mi vida de ahora en adelante.

En cuanto al festival, Medina lo diseñó en 1984 con el único propósito de rescatar la imagen de Rio de Janeiro.

—Rio es una marca tan grande y poderosa que no entiendo cómo las personas insisten en no captar su potencial. Su vocación turística natural podría ser su mayor fuente generadora de empleos, pero no hay acciones integradas y lucho en esa dirección. Me entristece saber que esta ciudad tiene de todo para convertirse en una sociedad más justa a partir del turismo, pero no es así.

Cuando Medina habla de turismo, habla de espectáculo, cultura y entretenimiento como palanca para atraer gente y dinero.

—Nadie apuesta en eso. Lo que alguna que otra vez ocurre es siempre una acción aislada de unos pocos obstinados. Nunca nadie ha apostado por esa veta turística de la ciudad. Y yo pienso que esa no debe ser solo una acción del empresariado, sino una acción en conjunto de los gobiernos federal y municipal y del empresariado. Efectivamente, una acción.

Son casi treinta años de angustia. Medina ya pensaba así a finales de la década de 1970.

—En el operativo Sinatra había mucho de eso, de querer mostrar la cara de Rio. Yo sabía que habría noticias no solo en Brasil sino en todo el mundo.

Para los que siempre han deseado saber el secreto de su éxito, Medina lo cuenta: La intuición viene siempre en primer lugar.

—Cuando me llamaron para crear el Árbol de Navidad, por ejemplo, Bradesco Seguros no quería un árbol, quería una campaña navideña que emocionase a la ciudad. Dibujé aquel árbol en una servilleta, almorzando con el presidente del banco. Siempre creí en las cosas. Cuando él me preguntó cómo flotaría un árbol gigante, la pregunta me pareció pertinente, porque ni yo mismo lo sabía, pero intuí que podría flotar. Y en un mes ya habíamos resuelto técnicamente las dudas.

Hoy, sin embargo, Medina ve mucha apatía.

—Lo que ocurre es que hay fórmulas preestablecidas, facultades bien definidas, y ¿quién ha dicho que la intuición está en segundo plano? Es evidente que tienes que absorber las informaciones de mercado para intuir, pero hoy se encuentra poca, muy poca intuición en el mundo.

¿Un ejemplo?

—Es de juzgado de guardia que nos incorporemos de manera más intensa la cuestión social en los proyectos comerciales. De la misma forma que haces un diseño para su producto, que es un rasgo diferencial, la causa social es un rasgo diferencial para vender. No es solo filantropía, es venta, es negocio. Y, si puedes hacer un negocio que al mismo tiempo marque una diferencia en el mundo, o en tu país, o en tu ciudad, o en tu barrio, ¡es evidente que debes hacerlo!

Medina no cree que la responsabilidad sea toda del gobierno.

—Es demasiado fácil decir que la causa social pertenece al poder público. Ese es un argumento débil, académico. El poder público está en una situación de déficit en el mundo, hasta en los países más desarrollados. Siendo así, ¿por qué no ocupamos una parte de ese espacio gigantesco e intentamos hacer una sociedad más justa, más digna? ¿Y quieres saber algo? Eso vende. ¡Vende!

Para él, el capitalismo es estúpido al no adoptar la práctica de los proyectos sociales.

—Rock in Rio empieza a ser un intento no solo de hacer el bien a las personas, sino de vincular sectores del mercado para que tengan la oportunidad comercial de ayudar a otras. Ya que el empresario generalmente es insensible para darse cuenta de esto, salvo escasas excepciones, entonces que vele por su propio bolsillo y vea hasta qué punto es rentable, además del bien que hace a un montón de gente.

El publicista cree que Brasil seguirá pobre, o que empobrecerá aún más, si no se invierte el proceso.

—Solo seremos grandes si sabemos crear un mercado interno, si inventamos cosas diferentes para venderle al mundo. El gobierno habla de "espectáculo de crecimiento", pero por ahora estamos asistiendo al "espectáculo de la mediocridad".

Cita la remuneración de las agencias:

—Los anunciantes cortan, exprimen, presionan para bajar los costes, lo que es una tontería. El ahorro que hacen es una pequeñez en el coste final de las empresas, y el resultado directo de eso es menos gente, menos talento y menos recursos aplicados para encontrar la solución al problema de ellas mismas, de las mencionadas empresas. Los clientes no ganan nada con la pobreza de las agencias, más bien pierden. Siempre he luchado contra mediocridades de este estilo. Y juego en el equipo de los que desean invertir más para ganar mucho más. Nada de gastar menos y recoger resultados miserables. Esa actitud no tiene nada que ver conmigo.

El empresario sabe que el quid de la cuestión está en la forma de relación entre el cliente y la agencia.

—En mi tiempo, el cliente era el verdadero dueño de la empresa y la agencia también estaba vinculada al dueño. No existía ese montón de departamentos a ambos lados que no hacen más que confundir. Ha habido una evolución profesional, es verdad, no quiero ser injusto, ya no hay tampoco oportunidad de volver a ser como antes, lo reconozco, pero las cosas se han deteriorado.

Medina afirma que el proceso de aprobación de la propuesta comunicativa es cada vez más timorato.

—Vivimos una crisis de la creatividad. La falta de originalidad nace en las empresas anunciantes y se extiende por todo el proceso mercadológico. Para empezar, la agencia no piensa ya en un tipo grandioso de solución. Si lo piensa, no lo presenta. Si lo presenta, el cliente no compra la idea. El resultado es que todo acaba en una campaña complaciente y limitada, con poca distribución, lo que no cambia la vida del anunciante. La reflexión que debemos hacer es que cuando alguien se atreve, se vuelve diferente, las oportunidades de ganar son mayores, porque la originalidad transforma el mercado, tanto en tiempos de crecimiento como en épocas difíciles. No importa el estado del mercado: con la capacidad de transformación derivada de la osadía y de la creatividad, siempre es posible encontrar una salida mejor. El problema de la propaganda y del marketing de las empresas es que están envueltos en un gran proyecto de incompetencia. Tengo la sensación de que estamos empeñados en ser cada vez más incompetentes.

Se acuerda nuevamente de los esfuerzos para contratar a Sinatra.

—Si fuese hoy, probablemente todo aquel proyecto parecería un desatino. Si solo plantease la idea, creo que nadie me escucharía. Parece que todo está montado para decir no a la producción, no a las ideas, no a la voluntad de transformar. Lo peor es que siempre existe espacio para la osadía, mientras haya voluntad. La cuestión, actualmente, es la falta de voluntad de hacer algo diferente. Eso es mortal.

Medina vuelve un poco más atrás en el tiempo y recuerda lo que aprendió con su padre.

—Siempre tuve, desde la época de Midas Propaganda, la visión de que es fundamental hacer una comunicación integrada: propaganda, promoción, espectáculos, asesoría de prensa... Siempre lo he hecho todo de manera empírica, pagando para ver, pero haciendo. El mercado publicitario de hoy habla mucho sobre esto, teoriza demasiado sobre la comunicación integrada, global, todo eso, pero se entrega poco, no sabe bien cómo hacerlo.

Uno de los errores que lo afligen:

—Hubo un tiempo en que los clientes deseaban cosas originales, grandiosas. Ahora quieren lo que ya se ha hecho, para repetir lo obvio de manera modesta. Hoy existen creadores, y hasta profesionales dedicados a la atención del cliente, que no están interesados en lo que este hace. Falta compromiso, integración, voluntad y arrojo para encarar lo nuevo. Las agencias ya no discuten el planteamiento del cliente y no se apartan de lo que este les solicita de manera burocrática. El resultado es esa propaganda pasteurizada que se ve por ahí...

Medina aconseja a los que se inician:

—Tengo la experiencia de mi padre y la mía propia y puedo afirmar que atreverse es lo más importante en los negocios.

Atreverse y realizar...

—Claro. Como cuando imaginas que vas a contratar a Frank Sinatra para que manifieste una opinión y lo haces. Porque hay miles de buenas ideas en el cesto de los papeles. Pensar que él puede ofrecer un show y lo haces. Dibujar un árbol sentado a una mesa y hacerlo flotar en la laguna hace diez años. Organizar un Rock in Rio aquí, llevarlo fuera y hacer que el festival se reproduzca de la misma forma, igualito.

El empresario viene intentando transmitir eso al personal encargado de la creación publicitaria: la importancia de entregar la campaña de la manera más cabal posible.

—Un profesional razonable de propaganda no crea de manera abstracta. Crea pensando en los competidores, en el mercado que puede consumir, en lo que puede costar, en los rasgos diferenciales del producto. Esa es la base para que comiences a soñar: ¡una vez que todo está analizado, sueña! Las personas ya no sueñan. Así, la propaganda se ha vuelto gris, salvo honrosas excepciones.

Para él, son pocos los casos de osadía en el mercado.

—Es increíble. Mientras la tecnología avanza, paradójicamente estamos perdiendo nuestra capacidad de soñar. Tiene mucho que ver con la vibración que te producen las cosas. Hoy todo se resuelve por correo electrónico, las empresas no tienen dueño, las personas están más preocupadas por el empleo que por los cambios. Como consecuencia de esta falta de empuje generalizada, hay un círculo vicioso en el mercado, por no proponerse construir un círculo virtuoso.

Lejos de eso se encuentra Artplan. En Brasil, donde hay más de tres mil agencias, la de Roberto Medina sigue siendo la única empresa carioca situada en la lista de las veinte más importantes. Asociada a la Dream Factory, figuraría entre las ocho primeras. Con 101 empleados en Rio, São Paulo y Brasilia, y una facturación anual media de 280 millones de reales, Artplan sigue su trayectoria, combinando publicidad, promoción, espectáculos, *merchandising* y asesoría de prensa para generar resultados para sus clientes. Medina ve frente a sí un futuro despejado.

—La propaganda, ¿qué es? *Spot* de 30 segundos, *spot* de radio, un anuncio, o sea: los medios académicos convencionales. Ese es el mundo del publicista. Hace mucho tiempo que vengo diciendo: a todo eso deben añadírsele herramientas como la promoción, el espectáculo, la asesoría de prensa. Pues bien, eso no representaba el 1% del presupuesto de la propaganda. Hoy, el 50% está aquí. Entonces veo que Artplan se diferenciará mucho de las demás en los próximos años gracias a eso. Ya se está desarrollando la conciencia entre los clientes. Las agencias convencionales pueden incluso entender que será cada vez más necesario, pero no piensan en ello, no lo respiran, mientras que Artplan piensa en el conjunto. La gran diferencia es esa. Cuando ves el árbol, dices: "¿Ese tipo monta un árbol?". No, yo construyo una campaña. Pensando en la campaña, nació el árbol. Cuando Sinatra vino aquí, nunca pensé en el show. Claro que quería hacer el show, pero para que Seagram creciera en ventas, para darle vida al anuncio comercial.

Con Brasil avanzando hacia la economía de escala, las promociones ocuparán un papel fundamental para que las empresas alcancen y amplíen el mercado consumidor.

—Hice el primer Rock in Rio para dar vida al proyecto de Brahma. El uso de esas herramientas no es fácil, tienes que comenzar a pensar en eso. No basta con detectar si es necesario; son pocas las agencias en el mundo que llegan a pensar en eso. Cuando piensas creativamente en una agencia brasileña, te acuerdas de Fábio Fernandes, de Duailib, de Nizan Guanaes. Pero, cuando piensas en *live entertainment*, viene Artplan sin nadie detrás. Como ese sector está creciendo mucho, creo que es un campo extraordinario para nosotros. Artplan puede ser la agencia del futuro. Primero, porque no tiene competencia. Segundo porque, cuando llegue, la competencia no vendrá con la experiencia que hemos alcanzado. El tipo que conoce ha vivido el negocio y ha errado lo suficiente para no repetir ciertos errores. En otras palabras: saldremos con ventaja.

Con miles de premios en su especialidad, entre ellos dos leones de oro en Cannes, Roberto Medina no menosprecia el talento.

—Para mí, el talento en publicidad es la obstinación para perseguir ideas nuevas, capacidad de prever el futuro y dar un pequeño paso adelante para la sociedad: en definitiva, despegarse de ella pero llevándola siempre como acompañante. La dictadura de la metodología se ha convertido en una camisa de fuerza en los publicistas de hoy. Los profesionales no arriesgan nada para protegerse, asegurar su empleo, pero se olvidan de que, siendo todos iguales, el juego acaba al final en empate. Entonces serán despedidos. Y, una vez despedidos, las empresas buscarán a los más talentosos. En resumen: el talento siempre marcará la diferencia. Un hatajo de mediocres no va a ninguna parte.

Y los mediocres no llegarían siquiera a soñar con algo tan grandioso como Rock in Rio-Por un mundo mejor. Por medio del proyecto social, el festival realizado en Lisboa donó casi 664 mil euros a los más necesitados. La Plan International Childreach recibió 295 mil euros para promover la educación y mejorar la calidad de vida de niños desfavorecidos en más de cuarenta países. La SIC Esperança obtuvo parte de los recursos que le correspondieron a las instituciones portuguesas beneficiarias. Y la revista *Visão*, a último momento, se asoció al proyecto social del festival al producir una edición especial sobre el evento y destinar la totalidad de las ventas —cerca de 24 mil euros— a organizaciones no gubernamentales.

Mientras se escribía este libro, una noticia conmovedora sorprendió a Roberto Medina en marzo de 2005. Beneficiada por el proyecto social de Rock in Rio-Lisboa, un colegio en Tanzania adoptó su nombre.

—Me sentí satisfecho por haber formado a más de tres mil jóvenes, haber creado un montón de aulas en la favela y además ver mi nombre en un país tan distante. Pero pensé que el fenómeno debía crecer aún más. Estoy seguro de una cosa: a donde fuere, el proyecto social va unido a Rock in Rio. Eso está decidido. Los proyectos de música o entretenimiento como un todo servirán de pretexto para que yo pueda movilizar otras áreas.

Invitado formalmente para incorporarse como miembro de la Academia Brasileña de Eventos, Roberto Medina siente que está a punto de realizar algo aún más importante que todo lo que se ha leído hasta ahora: un ambicioso proyecto que comfirmaría a Rock in Rio como la principal referencia de la música pop en el mundo.

—¿El fútbol no tiene Copa del Mundo? ¿Por qué la música no puede tener un momento internacional único, importante? Estoy ahora completamente convencido: Portugal no ha sido más que nuestra puerta de entrada en Europa.

Comenta algo que lo fascina:

—Tener 24 horas de música durante una semana sin parar conquista a cualquier emisora y a cualquier anunciante. ¡Cuando un país está durmiendo, el otro se despierta! Así, si el *casting* se hace con criterio y calidad, no dejarás de aparecer en televisión, estarás una semana presente en ese medio, no cabe duda.

El proyecto se abriría discutiendo con patrocinadores globales.

—Si haces un mismo festival en varios continentes, discutes con las marcas en función de la propaganda mundial. Los ingresos de un negocio como este provienen de tres fuentes: patrocinios, taquilla y derechos de transmisión televisiva. Así, puede haber un presupuesto diferente desde el punto de vista de la estructura económica del evento. Los recursos serían apabullantes —cree.

Según él, la ampliación de la escala de patrocinio para el festival posibilitaría además la inclusión de Brasil, sin perspectivas hoy en día a causa de la cuestión económica, lo que sería un premio a los brasileños y, por qué no, al esfuerzo de los organizadores.

—No admite discusión el equipo de Rock in Rio. Es de quitarse el sombrero. Hasta los promotores portugueses aplaudieron el hecho de que obtuviéramos patrocinio en sectores que, hasta entonces, no apostaban por la música.

El publicista concluye:

—Al mundo le hace falta un movimiento global de música cada cuatro o cinco años. Rock in Rio, por ser la mayor marca del mundo en música desde el punto de vista comercial, tiene suficiente crédito como para encarar ese movimiento. Pues lo que ocurre hoy en día, lo que yo veo, son realizaciones relevantes pero aisladas del apoyo a ciertas causas. Como el Live Aid, un movimiento político importantísimo, pero abierto, gratuito, lo que, desde un punto de vista, es interesante, pero, desde otro ángulo, hace que el festival no pueda repetirse periódicamente.

Lo que Medina quiere es un proyecto comercial global y permanente, algo que beneficie regularmente a todo el mundo: artistas, empresarios, anunciantes y, en especial, a los más necesitados.

—En ese proyecto, las marcas de los productos se interconectan, lo que hace que el movimiento pueda reanudarse periódicamente. Así, la televisión empieza a interesarse más en participar, por la persistencia del movimiento. Implica una discusión que llevará años: proyectos sociales antes, durante y después. Cuando la música para un país, comienza en otro; la televisión no deja de transmitir durante los cuatro o cinco días del evento. Es Japón llamando a Rio, que llama a Australia, que apunta derecho a Nueva York, en fin, una locura, una perfecta integración entre los pueblos, y por una causa más que justa. Si logro hacer ese movimiento, tendremos en el planeta una máquina fortísima promoviendo integración y solidaridad.

Para él, ya ha pasado mucho tiempo y es hora de que los continentes presenten alternativas para los puntos neurálgicos del globo terrestre.

—No significa solo mostrar el lado feo del mundo, sino el lado real de la cuestión, y con una mirada de esperanza, de solidaridad. Hacer que las personas, por lo menos en ese mes, en ese momento, presten atención a las miserias de cada nación; que los hombres del asfalto se preocupen por las zonas más alejadas que hay en cada país; que podamos encarar los problemas más críticos y las condiciones de vida más miserables, no para sentir pena, sino para sensibilizarse frente a las dificultades y transformar esos aspectos de la realidad. Creo firmemente que la música es un catalizador para captar recursos, sí, pero mucho más que eso: captar la atención del mundo en favor de la alegría, que es el hilo conductor de ese proceso y que deriva del festival, o sea de la propia música, que es capaz de volver a las personas más generosas y atentas a las penurias sociales.

Roberto Medina no solo sueña con eso. Va más allá.

—He fijado incluso una fecha en mi cabeza: 26 de mayo de 2012. Ese día, a las 18 horas de Brasilia, seis continentes, a través de Tokio, Ciudad del Cabo, Rio de Janeiro, Lisboa, Sydney y Nueva York, harán un movimiento gigantesco de música que será transmitido en vivo, para que podamos hacer la captación de recursos necesaria que nos permita dirigirnos a las regiones más necesitadas de cada país. Será un enorme movimiento de solidaridad. Y será fantástico para los países donde se celebre el festival, por la difusión de su imagen y de su potencial turístico; asimismo será maravilloso para la televisión, que atraerá a anunciantes globales y nacionales, anunciantes que podrán añadir un ingrediente social y toda esa energía de la música dentro de sus productos. Este es mi nuevo desafío. Ya estoy trabajando sobre él.

AGRADECIMIENTOS

Estaba dispuesto a comenzar un nuevo libro cuando apareció en mi vida el publicista Roberto Medina. Él había cenado en casa de mi amigo Sergio Pugliese, quien le sugirió inmortalizar sus jugosas historias en una obra literaria. Medina hizo una pausa, reflexionó y dijo, decidido: "¡Muy bien, pero era para ayer!". Y así fue. En menos de una semana, yo entraba en Artplan para presentarme ante uno de los ídolos de mi juventud. Pues crecí teniendo conciencia de la magnitud de Rock in Rio —me acuerdo perfectamente del festival—, de la noche inolvidable en que Frank Sinatra obsequió a los cariocas con su voz: mi abuelo estaba en el Maracanã y, aún vivo, me transmitía con todo detalle su emoción. Crecí y fui a los demás Rock in Rio, vi iluminarse el Árbol de la Lagoa, me emocioné con una Navidad en que varios autobuses municipales iban adornados con luces a la manera de los vehículos norteamericanos. En fin, soñé; viví cada uno de los sueños que Medina realizaba. Y a mis 30 años de edad estaba allí, en su despacho de Artplan, conversando y aprendiendo con "el hombre de los grandes acontecimientos".

De entrada, tal vez por ser yo demasiado joven – tengo menos años que los que él lleva en la profesión -, con toda razón y derecho, me lanzó un desafío: hacer el primer capítulo que, sugería, versaría sobre la contratación de Sinatra. Fui a casa y, por las dudas, escribí enseguida dos. Posiblemente gané con ello su confianza y el encargo de acabar el libro en, a lo sumo, cuatro meses.

Al principio, pensé que no podría. Cualquier investigador avezado, cualquier escritor de renombre sabe que 120 días es un tiempo escaso para entrevistar, investigar, redactar, revisar, pulir, etc. Pero creí en el sueño. Confié en que, dedicándome día y noche, mañana y madrugada, alcanzaría el objetivo: una obra de calidad en un tiempo récord.

Durante la investigación, en el proceso de búsqueda, descubrí que la Ciudad del Rock fue levantada en cerca de cinco meses. Me di cuenta de que, seis meses después del secuestro, Medina resucitó Rock in Rio en pleno Maracanã, ya que la Ciudad del Rock seguía clausurada. Entonces pensé: "¿Por qué no voy a poder acabar la biografía en cuatro meses? ¡Claro que podré!".

Con Roberto Medina todo se da así: contrato ayer, comience hoy y entréguemela pronto, y revísela para mañana. No me sorprendería si otro escritor considerase imposible cumplir ese plazo. ¿La vida de Roberto Medina? Siendo sensato, como mínimo dos años. ¡Sin embargo, pensándolo bien, en dos años ocurren muchas cosas en la vida de Roberto Medina! En esos cuatro meses, para que se tenga una idea, vi pasar tantas cosas —como las contrataciones de Santana, Red Hot, Roger Waters y Guns N´Roses para la segunda edición de Rock in Rio-Lisboa— que no me resulta difícil imaginar la dificultad, la locura que sería condensar todo eso en más tiempo, con los hechos brotando cada dos por tres.

Para la tarea de recoger tantas informaciones en tan poco tiempo, recurrí a investigaciones incesantes en la Biblioteca Nacional, enormes cuadernos de *clippings* de Artplan, comentarios de sitios web confiables de Internet, libros, periódicos, revistas y, claro, un sinfín de entrevistas con el propio Medina, además de con su familia, amigos y profesionales con los que trabaja o ha trabajado. Además de la eficiencia de Samantha Norris, secretaria particular del publicista, conté con dos personas de confianza —¡mis escuderos!— para entrevistar a artistas nacionales e internacionales, mientras trabajaba en el texto: Monica

Manier y Luiz Felipe Schmidt pudieron sentir en su piel la dificultad que es contactar con algunas estrellas. Y justamente esa dificultad para el contacto me sirvió para imaginar los esfuerzos que debió hacer Medina para contratarlos...

A lo largo del proceso, nos dimos cuenta de que, igual que yo, muchas de las personas que, de una forma o de otra, participaron de la historia de Roberto Medina, lo consideran un ídolo, un icono. Incluso por eso este capítulo, que solo pretendía darles las gracias a quienes me ayudaron a gestar esta obra, se ha convertido en un capítulo más, un último capítulo, postrero y, creo yo, inédito: ¡un capítulo de agradecimientos en que los agradecidos dan las gracias al biografiado!

Es verdad. Muchos le tienen un elevado aprecio, como Gilberto Gil, Pepeu Gomes, Lea Penteado, Dody Sirena y otros que, por el tiempo escaso de la producción editorial, no pudieron dejar sus testimonios. Fábio Fernandes pudo. Socio de F/Nazca, Fernandes entró en Artplan con 23 años, en 1985. Pasó rápidamente de redactor a director de creación. Y guarda un excelente recuerdo de aquel tiempo.

—Roberto es un individuo idealista. Si no tuviese a alguien que lograse entregar con calidad técnica lo que los clientes le exigían, no podría haber una relación satisfactoria entre lo que planeaba y el resultado final.

El paulista Jaques Lewkowicz, socio de Lew Lara, que ayudó en el montaje de Artplan en São Paulo, se acuerda con cariño de la agencia en la casa del Bairro Peixoto.

—La casa tenía una bonita piscina y Roberto solía conversar dando vueltas alrededor de ella y chasqueando la lengua. Era así como yo iba absorbiendo sus ideas. Siempre he sentido una admiración profunda por Roberto. Todos los creativos que pasaron por Artplan y poseen hoy agencias de éxito aprendieron con él a ser previsores y osados. Nizan, Fabinho, yo, cada uno de nosotros sacó provecho de sus experiencias para aplicarlas en nuestras empresas.

Otro que comenzó en el Bairro Peixoto fue Chico Abréia.

—Medina decía cosas, anticipaba el futuro, muchos lo consideraban loco, pero hoy en día todo lo que dijo ha ocurrido u ocurre, es decir: fue un precursor. No tenía límites: creía y nos impulsaba a creer también. Es un gran soñador, un fenomenal realizador por quien siento mucho cariño y un profundo respeto.

Como resume el productor Rafael Reisman:

—Roberto Medina es la fuerza máxima del entretenimiento en Brasil, si no del mundo. Veo en él el brillo de un Rui Barbosa y la humildad e irreverencia del propio don Quijote. Por lo que le he visto hacer, lo considero un mago. Sabe vender un sueño de la nada.

Vende incluso más que eso. Vende amor, solidaridad, compasión y respeto.

—Roberto Medina no solo ha creado el mayor festival del mundo, sino también una llama de esperanza, gracias al significativo proyecto social que lo acompaña —dice el guitarrista Carlos Santana—. La música es su instrumento para sembrar solidaridad entre los pueblos.

Muchos de los elogios y de las palabras de agradecimiento no están dirigidos solamente a Roberto. Dos estrellas brasileñas recuerdan al patriarca de los Medina.

—Abraham Medina fue un hombre muy emprendedor —rememora Norma Bengell—. Era un maestro; un hombre que hacía programas de alto nivel, sofisticados. Incentivó no solo mi carrera sino también la de muchos artistas de la época. Pero, por encima de todo, era un gran ser humano. Pensaba a lo grande... Puedo decir que era el hombre del *show business*. Y Roberto sigue sus pasos a rajatabla. No tiene miedo de arriesgar, de perder. ¡Roberto Medina es un realizador de grandes hechos! Basta pensar en el maravilloso Rock in Rio. Ha salido a su padre.

Un sentimiento semejante aflora en las palabras de la cantante Elza Soares.

—¡Abraham Medina fue un padre para mí! Fue mi primer empresario; yo sentía por él un cariño enorme. Era un gran hombre: ¡honesto, valiente y emprendedor! Me abrió muchas puertas. ¡Puedo decir que él me descubrió! Yo quería hacer dinero para poder comer, era joven, y él me fue orientando a lo largo del tiempo. Daba consejos sobre todo, incluso económicos. Ese ser humano fue una alegría en mi vida... Para mí, era siempre emocionante abrir todos aquellos shows en el Maracanãzinho, entre 1958 y 1960, y después ver entrar a aquellas estrellas internacionales que él llevaba al escenario. Fue Abraham quien me dio el impulso inicial en mi carrera, con Rey de la Voz. En cuanto a Roberto Medina, una vez, después de un show mío en el antiguo Metropolitan, fue a saludarme al camerino y me emocioné. ¡Recordé a su padre! ¡Qué maravilla, su hijo también es valeroso! Es como su padre: un señor empresario.

El cineasta Bruno Barreto, director de radio y televisión de Artplan entre 1976 y 1977, intentó convencer a Roberto Medina para que entrase en el cine.

—Mi paso por la agencia fue rápido pero decisivo en mi vida, hasta que se estrenó en el cine *Doña Flor y sus dos maridos* y tuve que irme. Me habría gustado haber seguido un tiempo más en la empresa, pero el éxito de la película me llevó a recorrer el mundo para promoverlo. Si me hubiera quedado, sin duda habría llevado a Roberto al cine. Su perfil siempre fue el de un gran emprendedor en el ámbito del entretenimiento. Nos contagiaba a todos con su creatividad exuberante. Dirigí para él varios comerciales, de los que hasta hoy me siento muy orgulloso. Creo que Roberto fue uno de los primeros en dar prioridad al sentimiento y la emoción en la publicidad brasileña.

También director de radio y televisión, Arnaldo Jabor trabajó dos años en Artplan, donde realizó más de sesenta filmes publicitarios.

—Hace treinta años, Medina ya tenía los rasgos de un don Quijote juvenil. Más tarde descubrimos que él es el don Quijote que logró salir airoso. Cuando fui a trabajar a su agencia, pensé que estaba loco, porque quería filmar un coche deportivo en la cima de la Pedra da Gávea. Después me dijo que iba a traer a Frank Sinatra y a organizar Rock in Rio. Fue cuando pensé que estaba francamente loco. Pero consiguió hacerlo, y de manera brillante. Entonces empecé a entender que Artplan administraba la imaginación pública: iba más allá de los jaboncillos y vendía hechos y conquistas. Puedo decir que Artplan delira en sus proyectos, pero entrega las mercancías.

Jabor se acuerda con cariño de una película que hizo en la empresa.

—Filmamos a un chimpancé experimentando el sonido de un aparato de la marca Gradiente. El mono fue un gran artista: en 30 segundos exactos cogió el auricular, lo mordió, lo olió, lo lamió, se colocó el *headphone* en la cabeza y soltó un aullido de alegría. El filme quedó graciosísimo y obtuvo premios. Quien lo hizo fue más el mono que yo.

Crack de la selección brasileña, Zico recuerda un filme que hizo para Artplan. El mejor jugador de la historia del Flamengo, ídolo de Roberto Medina, también se revela como un fan suyo.

—Me acuerdo de una propaganda en la que participé, de Wella Shampoo, para mí uno de los mejores anuncios comerciales que se hayan hecho. Fue en 1982. Tuve que quedarme pedaleando en una bicicleta tras otra, por la noche, en la Gávea, con un reflector falso y lloviendo bastante... ¡Muy bueno! Conocí a Medina en ese periodo, en su agencia; después tuvimos un mayor acercamiento, durante la campaña de emancipación de la Barra da Tijuca, barrio donde vivimos. Se trata de un tipo arrojado y audaz, y que adquirió relieve por haber creado el festival Rock in Rio, con grandes nombres de la música mundial y, lo mejor de todo, convirtiendo a Rio de Janeiro en el gran escenario.

El escenógrafo Abel Gomes admira a Roberto Medina.

—Colaboré con él para el show de Sinatra, para Rock in Rio 3 y el primero en Lisboa, además de grandes campañas del Barra Shopping. Me gusta mucho trabajar con él, porque no tiene miedo, porque se atreve, y los grandes resultados solo se alcanzan con osadía. Como persona, no resulta fácil definirlo en pocas palabras. Roberto es culto, inteligente, una persona sensacional. Siempre conversamos mucho y no es raro que, durante esas charlas, surjan proyectos. Me enorgullece ser su amigo.

Su asesora de prensa, Beth García, no se queda atrás en sus apreciaciones.

—Trabajar con Roberto, al poco tiempo de comenzar con mi empresa de asesoramiento, hizo sin duda que mi trabajo tomase otro rumbo y pudiera llegar al éxito. Él me enseñó, con mucho rigor y compañerismo, a sacar mayor provecho de las herramientas de la comunicación, a superar desafíos y a no intimidarme frente a los obstáculos. Cuando yo pensaba que había obtenido una gran victoria, enseguida me presentaba otra batalla por delante. Fue así durante un año. Ha sido así durante los últimos cinco años. Mi admiración por él, aun antes de conocerlo, desde el tiempo del barro del Rock in Rio de 1985 y de la facultad, cuando mi mayor sueño era hacer mis prácticas en Artplan, colaboró en ese proceso. Sabía que aquel tipo era muy bueno; que, si estaba pidiendo cosas aparentemente tan estrafalarias, se fundaban en un propósito claro. No daba puntadas sin nudo, y yo lo comprobaba enseguida, riéndome por dentro y diciendo: "¡Fíjate!". Para él los medios definen los fines; a él le gusta el ritual. Si hacemos un abordaje correcto, si preparamos el terreno de forma adecuada, el resultado será inevitablemente satisfactorio. A él le gusta dar el tono. No basta con ser bueno, tiene que ser el mejor. No basta con el asunto, hay que pensar en la cubierta. Su dulzura y su confianza en el equipo hacen que cada persona que trabaja con él se sienta indispensable en el proceso. Esta es la sensación que transmite: "si yo fallo, todo puede acabar arruinándose". Él depende de ti: coloca en cada uno la responsabilidad por el éxito del proyecto. Esa estrategia le ha dado resultado. No existen sueños imposibles para los Medina, y ese es el legado del patriarca Abraham. ¡Convivir con esa familia, con Roberto en especial, es aprender a soñar con los ojos abiertos!

Como dice Phil Rodrigues, que trabaja con Medina desde hace más de veinte años:

—Roberto Medina es un soñador que tiene talento, disciplina y la facultad de inspirar y motivar a las personas con su sueño. Eso es fundamental para que una idea se haga realidad.

Sin tapujos, la periodista Leda Nagle también da su parecer:

—Rock in Rio de 1985, que cubrí para la Rede Globo, fue un acontecimiento importantísimo, el primer gran espectáculo de Brasil. Tengo un cariñoso recuerdo de él. Para mí, Roberto Medina es un loco muy saludable, un hombre comprometido con su tiempo y un empresario audaz, capaz de poner en práctica lo que proyecta.

Para resumir su visión del publicista, la cantante Daniela Mercury tuvo que redactar una carta:

¡Yo voy!

Esta era la frase que todas las personas repetían con orgullo y llevaban escrita en sus coches y casas en todo el país, y significaba que estarían presentes en el primero y más grande festival de músicas realizado alguna vez en Brasil: Rock in Rio. Fue una campaña mágica y envolvente de divulgación que está en mi memoria y en la memoria de todos los brasileños hasta hoy.

Yo voy a Rock in Rio y a cualquier actividad que haya inventado Roberto. Al conocerlo personalmente, me sentí muy feliz al darme cuenta de que, además de ser un excepcional creador y realizador, es una persona encantadora. Me gusta estar con Roberto, escuchar sus historias, conocer los muchos planes que tiene... Sus ojos brillan y su entusiasmo contagia, como el de un niño que no se cansa de soñar, y de soñar con un mundo mejor.

Líder de Blitz, Evandro Mesquita se pliega a los elogios.

—Medina es un excelente empresario de grandes eventos. Siguió la tradición de la familia con su padre. Fue maravillosa su victoria en la dura batalla con los empresarios de los grupos y estrellas extranjeros, sin hablar de la estructura y de la organización impecable del Rock in Rio. ¿Barro? ¿Qué barro? ¡Todos nos quedamos encantados!

James Taylor hace coro:

—Rock in Rio fue una experiencia profundamente gratificante y crucial para mí. Me acuerdo bien de Roberto Medina, un empresario excepcional, invitándome personalmente a viajar a Brasil para que actuase. Me asombró que un productor de ese calibre, que debía ocuparse de tantos shows, pudiese ser tan amable y atento. Me hizo sentir muy cómodo e hizo preparar el escenario de lo que sería una experiencia extraordinaria para mí. Era en 1985 y yo aún estaba intentando encontrar mi camino. Al concierto debe de haber asistido la mayor cantidad de espectadores de mi vida, unas 300 mil personas. Me quedé pasmado y me sentí pequeño frente a aquel entusiasmo, el conocimiento de mi música y la pasión de la gente. Fue una experiencia conmovedora, más allá de las palabras. Recordaré para siempre el poder de ese espectáculo como lo que me ayudó a encarar el futuro, personal y profesionalmente. Nunca me podré olvidar.

Además del cantante, Medina obtuvo un nuevo fan en la cantante Ivete Sangalo.

—Mi entrada en Europa de la mano de Rock in Rio-Lisboa fue determinante para mi carrera. La importancia, el respeto y el profesionalismo del festival generaron en mí la responsabilidad de presentar algo a la altura de ese nivel por todo el continente. Le doy gracias a Medina. Además de ser una persona estupenda, que por sí solo ya es un factor harto importante, él es uno de los hombres más emprendedores en el ámbito del entretenimiento. Cree en la música, en la necesidad de que un país tenga grandes y memorables espectáculos públicos. Me sentí muy honrada de estar compartiendo momentos como ese con él, y le deseo aún mucho más éxito y creatividad.

Genio de la publicidad brasileña, Nizan Guanaes, que dirige la agencia África, entró en Artplan como redactor, a los 25 años, en 1983. Estuvo cerca de un año y medio junto a Medina, tiempo suficiente para colaborar con Rock in Rio, crear la histórica campaña de la Caja Económica Federal y lanzar a Roberta Close en los medios de comunicación.

—Una historia graciosa es que llegué a lanzar a Roberta Close. Vi a un travesti extraordinario en la calle y lo contraté para hacer el comercial del armario Gélia, "aquel que parece pero no lo es".

Para Nizan, Roberto Medina es "un hombre absolutamente genial, la divisoria de aguas en el ámbito de los espectáculos en Brasil".

—Medina es uno de los más grandes publicistas de todos los tiempos. Es el padre de la comunicación total y del espectáculo en Brasil. Para mí es un monstruo sagrado, un maestro y un amigo. Siempre he hecho esfuerzos para traducirlo al portugués. Porque, como todo soñador, muchas veces se ponía casi en trance. Comenzaron a decir que estaba loco, que era un presuntuoso, un elitista, un extravagante. Y no era nada de eso. Era solo un solitario. Porque vivía en el futuro. Y quien vive en el futuro vive solo, viendo viajes en medio de los comunes mortales.

POR UN MUNDO MEJOR

**El campo del Maracaná
totalmente lleno, en enero de 1991.**

La Ciudad del Rock a tope e imponente.
El público vibró con cada una de las presentaciones de los artistas.

Roberta Medina, Rubem (más atrás)
y Roberto Medina agitan pañuelos blancos
en favor de la paz, en mayo de 2004,
en la apertura del festival.

Roberto Medina sostiene una pelota
mientras su compatriota Luiz Felipe Scolari,
técnico de la selección portuguesa de fútbol,
se aventura con una guitarra.

Roberto Medina, el goleador Ronaldo y Filipe de Jesus Pinhal,
vicepresidente del banco Millennium BCE,
la noche del lanzamiento del primer
Rock in Rio europeo.

Una hermosa eclosión de fuegos artificiales,
marca registrada de los Medina,
señaló el final del primer Rock in Rio-Lisboa.

Modelo a escala de la espléndida
Ciudad del Rock de Madrid.